Von Volker Trumondt sind erschienen:
1. Tod einer Keltin
2. Kriegskinder fragen ihre Väter
3. Nachsuche
4. Ballade: Über das Leben an einem verunglimpften Fluss

Über den Autor:
Volker Trumondt 1939 in Dortmund geboren, war nach seiner Lehre zum Stahlbau-Schlosser und später nach seiner Weiterbildung zum Bauingenieur, leitender Angestellter in verschiedenen Unternehmen in Deutschland. Mit dem gesammelten Wissen in diesen Unternehmen, machte er sich 1982 mit einem Ingenieurbüro selbständig. Das Schreiben lernte er, beruflich bedingt, durch eine Reihe von Ausarbeitungen, Broschüren und Veröffentlichungen im Bereich von Geologie, Geographie und Archäologie.

Volker Trumondt

Den Krieg der Väter verloren die Kinder

Dieser in seinem Inhalt nur teilweise autobiografische Roman, ist auch eine Abrechnung mit den Vätern.
Zum autobiografischenTeil sind es die Beschreibungen, Erlebnisse und Erzählungen eines Kriegskindes vor dem Hintergrund der Ereignisse des II.Weltkriegs und den späteren Jahren zwischen 1945 und 1948.

Zum anderen reflektiert der Roman von den Hintergründen, den Ursachen und der Schuld der „Väter" die zur Machtübernahme Adolf Hitlers führten, auf die Geschehnisse in der Adenauer-Ära nach 1948.
Diese neuere Deutsche Geschichte vergleicht der Autor mit den Ereignissen die zum heutigen Anstieg von Fremdenhass und Rechtsextremismus führten.

Es finden sich dabei, nicht überraschend, frappierende Ähnlichkeiten mit den Ereignissen die den Aufstieg der Nazis begünstigten.

Widmung

Gewidmet meinen Töchtern Professor Dr. habil. Susanne und Simone. Dipl. Betriebswirt.

Für meine Töchter ließ meine berufliche Tätigkeit mit längeren Auslandaufenthalten wenig Zeit. Während der wenigen aber sehr intensiven Diskussionen am Frühstückstisch in ihrer Schul- und Studienzeit, wollten sie immer wissen: Wie konnte ein Homo novus, wie dieser „Böhmische Gefreite" Adolf Hitler, die absolute Macht über Deutschland gewinnen?
Wer verhalf ihm zu dieser Macht? Wie konnten in Namen Deutschlands diese ungeheuerlichen Verbrechen an der Menschheit geschehen? Wie lebten und was erlebten die Soldaten, die Zivilisten, die Frauen, Kinder und Alten in den Zeiten des Krieges und in den schweren Jahren danach. Wie entwickelte sich das Leben nach der Zerschlagung des „Dritten Reiches" und der Zerstörung Deutschlands in den folgenden Jahren des Wiederaufbaus und in den Anfangsjahren der neuen Bundesrepublik?
Auch Fragen nach den Gründen der Rebellion der „Achtundsechziger" und den Fehlern und Unterlassungen des Adenauerstaates BRD wurden gestellt.

Jetzt gibt es die Zeit, die früher leider oft fehlte, um Antworten zu geben. Antworten zu gestellten und ungestellten Fragen die nie beantwortet wurden.

Es folgt ein Versuch, eine „Nachsuche" darauf zu antworten, auch um selbst Antworten zu finden. Und nicht zuletzt soll es eine Abrechnung mit den ewig Gestrigen und den heute immer noch Unbelehrbaren sein.
Euer Paps im Februar 2016

Prolog

Warum kamen in einem Land dem als Klischee „Das Land der Dichter und Denker" anhängt, gerade jene Subjekte an die Macht die seine Denker vertrieben und die Bücher seiner Dichter verbrannten? Es war in der deutschen Geschichte nur eine kurze Zeit ihrer Macht. Aber eine Zeit in der fast alles an Humanismus und Kultur, an Kunst, Musik, Literatur und Malerei zerstört, ausgemerzt, verbrannt und vergessen war, was dieses Land über Jahrhunderte geprägt, gestaltet und bestimmt hatte.

Warum verfiel dieses Land der Unfreiheit einer alles umfassenden Diktatur und Demagogie einer Faschistencligue? Wer lieferte es dem Wahn und dem Wahnsinn eines Mannes und seinen Knechten aus? Ein Land dass einen Teil der Welt, sich selbst und seine Kinder zu Verlierern und Verlorenen machte. Es reichte für dieses andere Deutschland zum Glück nicht für ein „Tausendjähriges Reich". Es dauerte nur 12 Jahre, aber es dauerte doch zu lange. Zu lange für seine Handlanger, Mörder und Henker die für Millionen Menschen das Leben zu kurz werden ließen.

Aber es gab in dieser Zeit auch ein Deutschland der Verweigerer, der Unbeteiligten, der Unschuldigen, der für ihren Widerstand Hingerichteten. Ein Deutschland dem man fast ein Viertel seiner Landesfläche nahm, aus dem die Sieger 13 Millionen Menschen vertrieben. Ein Land in dem auch über 1 Millionen Deutsche überwiegend Frauen Kinder und Alte, durch Bombenterror und Vertreibungen, durch Vergewaltigungen, Morden, Hunger und Erfrieren ihr Leben verloren. Dieses Land kam aus der Hölle und doch ist es wie ein Phönix aus der Asche und dem Schutt seiner Städte wieder auferstanden.

Was auch immer über diese Zeit der Unmenschlichkeit zu sehen, zu hören und zu lesen ist, wer kann es erklären und ergründen? Was bleibt ist die Suche nach Antworten, niedergeschrieben für alle die schon wieder vergessen, es nicht wissen wollen oder es nie gewusst haben. Aber auch für oder gegen jene ewig Gestrigen die aus der Geschichte nicht lernen wollen oder können, weil sie schon wieder nach diesem zerstörerischen „Heil" suchen. Und für Alle denen zum Glück dieses „Heil" nicht widerfahren ist. Und gegen Alle die es nach all diesen Katastrophen nicht berührt, was es heißt ein Flüchtling zu sein.

Die Grafik zeichnet in ihrer Darstellung ein groteskes, symbolhaftes Abbild der Macht und des Vernichtungswillen der Naziherrschaft gegen jedes andere Denken in Deutschland, beginnend 1933 mit der Machtergreifung durch Adolf Hitler. Im Turm des Panzers von links nach rechts als die Inkarnation des Bösen, das Triumvirat der Nazigewaltherrschaft: Joseph Goebbels, Adolf Hitler und Heinrich Himmler.

Unten rechts in der „Räumschaufel" des Panzers werden von diesen Kultur- und Menschenverächtern, symbolisch und stellvertretend für alle deutschen Dichter und Denker unsere Großen, die wie kaum andere den Ruf dieses Land und sein Ansehen geprägt haben, Goethe, Schiller und Kant ins Vergessen geschoben.

Inhalt

I. Reflexionen vom Gestern zum Heute

II. Eine Einleitung die länger ist als üblich

1. Kapitel
1.1 Der Anfang „Für Führer Volk und Vaterland"
1.1.2 Warum wurde Hitler der „Führer" der Deutschen und wer hat ihn zum Führer gemacht?
1.1.3 Wo finden sich die Hintergründe und historisch bedingten Vorurteile die Hitlers Aufstieg begünstigten
1.1.4 Waren auch die konservativ-klerikalen Kreise schuld am Aufstieg Hitlers an die Macht?
1.1.5 Alte Naziseilschaften erobern Pöstchen und Ämter im neuen Staat der Bundesrepublik Deutschland.
1.2 Das Leben mit und unter den Nazis
1.3 Der Beginn des Krieges mit dem Angriff auf Polen.

2. Kapitel: Der große Krieg
2.1 Angriff auf Russland
2.2 Der Rückzug und der Anfang vom Ende

3. Kapitel: Die Kriegsfolgen für die Zivilisten
3.1 Von den Bomben verfolgt. Eine Odyssee durch Deutschland
3.2 Die scheinbare Idylle an der Schweizer Grenze
3.3 Der Bombenangriff in Schwerte/Ruhr
3.4 Die letzte Etappe der Deutschlandfahrt
3.5 Die letzten Kriegstage im Siegerland

4. Kapitel: Der Anfang vom Ende
4.1 Die Amerikaner sind im Siegerland
4.2 Aufnahme bei der Oma in Schwerte
4.3 Über Schuld und Sühne
4.4 Leben um des Lebens Willen
4.5 Die große Hamsterfahrt

4.6 Auf der Suche nach allem was brennt
4.7 Der Kohlenklau
4.8 Der Tod eines Kindes
4.9 Schulanfang im April 1946
4.10 Eine „Luxuswohnung" mit zwei Zimmern
4.11 Ein entweihter Friedhof
4.12 Der erste richtige Ball
4.13 Kam ein Vogel geflogen
4.14 Das Für und Wider einer großen Freiheit
4.15 Katholisch sein kann auch leidvoll sein
4.16 Sommerliche Kindertage in den Ruhrwiesen
4.17 Die Währungsreform und ein neuer Umzug
4.18 Was einmal als Wirtschaftswunder bezeichnet werden sollte
4.19 Noch nicht jugendlich, aber auch nicht mehr Kind
4.20 Am Ende eines Kreises beginnt sein neuer Anfang

III. Epilog

I. Reflexionen vom Gestern zum Heute

So mancher Leser oder Kritiker dieses Buches wird bemerken oder kritisieren, dass der Bogen der Geschichte und ihrer Ereignisse in den letzten 85 Jahren, sehr weit gespannt ist. Dennoch wird es dem Autor kaum gelingen, die Ursachen, die zur Machtübernahme der Nationalsozialisten führten und die Gründe für ihre mörderischen Taten, bis in den letzten Winkel zu durchleuchten. Einige dieser ideologisch, ethnisch, religiös und historisch einwirkenden Parameter, liegen in Deutschland viele Jahrhunderte zurück. Das Buch wagt den Versuch, diese Prägungen, Hintergründe und Ursachen aufzuzeigen, von denen viele Menschen in Deutschland, schon vor 1933, dem Beginn der Nazizeit, beeinflusst und geprägt wurden. Und wie es sich zeigt, hat diese Prägung ihre Wirkung bis heute nicht verloren.

Und darum wird ganz bewusst auf die jüngsten unerfreulichen Ereignisse um die Flüchtlinge in Deutschland reflektiert, weil an ihnen viele Verhaltensmuster, Vorgehensweisen und Argumentationen sichtbar und erkennbar werden, wie sie in der Nazizeit alltäglich waren. Vom Deutschnationalen und Rechtskonservativen, vom religiös Doktrinierenden, von der Rassendifferenzierung, bis zum Rassenhass und gewalttätigen Rechtsextremismus. Das Alles findet sich fast in gesamter Breite samt ihren Befürworter heute wieder.
Vor diesem Hintergrund sind in voller Absicht, die detailliert geschilderten Erlebnisse eines Kriegskindes geschrieben, um der jüngeren Generation vor Augen zu führen wohin Unwissenheit, Dummheit und Verblendung geführt haben und führen können..

II. Eine Einleitung die länger ist als üblich

Wer immer in dieses schicksalhafte Jahr 1939 hineingeboren wurde, kann dies nicht wirklich als das große Glück bezeichnen. Warum eine Geburt in dieses Jahr hinein nicht unbedingt einer glücklichen Fügung gleich kam, davon ahnte man vor dem 1. September 1939 noch nichts. Grundsätzlich wäre eine Beschreibung dieser dreißiger und vierziger Jahre des vorigen Jahrhunderts ohne der Person Adolf Hitler den ihr, im negativen Sinn, gebührenden Raum einzuräumen kaum vollständig.
1939 ein Jahr in dem dieser Hitler am 31. Januar im Reichstag die „Vernichtung der jüdischen Rasse in Europa" ankündigt. Ein Jahr in dem deutsche Juden ihre Häuser verlassen müssen, um in sogenannten Judenhäusern - den Vorläufern der Ghettos - konzentriert zu werden. Am 15.3.1939 deutsche Truppen in die „Resttschechei" einmarschieren. Der Faschist Franko in Spanien die Macht übernimmt und das faschistische Italien Albanien annektiert. Und als wesentlichstes Geschehen dieses Jahres, ja dieses 20. Jahrhunderts, das Schlachtschiff „Schleswig-Holstein" eröffnet mit dem Beschuss der Westerplatte bei Danzig am 1.September Hitlers II. Weltkrieg.

Aber vorher hat dieser Hitler den deutschen Müttern noch das „Mutterkreuz" für eine große Kinderschar verliehen. Der „Alte Fritz" hätte sich, wenn es ihm möglich gewesen wäre im Grabe umgedreht, weil dieser Orden seinem höchsten und äußerst selten verliehenen Orden „Pour le Merite" so täuschend ähnlich sah. Ob Hitler glaubte Deutschland könnte diesen Krieg überleben oder gar gewinnen und weiteres „nachwachsendes Kanonenfutter" würde die Gefallenen zur Verteidigung seines erträumten Weltreiches ersetzen?
1939 ein Jahr in dem Hitlers bibliophiles Schundwerk massenhaft unter das Volk gestreut wird. Seine Ergüsse in

dem Manuskript für dieses elende Machwerk "Mein Kampf", als Ausgeburt seiner wirren Ideen und Vorstellungen, mussten - um es auch nur annähernd druckreif zu machen – mehr als ein Dutzend Lektoren und „Geisterschreiber" in ein einigermaßen verständliches Deutsch übersetzen. Dieser „Kampfschinken" Hitlers, gegen wen er auch immer gekämpft haben wollte, wurde bis Anfang 1945 tatsächlich über 12 Millionen mal gedruckt.

Dieses Pamphlet, übrigens ein Extremfall privater und korrupter wie illegaler Ausnutzung durch eine erzwungene Medienpolitik, brachte Hitler ein Vermögen von fast 8 Millionen Reichsmark ein. Otto Strasser dessen Bruder gemeinsam mit Hitler wegen Hochverrat (Hitlerputsch November 1923) in Landsberg am Lech inhaftiert war, schreibt in seinem Buch *„Hitler und ich"* zu Hitlers unverdauten Ergüssen, (in seinem handschriftlichen Manuskript) zu „Mein Kampf":

Adolf Hitler als Gefreiter im 1.Weltkrieg   Bild: GNU Lizenz Wikipedia

„Es handelt sich um ein Konglomerat schlecht verdauter politischer Lektüre, alles zusammen ist im Stil eines Sextaners geschrieben".

Pater Bernhard Stempfle, Herausgeber des antisemitischen Hetzblattes „Miesbacher Anzeiger" und lange Intimus von Hitler, hat wochenlang daran gearbeitet Hitlers Gedanken in seinen Manuskripten zu „Mein Kampf" zu ordnen und in einen verständlichen Zusammenhang zu bringen.

Hitler hat Stempfle wohl nie verziehen von den gravierenden grammatikalischen und orthographischen Fehlern und Schwächen in diesen Manuskripten gewusst zu haben. Stempfle wusste wohl auch von einer Liebesbeziehung Hitlers zu seiner Nichte Angela (Geli) Raubal, die unter mysteriösen Umständen in München - mit der Pistole Hitlers erschossen - tot in ihrer Wohnung aufgefunden wurde. Waren diese Umstände und dieses intime Wissen Stempfles für Hitler ein Grund ihn in Dachau, in einem Aufwasch gemeinsam mit Röhm und anderen SA Genossen, wegen des angeblichen Röhmputsches ermorden zu lassen.

Auch ein gewisser Dr. Wolfgang Hermann, jener der 1938 die „Schwarze Liste des „schädlichen undeutschen Lesegutes" erstellte, stuft Hitlers „Mein Kampf" schon 1933 als minderwertig ein. Aber hatte dieser „Adi", wie Hitler während seiner Wehrdienstzeit im I. Weltkrieg von seinen Mitkameraden auf der Stube genannt wurde, eigentlich gekämpft?

Als Etappenhengst und Meldegänger mit geregelter Freizeit war er nie der „Frontkämpfer" wie er sich selbst berühmt. Die Nazis pressten natürlich aus propagandistischen Gründen diesen Mein-Kampf-Schinken in den Büchermarkt und jedes neue Parteimitglied der NSDAP musste ihn für damals horrende 12 Reichsmark kaufen.

Mit der in Deutschland erreichten zweithöchsten Gesamtauflage des „Mein Kampf", gleich hinter der unerreichten Auflage der Bibel, erging es aber ebenso wie dieser, alle hatten sie aber kaum einer hat sie gelesen. Geboren wurde der sinistre Postkartenmaler, Anstreicher,

und zeitweise obdachlose Bierkeller-Demagoge, Gefreite und „GröFaZ" (Größter Feldherr aller Zeiten) in Braunau am Inn in Österreich. Sein Vater hieß vormals Schicklgruber bevor dieser Name auf Hitler umgeschrieben wurde.
Bei der Namensänderung von „Schicklgruber" auf den eigentlich gewollten Namen „Hiedler" wurde Hitler, weil der Standesbeamte durch einen Hörfehler aus dem Namen Hiedler einen Hitler machte! Dieser Hörfehlername passte dann auch besser zu dem kommenden deutschen Gruß „Heil Hitler", er klang markiger.

Der Umgang des Vaters mit seiner Familie wird als herrisch beschrieben und es gab gewalttätige Ausfälle gegenüber seinem Sohn Adolf. Im Gegensatz dazu die Mutter, sie umsorgte ihn mehr als üblich, aber andererseits stellte sie hohe kaum erfüllbare Ansprüche an ihn. Eine traumatisierende Konstellation, die in der frühen Kindheit Hitlers eine seelisch und charakterlich ungünstig Prägung begünstigte.
Hitlers Vater und die Mutter waren Onkel und Nichte zweiten Grades, möglicherweise später ein Grund für ihn - um seine „rein arische Herkunft" vom geringsten Makel frei zu halten - 1938 das Heimatdorf seiner Eltern in Österreich platt machen zu lassen. Weil diese abräumende „Vergangenheitsbewältigung" vor der Öffentlichkeit plausibel erscheinen sollte, wurde auf dem Gelände des zerstörten Dorfes Spital/Waldviertel ein Truppenübungsplatz eingerichtet.
Diese inzestuösen Familienverhältnisse wurden von der katholischen Kirche für die kirchliche Trauung seiner Eltern ausdrücklich dispensiert. Selbstmörder, mehrere Geisteskranke und angebliche Juden in seiner Verwandtschaft, waren weitere Gründe für die Unterschlagung der Fakten seiner Kindheit und Jugend in Österreich.

Interessant ist in diesem Zusammenhang, dass Hitler den Mord an seiner Großcousine Aloisia, die als Geisteskranke dem von ihm selbst initiierten NS Euthanasie-Gesetz 1940 in einer Gaskammer in Hartheim bei Linz zum Opfer fiel, nicht verhindert hat oder nicht verhindern wollte.

Kaum vorstellbar, dass der katholische Hitler in seiner Schulzeit einmal Messdiener war und den Wunsch hatte später einmal Priester zu werden. Mit dem anderen großen Verbrecher des
20. Jahrhunderts und zugleich seinem ärgsten Feind Josef Stalin, hatte er diesen Priesterwunsch gemeinsam. Der Welt hätte es 53 Millionen Tote, Unglück und Leid erspart, wenn sie es beide doch nur geworden wären.

Die Schule verließ Hitler „wegen Unlust und Faulheit", so seine Zeitgenossen, ohne jeglichen Abschluss. Sebastian Haffner bezeichnete die Militärausbildung Hitlers im ersten Weltkrieg als „Seine einzige Bildung". Von der so sehr erhofften Aufnahme an die Kunstakademie in Wien, wurde Hitler wegen nicht ausreichender Fähigkeiten zweimal abgewiesen. Zurück blieb ein halbgebildeter, durch die Schläge seines Vaters gefühlsarmer, egozentrischer und zur Selbstüberschätzung neigender verkannter Künstler mit einem überreichen Einbildungsvermögen.

Hier finden sich wieder Gemeinsamkeiten mit seinem verbrecherischen Antipoden Stalin. Auch Stalins Vater prügelte seinen Sohn zu einem harten, gewalttätigen, gefühllosen und misstrauischen Unmenschen.

Im Jahr 1913 übersiedelt Hitler nach München, möglicherweise auch um sich dem Wehrdienst in Österreich und einem drohenden Verfahren wegen betrügerischer Bereicherung zu entziehen. Seine ihm nach dem Tode seiner Mutter zugesprochene Waisenrente bezog er nämlich in Österreich weiter, indem er fälschlicherweise vorgab auf der

Kunstakademie zu sein. Wohl auch aus Geldmangel, weil ihm nun die Waisenrente fehlte und er weiterhin einer geregelten Beschäftigung nicht nachgeht, tritt er 1914 als Kriegsfreiwilliger in das 16. Königlich Bayerische Infanterie-Regiment ein.

Um so erstaunlicher ist es für uns Nachgeborene, wie konnte ein derart durchschnittlicher Mensch ein Volk „der Dichter und Denker" für seine von Anfang an irren und wirren und bald schon tödlichen Ideen gewinnen. Ideen die am Ende über 53 Millionen Menschen auf der Welt das Leben kosten sollten.
War das alles möglich weil so wenige sein Pamphlet „Mein Kampf" gelesen und die es gelesen es nicht begriffen oder nicht begreifen wollten? Ohne jeden Zweifel ist aus den Zeilen dieses Machwerks sein radikaler dennoch abstruser Standpunkt wie ein Manifest der Gewalt, des Unrechts und der Unterdrückung deutlich heraus zu lesen.

Alles was Hitler später an Verbrechen beging, war schon aus diesem spät pubertären Machwerk heraus zu deuten. Alles war in ihm schon seit seiner Jugend in Wien „vor gereift" und sein ganzes Streben zielte später eindeutig auf uneingeschränkten Machtgewinn um diese seine Ideen in die Tat umzusetzen.
In geradezu messianischer Besessenheit schreibt er von „seinem" gerade ihn auserwählten Gott: „Ich glaube dass es auch Gottes Wille war, von hier (Österreich) einen Knaben (aber er war bei der Übersiedlung nach Deutschland mit 23 Jahren kein Knabe mehr!) in das Reich (Deutschland) zu schicken, ihn groß werden zu lassen und ihn zum Führer der Nation zu erheben". Anmerkung: Später im März 1938 wollten 99,73% seiner Mitösterreicher auch zu den Nazis „Heim ins Reich". Von diesem Heimweh können oder wollen die Österreicher heute nichts mehr wissen.

Und unentwegt schwadroniert der ins Reich ausgewanderte "Knabe" traumwandelnd weiter: „Ich gehe mit traumwandlerischer Sicherheit den Weg, den mich die Vorsehung gehen heißt". Erkennbar in diesen Passagen ist, dass nicht nur Karl-Theodor zu Guttenberg abgeschrieben hat. Schon der antisemitische Famulus des Sebastian Brunner, ein Joseph Schleicher als ausgemachter Wiener Judenhasser, Kaplan und späterer päpstlicher Hausprälat, schreibt über eben diesen Brunner:
„Ich habe Brunner einen Mann der Vorsehung genannt, den der liebe Gott zu rechten Zeit nach Österreich geschickt hat, (um die Juden zu bekämpfen) in der Weise, wie dieselbe Vorsehung die Propheten *gesendet* hat". Sinn und Wortwahl Hitlers stimmen plagiatisch weitgehend überein, nur seine Sendrichtung kam nicht vom Himmel, er selbst hat sie Kraft seiner Vorsehung auf „nördlich" geändert.

Dieses Wien in den jungen Jahren Hitlers war fest in der Hand antisemitischer Christsozialer. Hier tat sich besonders der Wiener Bürgermeister Karl Lueger hervor. Der politische Antisemitismus als kommendes Massenphänomen, wurde hier in Wien seiner Zeit geboren. Sein Schöpfer heißt Karl Lueger, sein Schüler und glühender Bewunderer war Adolf Hitler.
Dieses Wien der Luegerzeit wurde über ein Jahrzehnt beherrscht von einem klein geistigen mit Nationalismus, Sozialdarwinismus, Klerikalfaschismus und Rassismus verbrämten Antisemitismus, in dem alles Liberale verhasst war (siehe hierzu „Arthur Schnitzler")
Aus diesem klerikalen antisemitischen nationalistischen Wiener Sumpf saugte sich der frühe Hitler sein eigenes affektives Selbstkonzept. Sein Gott der Vorsehung war jener „der Eisen wachsen ließ und keine Knechte" -....*der wollte keine Knechte -,* so steht es ursprünglich bei E.M. Arndt -

dessen Name er auf den Koppelschlössern seiner Wehrmacht einprägen ließ. Ein Sakrileg gegen das sich noch nicht einmal die Kirche wehrte!

Warum hat die katholische Kirche diesen „Katholiken" Hitler eigentlich nicht exkommuniziert, wenn sie schon andere „Sünder" bei den geringsten „Vergehen", wie zum Beispiel nach einer Scheidung und zwangsweise kirchlosen Wiederheirat, rigoros aus der Gemeinschaft der Kirche und von allen Sakramenten ausschließt? Ist für einen bayerischen geschiedenen und wieder verheirateten Großkopferten für die päpstliche Hostienreichung mit besonderer päpstlicher Absolution, eine seltene Ausnahme gemacht worden?
Dafür werden aber andere wirkliche „Todsünder", die den Holocaust absichtlich leugnen, aus Barmherzigkeit wieder in den Schoß der Kirche aufgenommen. Diesem Piusbruder, Hassprediger, und Holocaustleugner aber auf*rechten* Christen und Bischof Richard Williamson wurde seine nun wohl „lässlich" gewordene Sünde, weil angeblich Todsünden auch Gott nicht verzeihen kann, die seiner Holocaustleugnung vom Papst Benedikt XVI. verziehen: „Die Vergasung der Juden in Auschwitz und der Holocaust sind eine Erfindung der Juden".

Die Frage nach einer Exkommunizierung Hitlers würde sich demnach nicht stellen und sie wäre in jedem Fall hypothetisch, hat doch der Papst und der Vatikan als erster den Nazistaat schon 1933 in vollem Umfang völkerrechtlich anerkannt.

Dieser Weg Adolf Hitlers mit all seinen Vorstellungen und Ideen war ihm so fest eingebrannt und er war von der Richtung seines Weges derart überzeugt, dass es ihm später unmöglich war Fehler an seinen Ideen zu erkennen noch Entscheidungen die aus diesen resultierten zu ändern oder zurück zu nehmen. Mögliche Zweifel, falls er jemals zweifelte, verdrängte er durch den Glauben an seine absolute Unfehlbarkeit die ihn in einen unabänderlichen „Immer-Recht-haben" Zustand versetzte.

Auf die Verteidigung dieses Zustandes, selbst bei für jeden ersichtlichen falschen Entscheidungen, verwandte er in seinen Reden viel Zeit. Seine Beweisführungen mussten gegen Ende seiner Herrschaft immer grotesker werden, weil die Wirklichkeit im Gegensatz zu seinen Prophezeiungen, sich völlig anders gestaltete.

Hitler hielt sich selbst für eine Persönlichkeit, die sich an der „Gewöhnlichkeit" anderer nicht messen ließ. Er zählte sich zu den Heroen der Weltgeschichte, von denen der Menschheit in Jahrtausenden nur wenige geschenkt werden. In seinen Reden bezog er sich mehrfach auf sein Genie und rechnete sich zu jenen weltgeschichtlichen Individuen, deren Entscheidungen nicht durch eigene moralische Skrupel beeinflusst werden könnten. Den Beweis für diese persönliche Einschätzung lieferte er, durch ein absolut skrupelloses Verhalten, selbst.

Er verglich sich mit Napoleon, Alexander dem Großen und Julius Cäsar und hat diese an Machtgier, Grausamkeit, an imperialistischem Eroberungsdrang und in der Verkennung von Möglichkeiten und Fakten, in einer geradezu wahnwitzigen und grotesken Weise noch übertroffen.

Nach 1945 wurde Hitler von namhaften Psychologen und Psychoanalytikern, wie z.Bsp. von Henry Murray Harvard University, in großer Übereinstimmung ein paranoider Typus unterstellt. In seinem Verhalten fänden sich alle klassischen Symptome einer Schizophrenie wie Hypersensibilität, Verfolgungswahn, irrationale Eifersucht, sowie Größenwahn, Almachtphantasien und Paranoia, die einen solchen Schluss zuließen.

Hitler hatte aber offensichtlich seine pathologisch Tendenzen weitgehend unter Kontrolle. Er benutzte sie sogar in seiner exzessiven Emotionalität und seinen Obsessionen in Gestik und Dramaturgie seiner Reden, um bei den Deutschen nationalistische Gefühle und Hass gegen vermeintliche Feinde und Schädlinge zu verstärken.

Zum Ende des Krieges im April 1945, als sein Weltbild zusammenbrach und er den Glauben an sich selbst und an seine Bestimmung verlor, gab es für ihn durch seine Prägung bedingt, nur noch einen Weg.

Seine Destruktivität, seine Nekrophilie, (siehe hierzu E. Fromm) in seiner zerstörerischen Persönlichkeit, richtete sich zwanghaft gegen sich selbst und führte zum Suizid. Unter diesem Aspekt betrachtet, könnte Hitler durchaus nicht nur die Zerstörung halb Europas, sondern auch die Vernichtung Deutschlands als Konsequenz unterbewusst akzeptiert haben. Hierzu geht eine seiner letzten Schlussfolgerungen vor seinem Selbstmord über das Volk der Deutschen konform: „Sie waren nicht tapfer genug, sie haben mich nicht verdient."

Wenn man auch in diesem Kontext gesehen Hitler schlüssig Wahnsinn unterstellen kann, hat seine Kontrollfähigkeit über seine Pathologie durchaus klares Denken und logisches Handeln ermöglicht. Seine Verantwortlichkeit für dieses Handeln und seine Taten, wurden dadurch nicht gemindert.

Seine Mittäter, Mithelfer und Vasallen können sich eben nicht auf ihn als paranoiden Alleinschuldigen berufen um sich zu entlasten. Sie tragen ihre eigene Schuld für ihre eigenen Taten oder ihr Unterlassen. Sie können sich nicht auf den „Wahnsinn ihres Führers" oder seine „wahnsinnigen Führerbefehle" berufen.

Zwangsläufig befand er sich und mit ihm das später in Geiselhaft genommene Deutschland, in und mit seinen Entscheidungen, seinem Verhalten und seinen Taten, von Anfang an in einem nicht mehr zu bremsenden Zug der auf abschüssigem Gleis unweigerlich in die Katastrophe rollt.

Er wäre noch zu bremsen gewesen, wenn ihm nicht durch Opportunismus, Naivität, Fanatismus, Verherrlichung, hündische Ergebenheit und sklavischem Gehorsam sukzessive und bereitwillig alle Befugnisse in die Hände gelegt worden wären. Sie haben ihn unangreifbar gemacht, weil er nun an allen Schalthebeln der Macht saß und somit Bremsen nicht mehr vorhanden waren. In diesem Verhalten der Verantwortlichen, dem „Alles aus der Hand geben", sich aus der Hand nehmen lassen, liegt die erste Schuld.

Durch die Unterstützung der Banken, der Großindustrie, der Deutschnationalen, der Zentrum Partei und durch das kaum erklärbare Einlenken des Reichspräsidenten Paul von Hindenburg, wurde Adolf Hitler nur gegen die Stimmen der SPD am 30. Januar 1933 zum Reichskanzler „gewählt".
Zuvor hatte Hindenburg noch vehement unterstrichen, einem Vorschlag „diesen böhmischen Gefreiten" (Hindenburg verwechselt hier das Braunau in Böhmen mit dem Braunau am Inn) Hitler zum Reichskanzler zu ernennen, würde er nie seine Zustimmung geben!

Von Papen als Vizekanzler und Vertreter des bürgerlichen Lagers verfällt der Illusion - auch weil Hitlers NSDAP noch keine Mehrheit hat - diesen massenwirksamen Demagogen Hitler bremsen, lenken und schließlich kaltstellen zu können. Diese Vorstellung löst sich binnen weniger Wochen in Luft auf. Hitlers NSDAP hat zwar immer noch keine Mehrheit, aber mit Unterstützung der Deutschnationalen als

Mehrheitsbeschaffer, werden am 28. Februar 1933, unmittelbar nach dem Reichstagsbrand, den man den Kommunisten unterschieben wollte, mit knapp 51,9% aller Stimmen der „noch Wahlberechtigten", jegliche bürgerlichen Rechte außer Kraft gesetzt.

Schon bald danach, am 23. März 1933 befreit sich Hitler mit seinem „Ermächtigungsgesetz" endgültig von jeglicher Kontrolle des Parlaments und von allen Bindungen der Weimarer Verfassung vom 14. August 1919 als der 1. demokratischen Verfassung Deutschlands.
Nachdem die 81 Abgeordneten der gesamten KPD Fraktion verhaftet, ermordet, geflohen oder untergetaucht waren und sie ihre „Gegenstimmen" nicht mehr abgeben konnten, widersetzt sich nur noch die SPD mit ihren verbliebenen 94 Stimmen diesem unsäglichen Gesetz.

Hitler hatte vorher schon mit seinen „SA-Hilfspolizisten" und der willfährigen regulären Polizei nicht nur die Abgeordneten der KPD ausgeschaltet, er ließ auch einen Teil der 120 SPD Abgeordneten verhaften. Es dauerte nicht sehr lange bis auch diese 94 „übrig" gebliebenen mit „Nein" stimmenden SPD Abgeordneten von den Nazis ermordet sind.

Am 23. März 1933 begründete der SPD-Vorsitzende Otto Wels vor dem Reichstag die Ablehnung der SPD für diesen „Freibrief" für Adolf Hitler und seine NSDAP: „Kein Ermächtigungsgesetz gibt Ihnen (Hitler) die Macht.... die Grundsätze der Menschlichkeit, Gerechtigkeit, der Freiheit, die ewig und unzerstörbar sind, zu vernichten" Das waren die letzten freien Worte im Deutschen Reichstag.
Mit der Zustimmung der deutschnationalen Gruppen und der katholischen Zentrum-Partei, wird dieses Schandgesetz in der deutschen Demokratie im wahrsten Sinne des Wortes

abgesegnet. Hitler hat zum Stimmenfang aus dem katholischen Lager, mit der überraschenden Unterzeichnung des Reichskonkordats, die Zentrum-Partei hinterhältig in die Falle gelockt.

Der Reichstag ist praktisch aufgelöst und verkommt zum Akklamationsorgan Hitlers und seiner NSDAP. In nur 53 Tagen, mit der „Machtergreifung" am 30. Januar 1933 bis zu seiner „Ermächtigung" am 24 März 1933, gelang Adolf Hitler die absolute Gleichschaltung Deutschlands mit gravierenden Veränderungen in allen Bereichen. Ab dem 24. März 1933 gab es demokratisch legitimierte Gesetze nicht mehr, es gab nur noch „Führerbefehle".

Die parlamentarische Demokratie in Deutschland ist für die folgenden 15 Jahre an ihrem Ende. Gewerkschaften und praktisch alle Parteien werden verboten, Vereine und Organisationen aufgelöst und die Regierungen der Länder werden, wie in den römischen Provinzen zur antiken Kaiserzeit, durch „Statthalter" der Nazis ersetzt. Schon im Februar 1933 hatte Hitler, vorbereitend zur „Unterbringung der Unbelehrbaren", der Missliebigen, der Quertreiber, die ersten Konzentrationslager (Dachau) errichten lassen.

Wenn auch die „Versailler Verträge" nach dem I.Weltkrieg dem Erstarken nationalistisch faschistischer Prägung in Deutschland merklichen Vorschub leisteten, so bleibt es doch bis heute einer Antwort auf die eine wesentlichste Frage schuldig: Wie war es möglich im Land der „Dichter und Denker" von Goethe und Schiller die Deutschen ein Kulturvolk herausragenden Ranges nicht nur um den politischen Verstand zu bringen?

Und weiter gefragt: Wo lagen die Ursachen die alle rechtsstaatlichen Sicherungen durchbrennen ließen? Wie war es möglich, dass in einem sonst gesetzestreuen und ordnungsliebenden Land eine derartige Rechtswillkür und Gesetzlosigkeit zur Normalität wurde?

Alles war nun möglich geworden. Bald räumte Hitler ohne jeden Skrupel durch Entlassungen, Verhaftungen und Morden alles aus dem Weg was ihm missliebig und gegen ihn war. Ab dem 23. März 1933 war jeder Widerstand gegen Hitler und sein Regime gefährlich und sehr oft tödlich.

Die führenden Männer der SA (Sturm-Abteilung) deren Knüppelbrigaden Deutschland in Angst und Schrecken versetzten und Hitler an die Macht prügelten, wurden nun auch nicht mehr gebraucht. Sie waren Hitler jetzt im Wege, sie waren seinen Plänen hinderlich weil die Generäle der Reichswehr „diesen Pöbel" verachteten und Hitler die Akzeptanz der Reichswehr dringend für seine weiteren „Vorhaben" benötigte.
In nur drei Tagen ließ Hitler ab dem 30 Juni 1934 fast 200 dieser alten „treuen" Weggenossen seiner SA samt ihrem Stabschef Röhm unter dem Vorwand eines angeblichen Putsches der SA (Röhmputsch) kaltblütig ermorden. Eine Reihe anderer unliebsamer Personen, wie der erwähnte Stempfle und der Reichskanzler Schleicher, mit denen Hitler noch alte Rechnungen zu begleichen hatte, wurden bei diesem von Himmler und seiner SS gründlich vorbereiteten Mordanschlag gleich mit umgebracht.
Nur ein Attentat konnte diese hochexplosive menschliche Zeitbombe noch bremsen. Es wurde mehrfach anonym und ohne Erfolg versucht, aber ein Mann der den Mut hatte ihn von „Face to face" zu erschießen fand sich nicht.

Nicht alle waren so naiv wie die große Mehrheit der Deutschen. Zu ihnen gehört auch Helmut Schmidt, in seiner Familie waren die Nazis 1933 etwas Übles und sie bedeuteten Krieg. Später in München, zur Zeit seines Arbeitsdienstes, erboste er sich über die Nazis, weil er alle seine Lieblingsmaler in der Ausstellung für entartete Kunst wiederfand.

In seinem Buch „Menschen und Mächte", schreibt Helmut Schmidt: „Schon zu Beginn des Russlandfeldzug im Juni 1941 wusste ich, dies wird unser Ende". Auch in diesem Juni 1941 prophezeite er seinem Onkel: „Nach Kriegsende werden wir Deutschen in Erdlöchern und Baracken wohnen". Er hat sich nicht geirrt!

Oder Fritz Stern, später in den USA Professor für Geschichte, der in Breslau schon 1932 als sechsjähriger die Verbrechen der Nazis mitbekam, als sie eine Bombe in das Haus eines Sozialdemokraten - ein Patient seines Vaters - warfen.

Auch Fritz Stern floh 1938 vor dem Terror der Nazis in die USA. Genauso erkannten andere Juden, weil unmittelbar betroffen, die Gefahr und das gefährliche Potential im Wesen Hitlers. So auch die Frau - eine Graphologin - des Schriftstellers Hans Keilson. Schon 1936 sagte sie zu ihrem Mann „ Wir müssen raus aus Deutschland", sie hatte die Handschrift Hitlers gesehen.

Max Liebermann, der aus einem Fenster seines Ateliers im Seitenflügel des Brandenburger Tores dem nächtlichen Treiben und den Fackelzügen der braunen Horden zuschauen konnte, formulierte es in seinem „Berlinerischen" drastischer. *„Ick kann jarnich soville fressen, wie ick kotzen möchte".*

Das schon genannte KZ-Dachau nutzten die Nazis nicht nur zur Einsperrung von politischen Gegnern, sie machten es zudem bewusst zur Einschüchterung ihrer Gegner öffentlich bekannt. Wie sonst konnte in Deutschland folgender Vers die Runde machen: „ Lieber Gott, mach mich stumm, dass ich nicht nach Dachau kumm"

Allein das Wort „Gestapo" für die „Geheime Staatspolizei" aus der Prinz-Albrecht-Straße in Berlin, hatte eine Faszination der Angst und des Schreckens. Die Nazis wussten mit dieser „Polizei" um das nötige Maß des Terrors zur Einschüchterung von Abweichlern.

Die berühmte Rede des Bundespräsidenten Richard von Weizsäcker vom 8. Mai 1985 sorgte noch 40 Jahre nach dem Ende des „Dritten Reiches" mit folgenden Wortlaut für Aufsehen und Aufregung: „Wer seine Ohren und Augen aufmachte, wer sich informieren wollte, dem konnte nicht entgehen, dass Deportationszüge rollten".
Aber als diese Züge fuhren, war es für einen Widerstand längst zu spät und wenn dann war er tödlich! Dazu ist anzumerken, dass es für diese elitären „von Weizsäckers und von Dönhoffs" leichter war als für den kleinen Deutschen Michel, an die entsprechenden Informationen zu gelangen.
Und darum bleibt dieses oft wiederholte Stereotype: „Wer konnte das damals ahnen", in Anbetracht der übergroßen Masse der Naiven, der wirklich und angeblich Ahnungslosen und der Mitläufer nur wenig hilfreich, wenn man bedenkt welch ein Aufschrei nach dem Erscheinen eines rassistisch missverständlichen, nach rechts tendierenden und darum nicht ganz harmlosen Buches „Deutschland schafft sich ab" (Sarazzin) durch das Volk ging.
Oder sind wir kritischer und erwachsener geworden? Haben wir aus der Geschichte gelernt? Wohl nicht jeder und nicht überall.
Denn schon wieder wird dieses zwiespältige Buch von tumben „völkisch deutschnationalen" Neonazis die mangels Bildung nicht wissen was im „Tausendjährigen Reich" von ihren derart verherrlichten alten „Vorbildern" an Verbrechen im Namen dieses ihres „Deutschen Volkes" geschehen, für ihre dümmlichen Zwecke missbraucht.

Diesen neuen „Nationaldemokraten" und braunen Rattenfängern, fehlt es erkennbar an Persönlichkeit, an Selbstsicherheit und intellektuellem Inventar. Wenn ergo eine leere Menge nichts dergleichen zu bieten hat, dann wird aus der neuen Schnittmenge ihres braunen Sud aus Rasse Blut und Nationalismus immer noch eine leere Menge.

Zwangsläufig resultiert der Braunen Fremdenfeindlichkeit, ihr Rassenwahn und übersteigerter Nationalismus, aus einer erschreckenden Kenntnisarmut und wenn sie das Wenige an Verstand auch noch mit Alkohol verdünnen, sind gefährliche Demokratie feindliche Reaktionen erwartungsgemäß. Hinzu kommt die, als Einzelperson mangelbedingte Schwäche, die dann in der Gruppe durch Ausübung von Macht und Gewalt nach außen, von einem starken „Wir-Gefühl" kompensiert wird.

Und dieses „Wir" der Pegida und der sich immer weiter nach Rechts orientierenden AfD gegen fremde Andere wird immer lauter hinausgeschrien. Aber schon im August 1992 eskalierte dieses „Wir" beispielhaft über fünf Tage in den Brandanschlägen gegen das Asylanten-Heim in Rostock-Lichtenhagen. Auch mit einem Hakenkreuz auf den Armen und Glatzen der braunen Skinheads, sah und sieht man in ihnen „normale" Demonstranten, solange nicht ihre Molotow-Cocktails in Wohnungen, Treppenhäuser und Kinderheime geworfen werden.
Müssen erst Hilfeschreie aus qualmenden Wohnungen und brennenden Treppenhäusern dringen in denen Menschen um ihr Leben kämpfen, bevor die Polizei einschreitet, wenn sie nicht „zufällig" wie 1992 in Rostock mit zeitweiliger Abwesenheit glänzt und die Gewalt den braunen Horden überlässt? Jetzt brennen die Flüchtlingsheime, der Braunen neuen Ziele.

Kann man sich das Aufgebot an Bewaffnung und Polizeimacht vorstellen, wenn ein Brandsatz auf die Deutsche Bank in Frankfurt geworfen wird? Differenziert ein Jahrhunderte altes deutsches Staatstrauma noch immer zwischen der Gewalt gegen die Interessen des Staates, der Reichen und Mächtigen und der Gewalt außerhalb dieser Interessen?

Muss es ein Deutscher Staatsbürger hinnehmen, wie ein deutsches Staatsoberhaupt, die Kanzlerin und Minister auf das übelste beleidigt werden. Wenn mit Galgen an denen Puppen hängen angedeutet wird wie man mit diesen Betroffenen umzugehen gedenkt. Wenn zu diesen üblen Aktionen die Staatsgewalt, die Polizei wie in Dresden, dabei tatenlos zuschauut, dann ist die Grenze des Erträglichen erreicht. Muss es ein Staatsbürger hinnehmen wenn ein Fraktionschef der von dieser Republik bezahlten sich Verfassungstreu gebenden NPD sich unbehindert und straffrei wie folgt äußern darf? „Europa ist das Land der weißen Rasse und soll es auch bleiben, dann haben wir ein Recht darauf, das notfalls mit militärischer Gewalt sicherzustellen".

Wo ist in diesem Satz die „Verfassungstreue" erkennbar? Im Gegenteil hier ertönt im Nazi-Agitationston mit rassistisch-faschistischen Inhalt unverwechselbar und unverfälscht schon wieder die gleiche brandgefährliche Sprache dieser Hitlers, Himmlers und Goebbels.
Ein anderes NPD Mitglied aus Löcknitz bezeichnete in einem Interview eine von ihm beschädigte Holocaust-Gedenktafel als „Beleidigung für alle guten Deutschen" und der Holocaust sei eine jüdische Erfindung, die Juden hätten beide Weltkriege begonnen und er stände „voll hinter Adolf Hitler".

Den Intelligenzquotienten eines sich derart Äußernden einzuschätzen ist müßig Über diese Aussagen und den neuerlichen Äußerungen führenden Politiker der AfD und NPD in ihrer kaum zu überbietenden Einfalt und Dummheit, könnte man eigentlich hinwegsehen. Aber sie wird in ihrer Vervielfältigung von der Dummheit jener noch übertroffen, die dann eine derartige Argumentation und auch die Fremdenhetze, zu ihrer eigenen machen. Tatsächlich beherrschen und drangsalieren diese Gruppen unter Führung der seit 1945 führerlosen „Hitlerverherrlicher" immer noch und schon wieder ganze Dörfer und Städtchen und man lässt sie gewähren. Sie fühlen sich in ihrer Dreistigkeit schon wieder wohl in Deutschland und in „Ihren" Dörfern und Stadtvierteln. Ist der öffentliche Rat von einigen Polizei-Dienststellen nur Ohnmacht, Ignoranz, schon Zynismus oder noch mehr, wenn den schutzlosen, drangsalierten Bürgern empfohlen wird doch in einen anderen Ort umzuziehen?

Dagegen liegt die schützende Hand der Polizei über den Umzügen der Pegida, der Braunen und denen des radikalen Teils der AfD, damit sie unbehelligt bleiben. Man schaut heute wie damals und wie 1992 in Rostock erst einmal vorbei und darüber hinweg! Im Herbst 2011 sagte Sachsens Innenminister Markus Ulbig (CDU) beispielhaft zu dieser „Beschützerrolle" des Staates: „Es sei Aufgabe der Polizei, genehmigte Demonstrationen von Neonazis zu schützen". Ende des Zitats.

Im Gegenzug werden Proteste gegen Neonazis von diesen Rechtachtenden als Straftaten gedeutet. Und eben darum kommt es noch schlimmer: Der sächsische Landtag hebt die Immunität eines Abgeordneten und Fraktionsvorsizenden auf, weil die Staatsanwaltschaft Dresden gegen diesen als „Rädelsführer" von Protesten gegen Neonazis vorgehen will. Für diese „Vogelfreiheit" eines demokratisch gewählten Abgeordneten und Fraktionsvorsitzenden stimmte natürlich mit besonderer Freude die rechtsextreme NPD und die CDU in Sachsen ließ sich nicht lumpen, diesem bisher noch nicht dagewesenen Vorgang ihre Zustimmung zu geben.

Wie bezeichnete schon Joseph Goebbels, dieser perfide Vasall und Führermythos Kreateur der Hitler im wesentlichen an die Macht trommelte, zynisch die damalige und heute sich wiederholende „demokratische" Toleranz gegenüber dem Rechtsextremismus: „Es ist eines der besten Witze der Demokratie, dass sie ihren Todfeinden die Mittel selber stellte, durch die sie vernichtet wurde"

Schon weit früher geschah Unglaubliches: Das braune NS Blatt „Werwolf" veröffentlichte eine „Schwarze Liste" von Neonazi-Kritikern zum Teil mit Fotos, mit Wohnort und genauer Anschrift. Auf dieser Liste fanden sich Journalisten, Reporter, Schauspieler und allein 40 Bundestagsabgeordnete, zum Beispiel auch Joschka Fischer. Welchen Zweck sollen derartige Listen erfüllen, wenn sie nicht Aufforderungen an Mitglieder der Neonazis sind, gegen diese ihre Kritiker an deren Wohnorten vorzugehen?

Sie sind schon weit früher wieder auferstanden, aber heute wird es offensichtlich. Sie trauen sich weil sie kaum verfolgt werden ungeniert in die Öffentlichkeit. Wieder werden nicht nur Scheiben eingeworfen oder zerschossen. Fast unerwartet steht er wieder in vielen Gesichtern, dieser Fremdenhass, der Hass gegen andere „Rassen". Gegen Flüchtlinge die ihre Heimat verlassen müssen, weil menschenverachtende Despoten und IS-Mörder ihr Leben bedrohen, ihre Häuser und ganze Städte zerstören. Wieder gegen vermeintlich „Andersartige", gegen andere Religionen und andere Ethnien. Das Ganze ist schon schlimm genug, wenn es auch noch Wenige sind die tatsächlich massiv Hand anlegen.

Weitaus gefährlicher sind diese neuen Hassprediger, die Volksverhetzer die wieder eine Menge Applaus bekommen und genügend Dumme finden, die ihnen zustimmen und nachlaufen. Überwiegend sind es wieder die weniger Gebildeten , auch jene die zum Teil mit Recht, mit unserem Staat und den sozialen Umständen Unzufriedenen. Die Unwissenden, die ihnen glauben weil sie Nichts wissen., die deshalb alles glauben was man ihnen glauben machen will und ihnen vorlügt. Jeder Dritte der AfD Anhänger zum Beispiel will laut einer Umfrage die Demokratie abschaffen, von den direkt NPD Wählenden und ihren Sympathisanten erst gar nicht zu reden.

Froh hier in Deutschland der Gefahr entronnen, für sich und ihre Kinder vermeintlichen Schutz gefunden und ihr Leben gerettet zu haben, zündelt man heute nicht mehr in den Synagogen, sondern ihre Flüchtlingsheime, ihre Zuflucht und Unterkünfte an. Ist heute der Vergleich zwischen den Synagogen anzündenden braunen Horden und denen die damals lachten, johlten und klatschten, mit denen die heute bei einem Brand eines Flüchtlingsheim Klatschenden, Zustimmenden und ungerührt Danebenstehenden, wirklich unzutreffend?
Oder haben sie nur nicht nachgedacht, die Geschichte nicht hinterfragt. Oder glauben sie genau so wie damals an alles was dieser Nazi Propaganda-Minister Goebbels erzählte? Glauben sie es heute wieder was diese Hassprediger unter ihnen, manchmal sehr geschickt aber überwiegend plump erzählen oder vorlügen? Oder lügt bei diesen Naiven manchmal auch Unwissenden und Verblendeten nur die „Lügenpresse"?
Es geht diesen Hasspredigern keinesfalls um die arg strapazierten Obergrenzen, um die Aufnahmefähigkeit Deutschland für Asylanten, es geht diesen Rechtsextremen einzig allein um das Niedermachen unserer Demokratie.

Unter Hitler haben die Nazis den Hass auf die Juden unter das dumme Volk gebracht um die Weimarische-Demokratie zu stürzen, weil sie selbst an die Macht wollten.
Heute sind es die Flüchtlinge die für diese Rechten Deutschen einen höchst willkommenen Anlass bieten unsere Demokratie zu untergraben. Für ihren Machtgewinn sind einigen dieser fragwürdigen Politiker fast alle Mittel recht. Zu diesen Mitteln gehört leider nicht nur die Stimmungsmache gegen die Flüchtlinge, gegen alles Undeutsche und Fremdartige mit der sie dieses sogenannte „Wir sind das Volk" aufhetzen.

Wie sind folgende Sätze aus einer jetzt in der Tendenz wohl in den rechtsradikalen Bereich abgerutschten Partei anders zu verstehen?: Die Polizei müsse künftig auch von der Schusswaffe Gebrauch machen um Flüchtlinge an unseren Grenzen zu stoppen. Durch einen folgenden unglaublichen Satz aus dieser Partei, geriet es dann ins Ungeheuerliche: Im Zweifel sollte sogar auf Kinder und Frauen geschossen werden dürfen. Die DDR Grenze lässt grüßen!
Und erschreckend, ihre Saat geht tatsächlich auf. Die Umfragen ergaben nach diesen klaren allen rechtsstaatlichen Grundsätzen widersprechenden Aussagen, eine stark steigende Zustimmung in den Umfragen für diese Partei. Was ist los in diesem Deutschland, was passiert mit und in diesem Deutschland? Sollte sich die Geschichte wiederholen?
Ganze Stadtteile von Großstädten wie zum Beispiel in Dortmund und besonders kleinere Gemeinden ohne Polizeidienststellen im Osten, werden von diesen neuen Rechten und „Neuen Braunen" tatsächlich beherrscht. Ihre mutigen noch in diesen Orten verbliebenen Gegner werden, wenn nicht zusammengeschlagen, dann mindestens bedroht und harmlose Bürger drangsaliert.

Auch die bayrische Polizei benutzte Fotos aus den Internet Seiten dieser Neo-Nazis zur Ermittlung gegen Personen aus dem „linken Milieu" die gegen diese Braunen protestierten. Ist es falsch zu vermuten , dass diese Rechtsblindheit (siehe NSU) bei nicht wenigen Deutschen und auch bei der Polizei chronisch ist, während der Blick nach links, so der Anschein, besonders scharf fokussiert wird?
Zudem rechnet diese rechtsblinde oft stramm rechtskonservative Seite falsch indem sie kriminelle Gewalttäter unbedenklich dem linken Milieu zurechnet, obwohl der Ursprung dieser Gewalt auch in dem ohnehin extremen, zum Teil schon obszönen und immer noch größer werdenden Gefälle zwischen Arm und Reich und in einem unzureichenden Bildungssystem zu suchen ist.

Aber es waren und sie sind es heute wieder, diese Rechten die unsere rechtsstaatliche Ordnung unsere Demokratie gefährden. Und wenn man genau hinschaut, es waren in der deutschen Geschichte immer nur die Rechten. Nicht die Linksliberalen oder Sozialdemokraten. Es waren immer die Deutsch-Nationalen, Rechtskonservativen und natürlich die Rechtsradikalen, die unser Land zweimal an den Rand des Abgrunds und zuletzt fast in den Untergang geführt haben.

Die andere Seite der Medaille für die stetig zunehmende Unzufriedenheit des kleinen unmündigen Bürgers, ist der sich breit machende Brutal-Kapitalismus der immer monströsere Formen annimmt. Nur 10 Prozent, der Vermögenden unter den Deutschen verfügen über fast Dreiviertel des gesamten deutschen Vermögens von 9,3 Billionen Euro.
Von den nur 0.1 Prozent Überreichen, das sind nur rund 8000 Deutsche, besitzt jeder Einzelne ein Vermögen von rund 1,16 Milliarden oder 1160 Millionen Euro. Es geht hier grundsätzlich nicht um Besitzneid und Missgunst. Jeder soll

und kann entsprechend seines Könnens, seiner Leistung, Wertschöpfung und Verantwortung gut verdienen. Aber die Zunahme der Einkommen und des Vermögens der Superreichen, stieg in den letzten 20 Jahren achtmal schneller, als die Löhne und Gehälter bei dem kleinen Mann oder Frau stiegen. Dieses angeblich so reiche Deutschland liegt im Rang des Vermögens eines kleinen Mannes, in Europa an 16. Stelle. Sogar die Griechen haben vergleichsweise mehr Vermögen als wir Deutschen!

Von den Kriterien ausgewogener Verhältnisse, der sozialen Marktwirtschaft, die noch in den 60ziger und 70ziger Wirtschaftswunderjahren des vorigen Jahrhunderts ihre Gültigkeit hatten, ist der heutige Neokapitalismus sehr weit entfernt. Darf man es obszön nennen wenn zum Beispiel ein VW-Vorstand mit einem Jahres- „Verdienst" von 18,3 Millionen Euro Fünfhundert mal mehr „verdient" als sein echte „greifbare" Werte am Band produzierende VW-Werker?

Lässt sich obszön auch steigern? Selbstredend, unser Vorstand verdient im Vergleich mit dem „Einkommen" eines modernen Sklavenarbeiters in einer Leiharbeitsfirma sogar 1300 mal mehr. Ein Leiharbeiter erhielt 2011 im Durchschnitt 7,78 Euro in der Stunde, öfter auch und immer noch nur 5-7 Euro in den sogenannten Subunternehmer-Firmen.

Der jetzige neue Mindestlohn von 8,50/Stunde ist nur ein verdeckendes Alibi für die Wirklichkeit. Das Jahres-Einkommen unseres Vorstands dividiert durch 1800 Jahresstunden ergibt dagegen einen Stundenlohn von 10166,66 Euro für den Vorstand. Dieser wahnwitzige Stundenlohn, dividiert durch den erbärmlichen Stundenlohn von 7,80 oder 8,50 unseres modernen Arbeitssklaven, macht immer noch den großen und noch immer weiter auseinander spreizenden Unterschied zwischen Arm und Reich = 1300 mal mehr.

Dafür zahlt die Allgemeinheit mit Hartz-4 den Ausgleich für diese 1,3 Millionen Beschäftigten und modernen „Leiharbeitssklaven", weil sie auch von dem und nur teilweise gezahlten „Mindestlohn" von 8,50€ Stunde, immer noch nicht so menschenwürdig leben können wie der besser bezahlte Teil der Deutschen. Nur der ehemalige Berliner Senator Thilo Sarazzin als großer Lebens- und Rechenkünstler, meinte mit 4,- Euro am Tag auszukommen. Man sollte ihn beim Wort nehmen.

Und jener Tag, an dem unser Vorstand dann in "Rente" geht, wird in seiner Karriere noch einmal ein sehr „verdienstvoller", weil ihm dann mit einer Pension von 20 Millionen Euro der Lebensabend zusätzlich „bereichert" wird. Für diese „Rente" könnte er als „Gehaltsempfänger" mit einem „kleinen" Obolus von seinem Gehalt - was jeder kleine Bürger mit einem wesentlich größeren prozentualen Anteil seines Gehalts als Zwangsabgabe tun muss - durchaus selbst Sorge tragen.

Allein die 30 größten Konzerne in Deutschland, haben für ihre Vorstände garantierte 637 Millionen Euro an Pensionszusagen zurückgestellt, (lt. Spiegel) die sich aber jeweils noch erhöhen, wenn ein Vorstand seinem Unternehmen noch länger erhalten bleiben will um dort noch weiter zu „verdienen".

Es ist nicht neu, mangelnde Bildung ist die Hauptursache der Armut und der wesentlichste Grund für die geringe Bezahlung der weniger Gebildeten. Zu der Misere im deutschen Bildungssystem - in diesem Land der Reichen und eines der wirtschaftlich stärksten Länder der Erde - müssen nicht noch weitere Eulen nach Athen getragen werden. Hierzu geben nicht nur die vorausgegangenen Pisa Studien eine deutliche Auskunft. Nicht ohne Grund rekrutiert sich das Fußvolk der Neo-Nazis überwiegend aus den weniger gebildeten sozial schwachen Schichten.

Auf eine dringend erforderliche Förderung der Kinder aus diesem sozial schwachen Milieu, wird das von der CSU durchgepeitschte Betreuungsgeld nochmals kontraproduktiv wirken, weil es sich nachweislich zu einem Verdummungsgeld entwickelt. Der kurzsichtige Grund für die CSU in Bayern - wenn man Logik voraussetzen kann - das „Betreuungsgeld" durchsetzen zu wollen, ist eigentlich vor einer entscheidenden Wahl nur in der Hoffnung auf zusätzlichen Stimmengewinn zu suchen.

Aber auch ohne hellseherische Fähigkeiten ist vorhersehbar, dass aus jenen angepeilten bildungsferneren Wählerschichten der Weg zu den Wahlurnen eher selten gegangen wird. Es ist Heuchelei wenn von Wahlfreiheit der Eltern schwadroniert wird und deren Kinder unter dieser „Wahlfreiheit" leiden werden, weil eine wirkliche Betreuung, sprich Förderung, Hilfe und Kontrolle bei den Hausaufgaben erwiesenermaßen häufig nicht stattfindet.

Und viele Kinder, statt sie bei ihren Hausaufgaben zu unterstützen, am Nachmittag stundenlang vor den Fernsehern geparkt werden. Unumstrittene Belege dafür sind: Die Chancen ein Gymnasium zu besuchen sind für Kinder aus sozial besser gestellten und bildungsnahen Schichten über sieben mal größer als für Kinder aus bildungsferneren sozial schwachen Schichten.

Der Wortschatz, als unerlässliche Voraussetzung für kognitive Fähigkeiten, von dreijährigen Kindern aus der Mittelschicht, ist schon dreimal größer als der von Kindern aus sozial schwachen Schichten. Als Folge aus dieser „Betreuung" statt Bildung und Förderung, ist für diese Kinder eine weiterhin zunehmende Benachteiligung zu erwarten.

Die zukünftig noch höheren Ansprüche der Unternehmen an die Ausbildung ihrer Mitarbeiter lässt geringer Gebildete immer weiter ins Abseits geraten. Absehbar ist ein für die

Gesamtgesellschaft nicht mehr vertretbarer Anstieg des Prekariat, der Hartz 4 Empfänger und der auf Sozialhilfe angewiesenen Armutsrentner.
Politisch gefährlich wird sich diese Schicht der weniger Gebildeten und folgerichtig sozial Schwachen, zukünftig weiter radikalisieren und erhöhter Zulauf in gewaltbereite, mehrheitlich rechtsradikale Gruppen ist absehbar. Der Anteil der in Ostdeutschland mit den Rechtsradikalen Sympathisierenden, liegt wie erwähnt, schon heute bei fast 15 %. Auch hier stellt sich grundsätzlich die Frage: Was ist los, was geschieht mit und in diesem Deutschland ?

Die Aufklärung über die Rechtsradikalen und ihre Kontrolle, muss verstärkt werden. Zu der „Aufklärungsarbeit" der Polizei gegen rechte Gruppen ist besonders für Bayern Folgendes festzuhalten: Der Anschlag am 26. September 1980 auf dem Oktoberfest in München mit 13 Toten und 68 Schwerverletzten wurde, denkbar auch aus wahltaktischen Erwägungen zum Vorteil der CSU als Stimmenfang von rechts, einem linken Einzeltäter und der linken Szene zugeschrieben. Aber der Täter hatte nachweislich Kontakte zu der rechtsradikalen Wehrsportgruppe Hofmann .

Die Akten dieses mörderischen Anschlags verschwanden als „aufgeklärt" in den Archiven und wichtige Unterlagen nebst Asservaten, die später einer tatsächlichen Aufklärung hätten dienlich sein können, wurden vernichtet! Eine Reihe weiterer Indizien die auf eine rechtsradikale Gruppe hinwiesen, wurden und werden weiterhin ignoriert.

Wiederaufnahmeanträge sind, trotz einer Reihe von Fakten die auf rechtsradikale Gruppen hin deuten, mehrfach abgelehnt worden. Den 10 Morden des Nationalsozialistischen Untergrunds NSU an Ausländern, und einer Polizistin, die seit dem 4.November 2011 eindeutig dieser Gruppe zu zuordnen sind, nebst weiteren Verbrechen und Anschlägen mit ähnlichem Hintergrund, wurde mit nur mäßigem Eifer nach gegangen.

Oder wenn man es so sehen will, man suchte bei den Linken und nach Einzeltätern. Aber den Linken waren diese Morde einfach nicht unterzuschieben. Mehr als 10 Jahre konnte diese Mördertruppe durch Deutschland ziehen und „unliebsame" Ausländer, Türken und Griechen ermorden, obwohl dem Bundesamt für Verfassungsschutz offensichtlich deutliche Hinweise vorlagen und Verfassungsschützer möglicherweise bei den Morden anwesend waren, oder in unmittelbarer Nähe der Tatorte gesehen wurden.

Nachdem diese Morde eindeutig der rechten Szene zugeordnet werden konnten, wurden unmittelbar danach im Verfassungsschutz die Akten über die Täter und die Hintergründe ihrer Taten vernichtet! Die beiden verantwortlichen Täter dieser Mordserie waren Mitglieder der rechtsextremistischen Organisation „Thüringer Heimatschutz" an ihrer Spitze ein V-Mann des Verfassungsschutzes gegen den schon 35 mal wegen Volksverhetzung und Bildung krimineller Vereinigungen etc. ermittelt wurde!
In diesem Zusammenhang darf man die Frage stellen: Wie tief ist oder war der Verfassungsschutz in dieser Mordserie verstrickt oder eventuell unmittelbar beteiligt? Ist ein solcher Verfassungsschutz, als ein unkontrolliert operierender Staat im Staat in unser Demokratie eigentlich noch tragbar?

Eine CDU Ministerin erlaubte sich als Kontrastprogramm Zuschüsse aus den Steuergeldern der Bürger an freie Organisationen wie zum Beispiel an die „Amadeus-Antonio-Stiftung", die seit 12 Jahren gegen Rassismus und Rechtsextremismus kämpft, von einer Prüfung nach

makelloser Verfassungstreue ihrer Partner, Referenten, Mitarbeitern etc. abhängig zu machen. Sie selbst äußerte den Verdacht, dass manche dieser Trägergruppen linksextremes Gedankengut pflegen würden.
Dieser selbstherrliche Eingriff in die Rechte freier Organisationen ist eigentlich selbst einer verfassungsrechtlichen Prüfung zu unterziehen. Man suchte und sucht weiter bevorzugt nach dem Feind von links, es waren aber immer die Rechten und Nationalen die Deutschland zweimal an den Rand der Vernichtung brachten und seine Kultur und sein Ansehen in der Welt zerstörten. Bis noch vor kurzer Zeit ist dieses Ansehen in der Welt gewachsen und die von Menschlichkeit und vom Erkennen des Elends und der Not geprägte Entscheidung die deutschen Grenzen für die verfolgten Flüchtlinge zu öffnen, fand eine große Anerkennung in der Welt.

Das Anzünden der Flüchtlingsheime, der wieder verstärkt zu Tage tretende Fremdenhass und die unsäglichen Äußerungen führender Politiker, werden das Ansehen Deutschlands wieder beschädigen. Noch vor nicht langer Zeit haben viele Historiker die kurze Zeit der Nazis mit der langen Deutschen Geschichte ins Verhältnis gesetzt. Diese Historiker und auch führende ausländische Politiker erkannten, dass die tausendjährige Geschichte Deutschlands nicht durch dieses schändliche zwölf Jahre währende „Tausendjährige Reich" zerstört werden konnte.

Besinnen wir uns auf die Zeit vor diesen Zerstörern und hindern Diejenigen die niemals Anderes vermochten als zu zerstören, weiter und immer daran ihr Zerstörungswerk weiter zu führen oder neu zu beginnen. Wie dieser Österreicher oder „Böhmische Gefreite" Adolf Hitler einst begann und Deutschland so zerstörte und diskreditierte wie niemals in aller Zeit zuvor. Er vernichtete oder veränderte das Leben von zwei Generation unzählbarer Menschen - auch unseres - nicht nur in Deutschland sondern fast weltweit.

Er machte Millionen Mütter und Kinder zu Zwangsnomaden die oft mehr als drei Jahre durch Deutschland zogen um den Bomben zu entgehen. Aber wo sie auch waren, da waren auch die Bomberstaffeln, oder die Jagdflugzeuge mit ihrer Leuchtspurmunition aus den Bordkanonen. Gab es für diese Millionen Kinder, die mit ihren Müttern auf dieser Bombenflucht waren, in diesen entscheidenden Jahren eine Kindheit? Und wenn es sie gegeben haben sollte, dann war es eine Kindheit in den „Zwischenpausen" der kriegerischen Ereignisse, verabreicht in homöopathischen Dosen.

Wer zählt die Stunden in den Zügen der Deutschen Reichsbahn und in den Wartesälen der Bahnhöfe? Wer misst die Kilometer auf häufig nassen, vereisten und verschneiten Landstraßen auf denen diese Kinder und Mütter unterwegs waren wenn die Züge wegen zerstörter Brücken und Gleisanlagen nicht fuhren?

Dem Nationalsozialismus haben sie ihre Meisterschaft im Verdrängen der Angst in den verschiedensten Arten deutscher Bunker, in Kellern, Stollen in Felsen und Abraumbergen und unter „bombensicherem Heu" zu verdanken. Und doch gab es Momente, Zwischenspiele eines nichts Anderes kennenden und wissenden Kinderglücks. Für Kinder die man fast überall wo sie waren, die Bombenkinder und ihre Mütter Bombenweiber nannte.

1. Kapitel

1.1 Der Anfang „Für Führer Volk und Vaterland"

In Dortmund-Wambel gab es eine dieser Überall-Straßen des „Tausendjährigen Reiches", hier wurde 1938 das Ältere dieser Kriegskinder in dem Haus Nr. 54 geboren. Die Wohnung war klein und für eine Familie kaum geeignet. Aber die Wohnungsgenossenschaft hatte im Namen des Führers ganz in der Nähe eine Siedlung mit „Familienwohnungen" gebaut mit denen Adolf Hitler seine NSDAP und das Volk beglückte.

Dem Vater hatte man, mit einem Kind und dem zweiten auf dem Weg, eine dieser größeren Wohnungen als Köder folglich nicht gänzlich unverbindlich zugesagt. Zugegeben diese Wohnungen waren, verglichen mit den damals üblichen Wohnverhältnissen, in Bezug auf Ausstattung und Fläche großzügig. Nicht jeder hatte damals ein Bad und eine separate Küche, Wohnzimmer, Schlaf- und Kinderzimmer und einen Südbalkon dazu. Ein Garten mit Spielecke hinter den Häusern gehörte zum „kinderfreundlichen" Standard. Mit Speck fing man auch schon damals Mäuse und vor dem Speck lag das Parteibuch dessen „Umgehung" nicht nur von der neuen Wohnung fernhielt, sondern auch andere unerfreuliche Folgen haben konnte.

Es war aber nicht der nackte Opportunismus der den Vater dazu brachte das Parteibuch nicht zu umgehen. Er war Anfangs auch und das überwiegende Deutschland war es, geblendet von den Erfolgen und überzeugt von der Richtigkeit des Vorgehens dieser neuen deutschen „Herrscher".

Während seines „Arbeitsdienstes", der zu seinem Teil dafür sorgte dass die Statistik mit der geringsten Arbeitslosenzahl seit der Weimarer Republik glänzte, brachte besonders die

forcierte Waffenproduktion wieder Beschäftigung für den größten Teil der Arbeitslosen. Er und viele andere sahen die neuen Autobahnen, die „Kraft durch Freude-Dampfer", und die neuen Hafenbecken in Dortmund. Der Vater sah aber auch die „schönen" Häuser und in eines davon konnte er, zunächst nur mit einem Kind, seiner neuerlich schwangeren Angetrauten und seinem neuen Parteibuch einziehen.
Die neue Wohnung lag in einer „Baumsiedlung", alle Straßen und Plätze hatten Baumnamen. Ein Vierfamilienhaus, gebaut mit sich Gleichenden auf dem „Kastanienplatz" im Karree um einen großen „Löschteich", wurde unser neues Domizil. In „weiser" Voraussicht hatte die NS Führung überall in der Siedlung diese Löschteiche bauen lassen, wohl bedenkend das Angegriffene auch zurückschlagen konnten.

Aber noch war im Sommer 1939 niemand angegriffen, wenn man die Tschechoslowakei einmal nicht als angegriffen betrachtet. Auch dieses neue deutsche, Zukunft und mehr Kinder versprechende Paar, hatte man auf dem Standesamt mit der Volksausgabe „Mein Kampf" - ironischerweise auch noch im gleichen Format wie die Bibel - beschenkt.
Der noch einmal werdende Vater als durchaus gebildeter Mann, er hatte unter anderen Gustav Freytag, die Weltgeschichte von Leopold von Ranke, Goethe, Schiller, Hegel, Kant, Freud, Nietzsche und die Bände des Brehms-Tierleben in seinem Bücherschrank, war einer dieses Volkes der „Deutschen Dichter und Denker" ver - oder geblendet von den Anfangserfolgen der Nationalsozialisten. Nur bei Sigmund Freud war er anderer Meinung als die Nazis.

Erst später fiel auf, dass die genannten Bände, außer Freud mit seinem Werk: „Das Unbehagen in der Kultur", nicht als entartete Literatur auf den Scheiterhaufen „undeutschen Schrifttums" gelandet waren, sie wurden vor den Feuern der

NSDAP Banausen verschont! Heine, Berthold Brecht und Thomas Mann u.v.mehr, waren nicht in seinem Vermächtnis, aber sie brannten auf den Scheiterhaufen.

Ein ungeheuerliches und in diesem Ausmaß wohl einmaliges Vorgehen dieser anmaßenden ideologisch verblendeten Braunen sich zu Literaturkritikern aufzuschwingen und einem ganzen Volk nicht unbedeutende Teile der Weltliteratur vorenthalten zu wollen. Kaum etwas ist barbarischer und primitiver als diese Schande an der deutschen Kultur, nur noch die Vernichtung „entarteter" Kunst ist mit diesem Tun der Nazibarbaren vergleichbar.

Insgesamt kamen ab 1933 mehr als 300 Schriftsteller und Autoren, die Mehrzahl mit all ihren Werken, auf die „Schwarze Liste" der Nazis und ihre Bücher auf die Scheiterhaufen. Über 20.000 Kunstwerke wurden ab 1938 aus mehr als 100 Museen entfernt, gegen dringend benötigte Devisen ins Ausland verkauft oder vernichtet. Eventuell eine späte Rache unseres großen „Kunstmalers" Hitler, er selbst gab den „Führerbefehl" über die Entfernung aller „entarteten" Bilder heraus, als seine Revanche an den besseren Malern und an denen die ihn an der Kunstakademie in Wien nicht wollten und für unfähig erklärten.

Was ist denn wahre Kunst? Ein diffuser Begriff wie dieser, ist im Prinzip vergleichbar und genau so nebulös wie der vom „wahren Glauben". Kunst oder Glaube sind nicht Wahrheit sondern nur individuelle Auffassung und Vorstellung, deshalb kann es beide als „Wahrheit" im absoluten Sinn nicht geben.

Die 1938 nach Ansicht der Nazis zur „wahren" Kunst nicht gehörenden und als entartet diffamierten Werke von Nolde, Kirchner, Marc, Macke, Kokoschka und vielen anderen, waren den „Nazi-Naturalisten" zu undeutsch, zu unnatürlich, aber sie galten in der Welt außerhalb dieser deutschen „arischen" Kunstauffassung als Meisterwerke.

Hätte der „Stuhl mit dem Butterfett" von Joseph Beuys, wenn es ihn denn 1938 schon gegeben hätte, möglicherweise dieser rechten naturalistischen Art der Nazis entsprochen? Naturalistisch ist er unumstritten und Gegenständlich ist er ohne jeden Zweifel. Durch die von Beuys eventuell bewusst schelmisch gewünschte Reflexion seines Stuhls auf die Dummheit seiner Betrachter, könnte er tatsächlich für diese Art von Kunstexperten artgerecht gewesen sein.

Zum Glück für uns Nachgeborene wurden diese Kunstwerke nicht alle verbrannt. Hitlers Befehlen zum Trotz, horteten einige Nazigrößen und andere, die etwas mehr von Kunst verstanden, viele dieser „Entarteten" oft auch unrechtmäßig in ihren privaten Kunstsammlungen.

Diese selbst ernannten Naziliteraten und Kunstkenner maßen sich an was „deutsch", deutsche Kunst und was für die Deutschen „schädlich" sein sollte und darum wollten sie schon 1933 „Den undeutschen Geist aus den öffentlichen Büchereien „ausmerzen" und 1938 die für deutsche Kunstbanausen „undeutsche Kunst" vernichten.
Wenn es - schlimm genug - mit dem „Ausmerzen" doch nur bei diesem „Undeutschen Büchergeist" und der „Vernichtung" entarteten Kunst geblieben wäre!

1.2.2 Warum wurde Hitler der „Führer" der Deutschen, oder wer hat ihn zum Führern gemacht?

Warum regte sich schon 1933, am Anfang dieser eigentlich selbst „undeutschen" Naziherrschaft, kaum jemand über diese Ungeheuerlichkeit auf? Wo waren die Hüter der deutschen Kultur, die Universitäten, die Professoren, die Kirchen, die Schriftsteller, die Künstler. Sie waren, wenn nicht unbedingt einverstanden mit dieser Kulturschande der Nazis, abgetaucht, viele verhaftet und eine nicht geringe Zahl emigriert.

Über 30 Prozent der an deutschen Hochschulen lehrenden Professoren, die meisten von ihnen waren Juden, emigrierten um der Vernichtung ihrer Lebensbasis oder ihres Lebens zu entgehen. „Nicht zu Unrecht - so der Historiker Herbert A. Strauss - sprach man von der Selbstenthauptung des deutschen Geistes".

Der überwiegen Teil der verbliebenen Professoren übertraf sich dann geradezu in der Anbiederung an den Nationalsozialismus. Zum Teil aus latentem Antisemitismus und zum anderen aus Opportunismus in der Hoffnung auf bessere und interessantere Lehrstühle, die nun von Juden frei wurden.

Bis auch diesen Professoren, - die noch immer in Talaren mit Hermelinkragen herumliefen und sich mit Magnifizenz anreden ließen, in den Jahren 1967/68 ein Spiegel vorgehalten wurde. In Hamburg eskalierte die Jahresfeier zu einem bisher nie dagewesenen Protest. Die Studenten trugen ihren Professoren ein historisch gewordenes Transparent voran: „Unter den Talaren der Muff von tausend Jahren". Ob dies auch eine Anspielung auf Hitlers „Tausendjähriges Reich sein sollte, darf man vermuten.

Es ist unschwer vorstellbar, dass auch die Verbrechen und die weitere ungestörte Tätigkeit dieser im „Tausendjährigen Reich" schuldig gewordenen in einem Rechtsstaat Bundesrepublik Deutschland hier angesprochen waren. Denn beileibe nicht allein die Professoren haben diese Verbrechen toleriert, ihnen zugeschaut und oder sich mitwirkend schuldig gemacht. Tatsächlich waren an den grausamen Verbrechen der Nazis, fast ohne jede Einschränkung, alle damals existierenden staatlichen Institutionen in irgend einer Weise beteiligt.

Ein nicht geringer Anteil dieser Mitarbeiter in den Staatsorganen der Nationalsozialisten, die mindestens vom ihrem „Schreibtisch" aus diese Verbrechen möglich gemacht haben, fanden unbehindert Unterschlupf in den Neugründungen unter dem neuen „Grundgesetz" der Bundesrepublik Deutschland.

Alle staatlichen und halbstaatlichen Organe, die Ministerien, die Post und Bahn, die wissenschaftlichen Gesellschaften, die Forschungsinstitute, die Polizeipräsidien, Kammern der Ärzte und Anwälte bis hinunter zu den Stadt und Gemeindeverwaltungen, waren mindestens passiv und oft aktiv am Aufbau und an den Verbrechen des NS-Regimes beteiligt.

Nur einmal noch, in Hamburg am 26 Oktober 1962 um 21.00 Uhr mit der überfallartigen Besetzung der Redaktion des „SPIEGEL" und der anschließenden Verhaftung von elf SPIEGEL-Redakteuren und Sympathisanten, schien dieser restaurative Ungeist alter Zeit bei einem „Abgrund von Landesverrat" wieder auferstehen zu wollen.

Franz Josef Strauß fand, eventuell sogar ungewollt und von der falschen Seite, bei seiner Fehde gegen den „nihilistischen" und „nestbeschmutzenden" SPIEGEL willfährige Helfer aus diesen „alten" Zeiten. Von Kanzler Konrad Adenauer, zwar schon im Greisenalter, aber als Antinazi nicht zu denen aus alten Zeiten gehörend, lässt Strauß sich einen „Freifahrtschein" ausstellen um gegen den SPIEGEL vorzugehen. Adenauer soll ihn bestärkt haben, so Strauß: Er möge „ohne Ansehen von Namen und Person vorgehen".

Adenauer selbst bezeichnete den umstrittenen kritischen SPIEGEL-Bericht, Ausgabe 41/1962 mit dem Titel „Bedingt abwehrbereit" als den genannten „Abgrund von Landesverrat" und soll sich zudem zu einer öffentlichen Aufforderung zum Boykott des SPIEGEL verstiegen haben.

Vielen der dann zuschlagenden Polizisten, Beamte des BKA, Leute aus dem MAD (Militärischer Abschirmdienst), war eine derartige Vorgehensweise aus dem „Dritten Reich" noch nicht unbekannt. Eine nicht geringe Zahl dieser Fahnder und Verfolger gegen den SPIEGEL und seine Redakteure, haben schon als Nazis in ihren Ämtern, zum Beispiel als Oberstaatsanwalt am Sondergericht in Posen (Polen) oder als SS-Obersturmführer gut funktioniert, nun konnten sie weiter wie gewohnt funktionieren. Aber mit der im Grundgesetz festgeschriebenen Meinungsfreiheit, mit den Rechten der Bürger und der Demokratie hatten sie sich noch nicht so recht anfreunden können.

Eine leichte Rechtsblindheit ist auch den heutigen Fahndern nicht abzusprechen, weil sie im Fall der NSU zwar nicht nach einem alten Motorrad mit diesem Markenkennzeichen, aber mit Sicherheit an der falschen Stelle gesucht haben.

Noch immer waren in diesem Jahr 1962 die alten Fahnder geprägt von einem anderen rechten Berufsbild. Sie hatten die damals übliche Vorgehensweise als Erfüllungsgehilfen und stramme Gefolgsleute Adolf Hitlers noch nicht ablegen können. Zum Einsatz kam „Das ganze Besteck", wie es ein beteiligter Fahnder später bezeichnete.

Aber dieser verknöcherte, restaurative Adenauer-Staat hatte die Rechnung ohne seine Bürger gemacht. Der „Untertan" war nicht mehr der obrigkeitsängstliche „Armleuchter" dieser preußisch wilhelminischen und später hitlerschen Prägung. Ein nicht erwarteter monatelanger Aufstand ging durch das Land. Die gesamte versammelte zum Liberalen tendierende Presse und die nicht mehr obrigkeitsängstlichen „Armleuchter", haben mit Verve diesem Adenauer Staat dann zum Rechtsstaat und zum Grundgesetz heimgeleuchtet.

Als Verteidigungsminister musste F.J.Strauß, wegen der unrechtmäßigen und anmaßenden Verhaftung des SPIEGEL-Redakteurs Konrad Ahlers, diesem angeblichen „Landesverräter" und Verfasser des „verräterischen" Berichts, gehen und sein Traum Bundeskanzler zu werden war für ihn endgültig ausgeträumt.

Der Bericht des SPIEGEL, dieser „Abgrund von Landesverrat", war nichts anderes als eine Zusammenfassung der allen Militärs bekannten und bei dem Nato-Manöver Falex 62 sich herausstellenden Problemen mit der deutschen Truppe. Die Nato-Oberen stellten den Deutschen und ihren Befehlshabern ein miserables Zeugnis aus: „zur Abwehr bedingt geeignet".

Ist es falsch zu vermuten, dass ein derartiges niederschmetterndes, im SPIEGEL öffentlich gemachtes Zeugnis, den damaligen verantwortlichen Verteidigungsminister F.J.Strauß, nach all den vorausgegangenen anderen „unfreundlichen" Berichten dieses Blattes über den Schützenpanzer aus Pappe, den

Witwenmacher Starfighter, über die Fibag Affäre bis zur Saga „vom Bankrotteur zum Millionär" über den „Nenn-Onkel" Aloys, um seine Contenance gebracht hat?

Wenn man es so sehen will lernten, liebten und erprobten die Deutschen 1962 zum ersten mal in und an dieser SPIEGEL-Affäre ihre Demokratie und befreiten sich Ende der Sechziger Jahre dann endgültig von der Allmacht der ewig Gestrigen.

Was war denn diese „Neue" Republik bis 1968 für ein Staat? Restaurativ bis auf die Knochen in der für Beamte der Bürger immer noch Untertan war, Frauen ihre Ehemänner um ihr Einverständnis bitten mussten wenn sie den Führerschein machen oder arbeiten gehen wollten und nach der Heirat die Verfügungsgewalt über ihr eigenes Geld verloren.
Ein Staat in dem Geschlechtsverkehr für Unverheiratete und Homosexualität noch bestraft werden konnte. In dem eine sogenannte Kuppelei noch manches mal zur Straftat wurde und Hildegard Knef mit einer halb gezeigten Brust die Aktion „Saubere Leinwand" auf den Plan rief.

In den genannten „Alten Zeiten", um einen der Bekanntesten zu nennen, emigrierte dann auch Sigmund Freud aus diesem, alles anders Denkende erdrückende und zerstörende „Dritte Reich". Nur auf Druck des Auslandes und nach Zahlung der „Reichsfluchtsteuer" (Abschöpfung des Vermögens der Juden) konnte Freud mit dem Großteil seiner Familie das veränderte Deutschland am 4.Juni 1938 noch verlassen.

Ab 1933 wurde die Kultur aus Deutschland vertrieben und zurück blieb nur noch der „Völkische Geist" der selbst ernannten Herrenrasse. Ein aus ideologischen, rassistischen, antisemitischen, germanisch-okkultistischen Mythen zusammen gebrautes braunes Gebräu. Nicht zufällig wählte Adolf Hitler eine angebliche Rune der Germanen - das Hakenkreuz - 1920 als Gründungs-Symbol für seine Nationalsozialistische Deutsche Arbeiterpartei kurz NSDAP. Aber auch hier irrte Hitler, diese „Rune" „seinen" Germanen und seinen germanisch arischen Wahnideen zuschreiben zu wollen. Schon im 5. Jahrtausend v.u.Z. benutzten die Menschen der Donau-Kultur (Vinca) und 3000 v.u.Z. die Minoer auf Kreta dieses Zeichen.

Hitler fand für diese seine verbrecherischen und kruden Ideen Unterstützung oder Tolerierung bei einem beträchtlichen Teil der Deutschen. Sie haben diese Ideen des Völkischen Geistes, das „Ausmerzen" alles „Undeutschen" gefördert, beifällig benickt oder mindestens passiv toleriert. Der kleinere Teil der Deutschen hat aus Angst vorbei geschaut oder stand ohnmächtig dieser gewaltbereiten Naziherrschaft gegenüber.

Linguisten haben dieses „Giftwort" der Nazis das „Ausmerzen", im 15. Jahrhundert schriftlich belegt gefunden. Es könnte vom Monat März abgeleitet sein. Nach langen Wintern wurden im März die Schafherden verkleinert, mit langen Messern „märzte" man die Überzähligen „aus".

Einige Hunderttausend, die Skrupellosesten unter den Deutschen, machten dann grausam weiter mit diesem „Ausmerzen" aus dem später das wohl schlimmste und grauenhafteste Verbrechen nicht nur in der deutschen Geschichte resultierte.

Thomas Mann hat nach dem Krieg in den USA für seine geschlagenen Landsleute eine Lanze brechen wollen in dem er erklärte: „Die Nazis hätten nicht das Schlimmste in den Deutschen hervorgebracht, es sei gerade ihr Bestes, das ins Schlimmste verkehrt worden sei". Wenn man es kürzer mag:

Aus der deutschen Tugend der Gründlichkeit wurde die deutsche Gründlichkeit der Täter.

Wo lagen die Gründe, oder was ermöglichte diese „Leichtigkeit" der Täter zum Begehen schwerster Verbrechen an der Menschlichkeit? Anfänglich waren es die über Jahrhunderte tradierten volkstümlichen Einstellungskomplexe gegen jede Fremdheit. Der Mehrzahl der Deutschen waren Juden, Sinti, Roma, Nichtchristen und anders aussehende „Nichtarier" fremd.

Die Nazi-Führung kanalisierte diese tradierten Einstellungen mittels Hetzschriften, Plakaten, Hetzbüchern und durch die allgemeine Propaganda in allen Medien, in die für sie gewünschte Richtung. Mit dem im März 1933 geschaffenen „Reichsministerium für Volksaufklärung und Propaganda" unter Joseph Goebbels waren alle Weichen gestellt.

In nur wenigen Wochen gewann Goebbels die vollständige Kontrolle über Rundfunk, Film, Presse und Verlage. Wie ein Myzel, dieses fadenförmige unsichtbare Geflecht der Pilze, überzog diese Kontrolle das gesamte kulturelle und öffentliche Leben Deutschlands. Alle öffentlichen Feste und die ins Leben gerufenen Großveranstaltungen (Reichsparteitage) dienten zur Selbstinszenierung und Machtdemonstration der Nazis.
Der überall verbreitete Slogan „ Ein Volk ein Reich ein Führer" sollte die Identifikation eines jeden Einzelnen mit ihm als Führer und seinem NS-Regime festigen.

Selbst die sogenannte „Bessere Gesellschaft" hat sich mit ihrer massiven finanziellen und ideologischen Unterstützung dieses Mannes, dieses „Böhmischen Gefreiten" Adolf Hitler, nicht von ihrer vermeintlich besseren Seite gezeigt.

Sie waren teils aus wirtschaftlichen, aus ideologisch antisemitischen und gesellschaftlichen Gründen begierig darauf mit einem „unpassenden" Menschen Kontakt aufzunehmen, einem Plebejer dem man unter normalen Verhältnissen den Zutritt in ihre bessere Gesellschaft nicht gewährt hätte. Dieses Türöffnen lohnte sich für die deutsche Großindustrie und machte die Tore für Großaufträge der von Hitler forcierten Aufrüstung für den Krieg weit auf.

Ernst Borsig, Magnat des führenden Lokomotiven-Herstellers, spendete großzügig für Hitler und seine NSDAP.

Auch die Bechsteins, Inhaber des bekannten Pianowerkes in Berlin, bürgten, spendeten und beschenkten ihn mit wertvollstem Schmuck.

Auch in den „Heiligen Hallen" Richard Wagners war er gern gesehener Gast. Frau Winifred Wagner war eine der größten nicht nur finanziellen Gönnerinnen.

Auch das ferne Amerika wollte sich aus dieser „Industriellen Gönnerschaft" nicht ausschließen. So schickte Henry Ford, dem man damals eine antisemitische Tendenz unterstellte, zu Hitlers Geburtstag jahrelang 50.000 Dollar. Dafür durfte er für Hitlers erstarkende Armeen seine Lastwagen liefern.

Fritz Thyssen der Großindustrielle spendete über eine Millionen Mark und wurde so zum größten Einzelspender der Nationalsozialisten. Insgesamt spendete allein die Deutsche Großindustrie noch bis Ende 1944 über 700 Millionen Mark in Hitlers Kriegskasse.

Der Deutsche Mittelstand hat ebenfalls mit nicht unbeträchtlichen Geldern zur Erstarkung der Nazis beigetragen. Nach dem Krieg waren überraschend fast alle Spender, Gönner und Förderer Hitlerscher Macht, Gegner der Nationalsozialisten. Bestens, sowohl finanziell als auch moralisch unterstützt, konnte Adolf Hitler, seinen kriegerischen und menschenfeindlichen Zielen und der Verfolgung der Juden und Anderen weiter nachgehen.

Mit ihrer Macht über alle vorhandenen Informationskanäle, machten die Nazis den Juden zum Volksverderber und Reichsfeind und die russischen „Bolschewisten" und andere Slawen zu Untermenschen. Für die Deklassierung eines Juden zum Untermenschen war die naturalistische Sonderung aus ethnischer oder rassistischer Feststellung Voraussetzung für den Ausschluss aus der menschlichen Gesellschaft.

Die Sonderung auf sozialer politisch-moralischer Basis, die den „Anderen" aus der politisch-sozialen Wertegemeinschaft ausschließt, erleichterte oder ermöglichte dann die brutale Bekämpfung von Bolschewisten, der vermeintlich Asozialen und allen Anderen die nach Auffassung der Nazis nicht in „Ihre" Wertegemeinschaft passten.

Die ohnehin tief liegende Hemmschwelle von schon latent zur Gewalt neigenden potentiellen Tätern wurde durch Indoktrination, gezielte Manipulation, gelenkte Motivation und durch die Monopolisierung der Informationskanäle mittels gesteuerter Auswahl von Informationen, auf eine kaum hinderliche Höhe abgesenkt.

Hier lagen einige der Grundvoraussetzungen für die Verbrechen der Täter. Historiker schätzen es sind ca. 300.000 unmittelbar direkt an den Untaten und grausamen Verbrechen in irgendeiner Weise Beteiligte gewesen. Ausführende dieser unbeschreiblichen Vergehen an der Menschlichkeit, an den Juden, an Zwangsarbeitern, an Behinderten, an Sinti und Roma, an Schwulen, an Gegnern und Volksfeinden und an den aus Nazianschauung „rassisch unwerten Untermenschen"

Die Vorhut dieser Verbrechen war schon im Januar 1939 eine Anordnung von Göring, wie sie etwas verharmlosend zu lesen war, „die Judenfrage durch Auswanderung und Evakuierung zu lösen". Im Oktober 1941 wird jedoch ein Auswanderungsverbot in Kraft gesetzt.

Die „Endlösung" der Judenfrage wurde in Angriff genommen. Ab 1942 begann der Funktionswandel der Konzentrations- und Arbeitslager zu Vernichtungslagern. Die SS machte sie zu Zentren der planmäßigen Tötung ihrer Insassen zunächst mittels automatisierten Genickschuss-Anlagen und in den Innenraum von Autos geleitete Abgase. Durch die „Anlieferung" immer größerer Massen , reichten diese Automaten und die Autoabgase nicht mehr aus. In Auschwitz wurde, um immer mehr Menschen umbringen zu können, mit dem Bau von Gaskammern und der Ermordung mittels Giftgas „Zyklon B" begonnen.

Parallel ging das Morden durch unmenschlich harte Arbeit in den 1200 Arbeitslagern weiter. Bis Ende 1944 waren für das Morden von Millionen Menschen 10.000 Konzentrations- und Arbeitslager entstanden. Am Ghetto Warschau wurde, wie an anderen auch, ein großer „Umschlagplatz" mit Bahnanschluss angelegt.

Zusammen mit der Nazi-SS mussten lettische, ukrainische und litauische „Helfer" täglich 6000-7000 Menschen, Frauen, Männer und Kinder, aus dem Ghetto selektieren, entweder zum Tod im Gas oder zum Tod durch Arbeit.

Wie kann man in KZs und anderswo morden ohne sein Gewissen zu belasten? Wie konnten Mörder - sie waren in großer Mehrheit mordende Christen - beten und Gott um irgend eine belanglose Hilfe bitten? Wie konnten Kindermörder nach „Feierabend" Haare und Wangen ihrer eigenen Kinder streicheln?
Ungenannt jene Zigtausende die am Tod von Millionen mitgewirkt „ohne sich die Hände schmutzig gemacht zu haben" wie sinnverwandt Pontius Pilatus „seine Hände in Unschuld wusch" und er dennoch einer der Hauptschuldigen am Tod Jesus war.

Die andere Seite der selben Medaille waren die „Lebensborn-Heime" der SS. Sie dienten nicht der Vernichtung „Undeutschen Blutes", sondern sie sollten der Ergänzung, Bewahrung und dem Erhalt „wertvollen Deutschen Blutes" dienen. Der Gründer dieses „Lebensborn e.V." Heinrich Himmler wollte nach dem von ihm durchgesetzten Verbot der Abtreibung, jene Kinder entsprechend dem Arier-Nachweis streng ausgesuchter lediger Mütter, in diesen Heimen zu Kindern arisch reinen deutschen Blutes erziehen lassen.

Dieser Lebensborn war auch ein Kinderraub-Verein Himmlers. Er veranlasste die Entführung arisch aussehender, blonder und möglichst blauäugiger Kinder aus dem besetzten Ausland in die 20 Lebensborn-Heime nach Deutschland. Diese Kinder sollten nach den Vorstellungen des „Reichsführers SS" zu wertvollen Mitgliedern und Kämpfern der nordischen Rasse erzogen werden.

Einige dieser Kinder gab man zur Adoption an kinderlose stramm nationalsozialistische der SS angehörende Ehepaare frei. Sinn und Zweck war auch, später auf diese Kinder als Soldaten oder als Ersatz für die Gefallenen zurückgreifen zu können.

Ohne den „Nordländern" und allen „echt" Blonden und Blauäugigen nahe treten zu wollen, ist aus biologischer Sicht diese sogenannte „Nordische Rasse" eine Gruppe von „Mangelmutanten". Die ursprüngliche dunklere Pigmentierung, (Melanin) von Haut, Haaren und Augen des von Afrika eingewanderten „Homo Sapiens", bildete sich über hunderte von Generationen unter der schwachen Sonne des Nordens, zu helleren Farbtönen zurück.

So konnte sich das lebensnotwendige Vitamin-D3, bedingt durch die geringere Strahlenabsorption der weniger pigmentierten Haut, auch in den höheren Breiten in ausreichender Menge bilden. Hitlers und Himmlers „Arische Rasse" war und ist somit keinesfalls die blonde blauäugige Herrenrasse, sondern eine „mutierte", weil es ihr an Pigmenten in Haut, Haaren und Augen „mangelt".

1.1.3 Wo finden sich die Hintergründe und historisch bedingten Vorurteile die Hitlers Aufstieg begünstigten?

Oder anders gefragt: Welche Voraussetzungen oder Umstände waren der Rahmen oder die Hintergründe in oder aus denen sich jene Dispositionen entwickelten die sich später in Herrenwahn, Ausgrenzung, Verfolgung, Vertreibung, Euthanasie, Folter und Morden manifestierten. Gründe und Vermutungen hierzu gibt es viele: Die Weimarer Republik wurde als gescheitertes demokratisches Chaos gesehen das man abschütteln wollte.

Die Deutschen suchten nach einer starken Hand, die sie aus der zerfahrenen politischen und sozialen Situation in der Weimarer Republik führen sollte. Hitler schürte geschickt, wie der sprichwörtliche Wolf im Schafspelz, den Glauben der Deutschen, dass er sie aus diesem Weimarer Chaos zur nationalen Geschlossenheit und einem neuen Aufschwung führen würde. Hitler war dann aber selbst der diesem Chaos entsprungene personifizierte Tartaros der Unterwelt, der sich der Deutschen durch eine innere Überwältigung, mittels Verführung gepaart mit Gewalt bemächtigte.

Nicht zu unterschätzen die Inszenierungen mit dem gewaltigen Einsatz der Massen, welche die Grenzen wie eine kollektive Droge, zwischen Wahn und Wirklichkeit aufhoben. Versinnbildlicht auch in den Prunk- und Protzbauten der Architektur Albert Speers. Die meisten Deutschen erlagen diesem teuflischen Aktionismus. Nicht Wenige sahen dabei auch ihre Chancen für einen rasanten Aufstieg in sonst nicht erreichbare Höhen in diesem jede Grenze sprengenden System, von dem sie dann - die meisten merkten es zu spät - selbst überrollt wurden.

Nur Wenigen gelang es abzuspringen und so mancher musste seinen Absprung mit KZ-Haft bezahlen. Hinzu kam die - auch sonst in Europa - latente Hinwendung zu autoritären Systemen, weil die Demokratien in vielen Belangen versagt hatten.

Die nicht zu unterschätzende Bolschewiken-Feindschaft und mehr noch das weit verbreitete kaum verdeckte Ressentiment gegen die Juden waren der Nährboden für eine zunehmende Radikalisierung der Rechten und Hassschürung gegen Juden in der Gesellschaft.

Diese zunächst noch nicht gewaltsam zu Tage tretende Judenfeindschaft erwuchs - besonders bei den einfacher strukturierten Christen - zum einen aus dem „Wahrheitsmonopol" des Christentums allein im Besitz der Wahrheit zu sein und zum anderen aus der "immerwährenden" Behauptung „die Juden haben Jesus ans Kreuz geschlagen".

Es waren nicht die Juden es waren die Römer! Weil nur sie in den Provinzen ihres Imperiums diese Tötungsart der Kreuzigung praktizierten. Und weil nach jüdischem Glauben der angebliche Prozess gegen Jesus vor dem Hohen Rat der Juden, am Vorabend des Pessach-Festes, wie es in der Bibel steht, nicht hätte stattfinden können. Auch nicht an einem Sabbat und besonders nicht an einem Vorabend eines

jüdischen Hauptfeiertages eben dieses Pessach-Festes. Vor diesem Fest wanderten nämlich alle Juden in ihren Heimatort um in der langen Nacht der Haggadah gemeinsam mit ihren Angehörigen der Befreiung aus der Sklaverei in Ägypten und dem Auszug nach Israel zu gedenken, zu lesen und zu singen. Es war die mit den Römern kollaborierende reiche und korrupte Adelselite der 34 Sadduzäer Familien die ihre fragwürdigen Geschäfte im Tempel und ihren Handel mit den Opfertieren in den Straßen Jerusalems, durch die Reden des „Revolutionärs" Jesus gefährdet sahen.
Selbst wenn der Hohe Rat (Sanhedrin) doch am Urteil gegen Jesus mitgewirkt haben sollte, so ist zu bedenken: der Hohe Priester des Sanhedrin war Sadduzäer und die 71 Mitglieder dieses Hohen Rates waren es überwiegend auch. Es ist leicht vorstellbar welche Macht und welchen Einfluss dieser Hohe Priester als Sadduzäer, für einen Schuldspruch Jesus in die Waagschale werfen konnte.

Diese Sadduzäer aber waren und sind nicht „Die Juden".Darum erscheint es auch als nicht unwahrscheinlich, sollte Jesus am Leben geblieben sein, dann wäre von ihm mit seiner Rhetorik, seinen revolutionären Ideen und mit der Unterstützung des einfachen Judenvolkes diese korrupte Sadduzäer Clique davon gejagt worden. Mit der Tempelsäuberung hatte er ja schon angefangen. Darum waren es auch nicht die frommen Pharisäer und friedliebenden Schriftgelehrten, denen man wie es in der Bibel geschrieben steht, eine Mitschuld am Tode Jesus zuschreibt.

Es war besonders die Angst des römischen Präfekten Pontius Pilatus der Jesus dem hohen Rat übergab wohl wissend und gewünscht, dass dieser Jesus schuldig sprach. Durch eine Revolte wären ihm seine einträglichen Pfründe aus den Tempeleinnahmen verlustig gegangen. Nach seiner

Rückbeorderung wurde er - historisch belegt - deshalb in Rom der Bestechung, Bereicherung an den Tempelgeldern, der grausamen Judenverfolgung und weiterer Untaten bezichtigt.

Letztendlich entscheidend für den Tod Jesu war die Angst der römischen Administration. Hinzu kam die Angst der mit ihnen kollaborierenden Sadduzäer ihre beherrschende Position im Tempel durch die aufrührerische Wirkung der sozial radikalen Reden und Handlungen Jesus zu verlieren. Es war nicht das arme einfache von den Römern unterdrückte Volk der Juden, das deklamierend seinen Tod gefordert haben soll!

Nicht ohne Sinn stand auf seinem Kreuz die Inschrift zu lesen: „Jesus von Nazareth König der Juden". Das war keine Verhöhnung wie die Bibel unterstellt, sie entsprach dem Verständnis der einfachen Juden. Sie sahen in ihm durchaus einen Führer gegen die verhassten römischen Besatzer. Die Römer sahen aus erklärlichen Gründen in Jesus ihren Feind, der Aufruhr in „ihrer" römischen Provinz Judäa schürte und ihre Macht und ihren Anspruch in Frage stellte. Darum schlugen sie ihn, als die Todesstrafe für Aufrührer und Nichtrömer, nach römischem Recht und römischer Art ans Kreuz.

Noch immer wollen und können viele Christen es nicht begreifen oder akzeptieren, dass Jesus und auch andere die zum christlichen Glauben übertraten, beschnittene Juden waren. Für die Juden ist er nach seinem Tod bis heute kein Messias, kein Gottessohn, nicht Teil eines dreifaltigen Gottes, sondern nur ein „Rabbi" gewesen und geblieben. Zur damaligen Zeit war mit dem Vorgang der Beschneidung an der Vorhaut eines Buben am achten Tag nach der Geburt, die Aufnahme und die Zugehörigkeit zum „Alten Bund" des „auserwählten" jüdischen Volkes besiegelt.

Der „Beschneidungsstreit" der frühen Judenchristen nach dem Tode Jesus auf dem Apostelkonzil 44-46 n. Chr. in Jerusalem, wirft ein Licht auf diese große Nähe zum Judentum und zur Tora. Hier setzte sich Paulus, zwar auch Jude aber dann doch als Vertreter der hellenistischen respektive Heiden-Christen-Gruppe gegen die Judenchristen aus Jerusalem durch, die noch immer nach den Gesetzen des Mose leben wollten. Von nun an war die Beschneidung zwar weiterhin erlaubt, aber für die Missionierung weiterer Christen war die Taufe und nicht die Beschneidung die Voraussetzung für die Aufnahme ins Christentum.

Aus der Sicht des palästinischen Urchristentum (Judenchristen) wollte Jesus von Nazareth keinesfalls die Tora ergo die 613 jüdischen Ver- und Gebote (Mitzwot) aufheben, sondern sie wahren und erneuern. In seiner Vorgehensweise wird eine Übereinstimmung mit dem Protestverhalten Luthers erkennbar, der auch nur die katholische Kirche erneuern und von unchristlichen Vorgängen befreien wollte. Er hatte nie die Absicht freiwillig aus der Katholischen Kirche auszutreten. Viele katholische Christen bestreiten immer noch die Berechtigung Luthers, mit seinen 95 Thesen 1517 in Wittenberg, die damaligen unmoralischen und unwürdigen Zustände in der Katholischen Kirche kritisiert zu haben.

Und sie wehren sich teilweise auch gegen die Tatsache einer in weiten Bereichen gegebenen Übereinstimmung ihres christlichen Glaubens mit den Geboten der Tora und gegen die tiefe Verwurzelung mit dem bedeutend älteren jüdischen Glauben der den Christlichen im wesentlichen prägte. Hierzu passen die denkwürdigen, Annäherung suchenden aber doch differenzierenden sinngemäßen Worte des Philosophen Martin Buber in Worms: Wenn ich hier in dem alten steinernen Haufen des „Alten Bundes" auf dem (jüdischen) Friedhof stehe und sehe gegenüber das wohlgeordnete und wohlgestaltete Bild des „Neuen Bundes" den Dom, dann liegt für mich in diesem Vergleich keine Aufkündigung des „Alten" durch den „Neuen". Mir jedenfalls wurde und wird mir mein Alter Bund nicht aufgekündigt!

Diese dann später auch bewusst herausgestellte katholisch christliche und nach der Reformation gesamt christliche Überheblichkeit und Abneigung gegenüber den Juden, wurde über fast 16 Jahrhunderte, seit der Spätantike durchgehend, zu einem verdeckten Kennzeichen der christlichen insbesondere der katholischen Theologie in Teilen bis heute.

Die grauenhaftesten Pogrome gegen die Juden begannen mit den Kreuzzügen etwa ab 1096. Als die Kreuzritter und anderes Ablass erhoffende Volk nach dem Aufruf von Papst Urban nach Jerusalem zogen, wurden auf ihrem „Kreuzzug" nach Süden durch halb Europa und entlang des Rheins zunächst einmal Tausende von Juden massakriert.

Der von der Kirche geschürte Hass auf alle Ungläubigen konzentrierte sich hier erst einmal auf die jüdischen „Gottesmörder" bevor in Jerusalem „die Straßen vom Blut der Araber, Juden und auch vom Blut verbliebener Christen überschwemmt wurden" wie es ein teilnehmender Chronist beschreibt. Eine grundsätzliche Frage sei hier eingeworfen: Kann man einen Gott ermorden?

Zum Nachteil der Juden beschnitt Papst Gregor VII. 1078 die bis dato geltenden Rechte, indem er ihnen die Ausübung jeglicher Ämter verbot. Ein für die Juden auch wirtschaftlich nachteiliger Vorgang war dann zusätzlich der Beschluss im 4. Laterankonzil von 1215 unter Papst Innozenz II., den Juden die Ausübung aller handwerklichen Berufe zu verbieten und sie aus allen Innungen und Zünften auszuschließen.

Man verdrängte sie in die Bereiche von Handel, Geldwechsel und Geldverleih was ihnen dann ebenfalls - zum Teil bis heute - verübelt wurde. Auch die menschenverachtende „Kennzeichnung" der Juden, die Hitler Jahrhunderte später wieder aufgriff - damals nicht mit einem Stern sondern mit einem gelben Fleck auf der Kleidung, oder „wahlweise" mit dem bekannten spitzen Judenhut - geht auf diesen Papst Innozenz II. zurück.

Selbstberufene oder „von Gott gesandte" kleine Edelmänner trugen zum Anstieg der Exzesse bei. Der Ritter Rindfleisch (Rintfleusch) aus Röttingen zog im Jahr 1298 durch Franken und massakrierte in 146 Städtchen und Dörfern alle Juden. Ein verarmter Ritter Arnold von Uissigheim im Tauberkreis, man nannte ihn "König Armleder", machte sich 40 Jahre später zu seinem eigenen „Kreuzzug" durch Franken auf.

Auch dieser hatte gewaltigen Zulauf von Judenhassern die ihm zur Ermordung, weil er behauptete in Gottes Auftrag Juden zu töten, diese zu Hunderten zu trieben. Tausende fielen auch diesem „im Namen Gottes handelnden König" zum Opfer bis König Ludwig der Bayer ihn gefangen nahm und enthaupten ließ.

In diese Zeit fallen auch die unzähligen erlogenen angeblich von Juden begangenen Hostienschändungen, die fast in jeder Stadt und jedem Dorf auf „fruchtbaren Boden" fielen. Obwohl sich das vermeintlich besser gebildete Bürgertum in der Renaissance von den Strafandrohungen und der Gesamtvereinnahmung durch die Kirche des Mittelalters weitgehend frei gemacht hatte.
Die Französische Revolution 1789-1799 befreite dieses Bürgertum dann vollständig von der Macht der Obrigkeit und Kirche. Aber diese Einstellung zu den Juden, blieb bis weit

ins 19. Jahrhundert diesen primitiven Vorstellungen des Mittelalter verhaftet.

So stufte ein in der Gelehrtenwelt angesehener Professor der Philosophie und Hofrat in Göttingen Christoph Meiners noch 1785 die Juden zwar „über Orang-Utans, Negern, Lappen (Finnen) und Mongolen", aber weit unter weiße West-Europäer ein. Wie konnte auch in seiner kruden antisemitischen Arierwelt ein Jesus Christus und Gottes Sohn dieser „minderwertigen" Judenrasse entstammen.

Nach Meinung eines Hartwig von Hundt-Radowsky (eine prekäre Schriftstellerexistenz) waren die Juden in seiner Veröffentlichung (Judenspiegel) um 1820 dann doch wieder Affen, Untermenschen und Ungeziefer. Unsäglicher noch waren die Lügen über die den Juden unterstellten Ritualmorde: Sie würden Christenkinder „schächten" (Töten durch Aufschneiden oder Aufstechen der Halsschlagader) und das Blut der Kinder zum Backen ihres ungesäuerten Brotes (Matze) verwenden.

Diesen üblen Legenden wurde von der Kirche bis weit ins 20. Jahrhundert hinein nicht widersprochen, von Klarstellungen oder Widerrufen war nichts zu vernehmen. Die Verehrungen von angeblich geschächteten Kindern, wie die des kleinen Werner von Bacharach oder des Anderl von Rinn in Tirol, wurden von der Katholischen Kirche erst nach dem Grauen des Holocaust (Shoah) 1946 unterlassen.

Auch Luther hat sich gegenüber den Juden nicht mit frommen Sprüchen hervorgetan: „Sie wären ein verworfenes verdammtes Volk deren Häuser, Synagogen und Schulen man anzünden solle". Mit dem Verbrennen der Synagogen haben dann Hitlers Schergen in der „Reichskristallnacht" am 9. November 1938 diesem „frommen" Wunsch Luthers verspätet Folge geleistet.

Viele andere nutzten auf gemeine Art den Hass auf die Juden zur „Sanierung" ihrer finanziellen Verhältnisse. So der Pfefferkuchenbäcker Fettmilch aus Frankfurt am Main. Er nutzte zum Beispiel gemein und hinterhältig diesen Judenhass und bezahlte seine Schulden bei den Juden nicht. Er betrieb die Schuldentilgung auf seine Art und machte sich durch die Ermordung seiner Judengläubiger schuldenfrei.

Wer nun glaubt nach der größten grundlosen Massenvernichtung menschlichen Lebens dem Holocaust, hätte nach 1945 ein Umdenken Raum gewonnen der irrt. Schon bald nach 1945 bis heute sind die „Prediger des reinen Erbgutes" rührig unterwegs. Aus heutiger Sicht ist man zunächst geneigt diese historisch einmalige grauenhafte Ausuferung einer wahrscheinlich angelegten Tendenz als eine mögliche eigene Disposition völlig ausschließen zu dürfen. Aus einer gewissen Naivität und Realitätsferne heraus, werden diese schon wieder aufkeimenden Tendenzen des „Gegen rassisch Andere" übersehen, nicht wahrgenommen, verharmlost, toleriert oder manchmal auch gefördert.
So wie bei einem früheren SA Mann, und später ab 1976 CDU Justizminister eines Bundeslandes. Er musste 1978 nicht nur wegen seiner 1937 erstellten Doktorarbeit zurücktreten. Sie gipfelte in den Feststellungen: „Nur ein rassisch wertvoller Mensch hat innerhalb der Gemeinschaft eine Daseinsberechtigung. Ein wegen seiner Minderwertigkeit nutzloser, ja schädlicher Mensch ist dagegen auszuscheiden. Wie dieses im einzelnen zu geschehen hat, ist eine Frage der jeweiligen Volksauffassung. Ob das Volk für eine Ausscheidung des Minderwertigen durch Tötung *schon* (kursiv=eingefügt vom Verfasser) Verständnis aufzubringen vermag, mag dahingestellt bleiben"

Diesen Justizminister, der sich damals Gedanken darüber machte ob das Volk (*schon*) Verständnis für die Tötung der „Minderwertigen" aufbringen würde, verabschiedete seine CDU Partei und die einschlägige Presse als ein „Armes Opfer" einer Rufmordkampagne. Der Justizminister distanzierte sich nicht von seinem menschenverachtenden Geschriebenen in seiner Doktorarbeit.

Ein untergebener Richter, dem ein derartiges uneinsichtiges Verhalten missfiel und er die besagte „Doktor-Arbeit" öffentlich machte, wurde gemaßregelt. „Er habe seine Pflicht zu „achtungswürdigem" Verhalten gegenüber einem Dienstvorgesetzten verletzt". Der derart Gemaßregelte wurde versetzt.

Immer noch moralisiert die falsche Seite und die Wahrhaftigen werden verunglimpft wenn sie sich gegen eine weitere Verharmlosung und Verdrängung der Rassismus - und Hexenjagd-Phänomene in der Nazizeit wenden.

Sogar ein Nobel-Preisträger und Verhaltensforscher schreibt noch 1973, nachdem er schon in der Nazizeit 1940 „rühmlich" mit der Wortprägung „Verhausschweinung des Menschen" aufgefallen war, in seinem Buch „Die acht Todsünden der zivilisierten Menschheit" ein Kapitel über den „Genetischen Verfall".

Hierin beschwor dieser durchaus anerkannte Wissenschaftler die Gefahr einer Durchsetzung der Gesellschaft mit „Sozialparasiten". Dramatisierend malt er weiter den Teufel an die Wand: „Zweifellos droht uns durch den Verfall „genetisch"! verankerten sozialen Verhaltens (er meint asozialen) die Apokalypse, und zwar in einer besonders grässlichen Form".

Eine Art, oder überhaupt ob diese „asozialen Krebszellen" zwangsweise an einer Verbreitung (Fortpflanzung) gehindert werden sollen, hat dieser Verhaltensforscher ausdrücklich nicht gefordert. Aber eine logische Folgerung aus dieser „grässlichen Bedrohung" wäre eine Bekämpfung, welche andere Konsequenz wäre logischer?

In beiden christlichen Kirchen sind sogenannte „Sektenbeauftragte" mit ihrem „Kampf!" gegen Sekten, wie sie diese Andersgläubigen nennen, beschäftigt. Früher waren es die Juden die nicht in ihr dogmatisches Glaubensbild passten, und durch den Holocaust nach 1945 in eine Tabuzone geraten sind, heute sind es auch Andersgläubige die Sekten genannt werden.
Wenn es denn einen Gott gibt, oder je nach Standpunkt geben könnte, dann kann dieser Gott nur einzig sein. In irgendwelchen Sphären unseres Universums einen Streit mehrerer Götter um den wahren Glauben anzunehmen, ist daher unwahrscheinlich.
Diesen Streit um den rechten Glauben bis zum „Dschihad" mit massenhaften Morden am Beispiel des IS-Gottesstaates, gibt es nur in den Niederungen auf unserem Planeten. Die christlichen Kirchen waren allerdings genau so wenig zimperlich, als sie ihren Glauben auf ihren Kreuzzügen mit dem Schwert vor sich her trugen und die neue Welt mit Gewalt missionierten. Was Unglaube oder Aberglaube ist, definierten schon immer die von Region zu Region jeweils Herrschenden mit ihren Religionen.

Jede Art von Religion jeweils aus der Sicht jeder der anderen Religionen mit ihren dutzenden von Glaubensbildern, Gottesbildern, Ritualen oder Auslegungen, kann deshalb als sektiererisch betrachtet werden. Warum ist der jeweils Andersgläubige, auch wenn er nur an diesen einen Gott glaubt, immer der „Ungläubige"? So fehlt allen monotheistischen Glaubensanhängern, den Islamisten, den Juden und den christlichen Kirchen und hier etwas mehr der Katholischen, in unserem angeblich aufgeklärten 21. Jhdt. immer noch die Toleranz die schon den „Alten Fritz" im 18.Jhdt. in Preußen auszeichnete. Bei ihm durfte „Jeder nach seiner Facon selig werden".

Darum ist eine Auszeichnung eines Sektenbeauftragten mit dem Bundes-Verdienstkreuz durch einen dem Grundgesetz verpflichteten säkularen Staat, zu den sonst gegebenen Fragwürdigkeiten, mehr als fragwürdig.
Der Staat läuft durchaus Gefahr, dass er mit dieser Auszeichnung für Verdienste in der „Sektenbekämpfung" gegen das Verfassungsgebot der weltanschaulichen Neutralität dieses Staates verstößt. Einmal vorausgesetzt bestimmte Sekten wie z.Bsp. die Scientology würde Verfassungsfeindliche Aktivitäten entwickeln, so wäre ein Einschreiten dagegen keine Aufgabe für Sektenbeauftragte sondern eine Aufgabe des Verfassungsschutzes.

Noch 1970 steht im Katholischen „Oberammergauer Report" im Zusammenhang mit den Passionsspielen „Die Juden haben Jesus ans Kreuz geschlagen" und der Papst betete noch zu Ostern 2012 für die Juden " ***Das unser Gott und Herr ihre Herzen erleuchte, damit sie Jesus Christus erkennen, den Herrn aller Menschen*** " Die Juden haben also aus der Sicht des Papstes den falschen Glauben und sollen zum richtigen zurückfinden und auch die Evangelische Kirche ist nach Meinung des „abgedankten" Papstes immer noch „keine Kirche im eigentlichen Sinn"!
Wo findet sich denn dieser „eigentliche Sinn" den der ehemalige Papst Benedikt (Ratzinger) aus seiner Sicht vorgibt zu kennen? Kann ein nicht Zweifelnder oder in Dogmen gefangener Mensch eine Feststellung darüber treffen was den eigentlichen Sinn ausmacht? Grundsätzlich

ermöglichen doch erst Zweifel eine Erörterung der Sinnfrage. Dieses Jahrtausende alte Dilemma, diese Suche nach der absoluten Wahrheit und dem wahrhaftigen Glauben, führt im Aristotelischen Sinn in eine Endlosrekursion (Infiniter Regress) in der jeweils eine Begründung in einer unendlichen Reihe wieder begründet werden muss.

Um diesem „Drehen im Kreis" dieser Endlosschleife, dieser Frage nach dem Sinn zu entgehen, verfiel man dem Dogmatismus. Durch Dogmatismus wird jeglicher Sinnfrage ihre Berechtigung entzogen. In Konsequenz: Wenn Fragen nach dem Sinn nicht gestellt werden können oder dürfen, fehlen die richtigen oder falschen Antworten weil Lernprozesse unterbrochen sind. Dogmen lassen sich nicht in Frage stellen, nur Antworten.

Dogmatismus ist schon vom Ansatz her zu jeder Erklärung und zu jeder Frage nach dem Sinn unfähig, aber diese Unfähigkeit erklärt zugleich auch seine Untauglichkeit. Daraus kann der Schluss gezogen werden: Es gibt keine Letztbegründung, kein absolutes Wissen und keine absolute Wahrheit. Jegliche Erhebung dieses Anspruchs, im Besitz der absoluten Wahrheit zu sein, wäre allumfassend, allwissend und wenn man so will göttlich. Bis zum Ende gedacht wird die Erhebung eines solchen Anspruchs durch einen Menschen zur Anmaßung.

Wenn sich diese Auffassung durchsetzen würde gäbe es mehr Toleranz, weniger Hass, mehr Anerkennung und Achtung der Andersgläubigen, keine Glaubenskriege, und eine weitere zu „beklagende Mauer" quer durch Jerusalem und die Westbank wäre nicht gebaut worden.

So gedenken die Juden immer noch in ihrer Liturgie den tatsächlichen Wahrheiten, den Opfern des „Gezerot Tatnu" einer der grausamsten Pogrome im frühen Mittelalter im christlichen Mainz im Jahr 1096 n. Chr. und im Jahr 4856 nach jüdischer Zeitrechnung. Es war der vor erwähnte Kreuzzug mit seinem vorauseilenden Haufen und der Mainzer Bischof die für diese Morde an den Juden verantwortlich waren.

Wenn auch die Juden und alle anderen Religionen gemäß des „Wahrheitsanspruchs" der Katholischen Kirche nicht im Besitz der „Wahrhaftigkeit" sein können, so ist der jüdische Glaube immerhin bis weit vor das Jahr 2000 v.u.Z. (Abraham) zurück zu verfolgen und damit ist er mindestens 2000 Jahre älter als der Christliche!

Auch im 21. Jahrhundert haben die Deutschen noch immer ein verklemmtes Verhältnis zu ihren Mitbürgern jüdischen Glaubens. Woran auch die Reaktionen aus Israel auf die kritischen Betrachtungen aus Deutschland an der Politik Israels (z. Bsp. Kritik v. G.Grass aber nicht an Juden) nicht ganz unschuldig sind.
Einer durchaus berechtigten Kritik an der Politik Israels und den daraus resultierenden Geschehnissen, wie z. Bsp. dem Bau von Siedlungen auf fremden ja ausländischem Gebiet (Palästina), folgt unmittelbar die Anheftung eines antisemitischen Makels.

Und wo anders noch als in Deutschland kommt jemand sonst auf die Idee Mitbürgern als Primat ihre Religion dem ihrer Nationalität voran zusetzen? Umgangssprachlich sind gläubige Protestanten, Katholiken, Mormonen, Baptisten, Orthodoxe, Altreformierte, Adventisten, Neuapostolische oder Pfingstler zunächst und vorrangig Deutsche, aber ein Deutscher Staatsbürger jüdischen Glaubens war immer und bleibt bis heute ein Jude!

Weit zurück, in den Jahren um 1830 liegen andere profane Gründe dieser verhängnisvollen Disposition. Es war der Neid auf den Erfolg, die Weitläufigkeit, ihr kaufmännisches Geschick den Intellekt der überaus tüchtigen und zudem damals weit besser gebildeten Juden. Preußen war zwar für die damalige Zeit erstaunlich liberal, dennoch waren die Juden nicht in Besitz der vollständigen Bürgerrechte. Aber sie hatten Rechtssicherheit, besaßen die Gewerbefreiheit und errichteten sich eigene Gymnasien und Universitäten, während ihre christlichen Landsleute in der Mehrheit kaum alphabetisiert waren.

Zum Ende des 19. Jhdt. hatten schon fast 55 Prozent der jüdischen Schüler einen höheren Schulabschluss, während die christlichen deutschen Schüler nur einen 6,5 prozentigen Anteil mit höherer Schulbildung vorweisen konnten. Weil den Juden der Staatsdienst - den die Deutschen mit höherem Schulabschluss so liebten - verwehrt war, gingen sie als Selbstständige in die freie Wirtschaft wo sie überaus erfolgreich waren.

Am Steueraufkommen der Stadt Berlin zum Beispiel waren die Juden mit über 30 Prozent beteiligt, obwohl sie mit ihrem Anteil an der Stadtbevölkerung noch nicht einmal 5 Prozent erreichten. Der durchschlagende Erfolg der Juden in fast allen Lebensbereichen zehrte, am Selbstbewusstsein des eigenen Ego bei den „zurückgebliebenen" christlichen Deutschen.

Wenn die Juden schon so erfolgreich waren, dann kann und darf das nicht am Unvermögen der erfolglosen deutschen Christen liegen. So suchten, fanden und erfanden diese

„christlichen" Deutschen einen Grund in der Rassentheorie. Aus der sich zunächst als Neid-und Sozialantisemitismus gebärdenden Judenfeindschaft, entwickelte sich fast zwangsläufig der zur Rassenverleumdung neigende und werdende Antisemitismus. Schon Ernst Moritz Arndt und Friedrich Ludwig Jahn und andere lieferten die Hefe für diesen unterschwellig gärenden Sud des Neides. Arndt schreibt über die jüdischen Literaten, die auch in diesem Metier erfolgreich waren: „Juden oder Judengenossen hätten sich der Literatur wohl zur guten Hälfte bemächtigt und verbreiten ihr freches und wüstes Gebaren wodurch sie jede heilige und menschliche Staatsordnung als Lüge und Albernheit in die Luft blasen".

Wenn auch die Mehrheit der Deutschen, die ja fast alle ihre Juden kannten, sie um sich hatten, keine Gewalt gegen die Juden wollten, so waren ihnen diese wegen ihrer Sitten und Gebräuche, auch aus ihrem christlichen Lebensbild heraus, äußerst fremd und oft sogar unheimlich.
Noch in den sechziger Jahren des vorigen Jahrhunderts wurden nachweislich von Pfarrern an eine nicht geringe Zahl Kommunionkinder bunte Bildchen verteilt, auf denen angebliche Hostienschändungen durch Juden abgebildet waren. Hitlers Anhänger und Mitläufer, das waren die meisten Deutschen, verkannten ihren „Führer" in der Ausnutzung dieses unterschwellig vorhandenen Unverständnisses, der Gleichgültigkeit am Schicksal der Juden und auch der Feindseligkeit vieler Deutscher gegen die Juden.
Nicht direkt vergleichbar, aber in der Tendenz ähnlich, ist heute das hinterhältige Verhalten der extremen Rechten, das Ressentiment vieler Deutscher gegenüber Ausländern und Flüchtlingen, zur Verfolgung eigener besonders auch wahltaktischer Interessen auszunutzen..

Auch das Ausland ließ sich jahrelang täuschen und hinhalten. Seine wahren Absichten versteckte Hitler heuchelnd hinter beschwichtigenden Abkommen und Vereinbarungen mit Polen, England (Appeasementpolitik) und Russland. Immer wieder, nach dem er Stück für Stück aus diesen Vereinbarungen heraus brach, versprach er das ist meine letzte Forderung, mein letztes Ziel.

Seine gemeinen Lügen erwiesen sich als sehr erfolgreich und warum sollte er dann nicht weitermachen? In dieser seiner Skrupellosigkeit, in seinen Ideologien und in seinem brutalen Machtstreben, übertraf Hitler selbst alles was sich auch die nicht NSDAP freundlichen Feinde der Juden vorstellen konnten.

Die als Schmach empfundenen, von Hitler gesprengten „Versailler Verträge", die „Heimholung" des Saargebiets 1935, die „Befreiung" des Rheinlandes 1936, die zügige Reduzierung der Arbeitslosigkeit, die pompösen Olympischen Spiele 1936 und der 1938 erfolgte Anschluss Österreichs an „Großdeutschland", brachten Hitler Zulauf auch von denen die seinen und seiner Genossen Judenhass nicht teilten, sie brachten ihm sogar Sympathien ein. Diese Ereignisse verhüllten oder verwischten den Blick auf den wahren Demagogen, Verbrecher und degenerierten Ideologen in Adolf Hitler.

Welchen Anteil all diese historisch und psychologisch bedingten, sowie völkerrechtlich bedenklichen Ursachen und Gründe am Aufstieg Hitlers hatten, ist nicht quantitativ ermittelbar.

1.1.4 Waren auch die konservativ-klerikalen Kreise Schuld am Aufstieg Hitlers an die Macht?

Tatsächlich unschuldig am Aufstieg Hitlers zur Macht, waren auch die Führungseliten der Kirchen nicht, obwohl sie sich später nach 1945 mehr als erträglich, zu Gegner des Hitlerregimes apostrophieren wollten. Am 30.Januar 1933 standen sie in überwiegender Mehrheit hinter der Ernennung Adolf Hitlers zum Reichskanzler und sie sahen darin auch noch die „Rettung des Vaterlandes".

Die Abschaffung der persönlichen Freiheitsrechte, wie sie in der Weimarer Verfassung noch garantiert waren, wurde kaum wahrgenommen. Im Gegenteil, Otto Dibelius der spätere Bischof und Ratsvorsitzende der Evangelischen Kirche in Deutschland, begrüßte Hitlers Wahlsieg vom 5. März 1933 mit einem Dankgottesdienst in der Garnisonskirche in Potsdam. Anfang Mai 1933 kam es zu dem teilweise gewaltsamen Judenboykott den Dibelius als „Staatliche Wiederherstellung der Ordnung" und als „Notwehr" billigend abtat.

Die Katholische Kirche stand der NSDAP vor 1933 zunächst ablehnend gegenüber. Nicht aus politischen oder moralischen Gründen, sie fürchtete mehr um die Einschränkung ihrer Rechte. Nach Hitlers Regierungserklärung, die eine moderate Kirchenpolitik versprach, knickten dann auch die Katholiken ein und als am 20. Juli 1933 die römische Kurie überraschend das Reichskonkordat mit Hitler abschloss, war der Damm vollständig gebrochen.

Schon 1933 erkennt der Vatikan als erster ausländischer Staat dieses Nazi-Deutschland in vollem Umfang völkerrechtlich an. Hitler hat der Katholischen Kirche in diesem heute „immer noch gültigen" Konkordat „großzügig" weitgehende Rechte eingeräumt, wohl wissend viele der eingeräumten Zugeständnisse gar nicht lange danach zur Makulatur werden zu lassen. Er brauchte die Katholische Kirche für seine Reputation nach Innen und Außen.

Der Bischof von München und Freising Michael Faulhaber bedankt sich mit einem Fernschreiben anbiedernd bei Hitler für das ratifizierte Konkordat: „Was die alten Parlamente und Parteien in 60 Jahren nicht fertig brachten, hat ihr staatsmännischer Weitblick in 6 Monaten weltgeschichtlich verwirklicht....Uns kommt es aufrichtig aus der Seele: Gott erhalte unserem Volk unseren Reichskanzler".

Bei einem Besuch auf dem Obersalzberg verniedlicht dieser Faulhaber auch die der Kirchenführung inzwischen bekannten Verbrechen der Nazis und äußert sich gegenüber Hitler: „Von kirchlicher Seite, Herr Reichskanzler, wird dem Staat nicht verwehrt im Rahmen der Sittengesetze in gerechter Notwehr diese Schädlinge von der Volksgemeinschaft auszuschließen".
Diese vage und doch durchstechende Einschränkung „im Rahmen der Sittengesetze", spricht Faulhaber nicht von einer Erteilung eines Freibriefes frei, weil diese Sittengesetze allein schon sittenwidrig und rechtswidrig waren. Zudem ist seine verachtende Titulierung: „diese Schädlinge von der Volksgemeinschaft auszuschließen", mit Sicherheit kein Beweis für eine christliche Toleranz gegenüber den Juden.

Der braune Bischof Alois Hudal, Rektor am Priesterkolleg „Santa Maria dell' Anima" in Rom und von Papst Pius XII. mit dem Ehrentitel „Päpstlicher Thronassistent" geadelte, übergibt 1936 sein klerikal-faschistisches Buch "Die Grundlagen des Nationalsozialismus" Adolf Hitler mit seiner persönlichen Widmung: „Dem Führer der deutschen Erhebung (und) Siegfried deutscher Hoffnung".

Nach 1945 war dieser Hudal eifriger Fluchthelfer für Dutzende Naziverbrecher auf der „Klosterroute" oder der Rattenlinie nach Südamerika, wie die Amerikaner sie nannten.

Eugenio Pacelli, noch ist er Kardinal-Staatssekretär im Vatikan (in Ausübung dieses Amtes unterschrieb er am 8. Juli 1933 das Reichskonkordat mit den National-Sozialisten), unterschlägt seinem noch „Vorgesetzten" dem Papst Pius XI. Anfang des Jahres 1939 eine Reihe von schriftlichen Protesten führender Persönlichkeiten des Auslands gegen die Verbrechen der Nazis an den Juden und auch an Katholiken.
Schon einen Tag, nachdem Pacelli am 2. März zum neuen Papst Pius XII gewählt war, versichert er am 3. März 1939 Adolf Hitler:
„Seinen heißen Wunsch für Frieden zwischen Kirche und Staat (Deutschland). Dabei werde die Regierungsform der Diktatur nicht stören!!, da die Kirche nicht berufen sei zwischen politischen Systemen zu wählen."

Der Apostolische Nuntius in Deutschland Cesare Orsenigo bemerkt zu den Verfolgungen der Nazis: *„Das Eintreten für die Juden sei"* nicht richtig, weil es (Anm. des Autors) *„identisch mit einem Protest gegen ein* (deutsches) *Staatsgesetz."* sei.
Ergo trat man nicht für sie ein. Der Vatikan hielt ein Unrechtsgesetz der Nazis für wichtiger, vorrangiger und beachtenswerter, als die allseits geforderten päpstlichen Proteste gegen deren Verbrechen nicht nur an den Juden. Es ist nicht unbekannt, dass der Vatikan auch schon damals über einen der effizientesten Geheimdienste verfügte. Dem Vatikan konnten die Verbrechen an den Juden somit keinesfalls unbekannt geblieben sein. Doch die Führung der katholische Kirche schwieg.

Die Gründe für ihr Schweigen könnten in den geheimen Archiven des Vatikan in Rom nachgelesen werden, doch diese Akten, beginnend mit dem Herbst 1939, werden bis heute vor der Öffentlichkeit und besonders bedauerlich, vor den Historiker geheim gehalten.

Das Wort „Aufklärung" ist nicht erst seit dem Mittelalter in der katholischen Kirche ein böses Wort. Diese Kirche suchte nie nach der Wahrheit, weil sie sich seit über 2000 Jahren allein in Besitz der absoluten Wahrheit glaubt.
Nach dem Überfall auf Russland nimmt die Katholische - und auch die Evangelische Kirche - immer noch nicht die Verbrechen zur Kenntnis, die an Juden und „rassisch unwerten Slawenvolk" (Russen, Polen) im Namen des Deutschen Volkes begangen wurden und werden.

Der Münstersche Kardinal von Galen erhebt diesen Überfall auf Russland nach sechs Kreuzzügen des Mittelalters zu einem Siebten und heroisiert die im russischen Dreck verwundeten, verblutenden, sterbenden deutschen Soldaten zu Blutspendern in diesem „neuen Kreuzzug": „Gott wird den Soldaten an der Ostfront ewige Herrlichkeit und Lohn zuteil werden lassen ganz ähnlich wie den heiligen Märtyrern". Welch ein ungeheuerlicher Vergleich! Noch Ende 1944, als der Ausgang dieses Krieges vorhersehbar war, fordert dieser Kardinal von den deutschen Soldaten den Kampf „Bis zum letzten Blutstropfen".

Eine wirksamere und doch sinnlosere Anfeuerung und Aufforderung zur Kriegsverlängerung bis zu diesem letzten Blutstropfen und bittern Ende, ist selbst Joseph Goebbels nicht eingefallen. Aufgrund dieser Propaganda, im Sinne der Agitationen des Propaganda-Ministers Goebbels, hat die NS-Führung geflissentlich über die Proteste Galens gegen einige Untaten der Nazis hinweggesehen.

Dieser Clemens August Kardinal von Galen ist seit dem 9. Oktober 2005 wegen seiner „Gegnerschaft" gegen das Nazi Regimes ein „Seliger". Immerhin hat er gegen die Euthanasie-Gesetze und deren Folgen, aber nicht gegen die damals schon bekannten Verbrechen gegen die Juden und das russische sowie polnische Volk protestiert.

Dennoch hätte man da nicht andere wirkliche Gegner des NS Staates selig sprechen können, solche die tatsächlich ihr Leben für ihre Gegnerschaft aufs Spiel setzten, es gab sie auch unter katholischen Priestern, wenn es auch wenige waren.

Der gefallene Vater und mit ihm wohl alle anderen gefallenen und verwundeten Soldaten, nicht nur jene an der Ostfront, hätten gerne auf dieses hoch gehängte „heilige Martyrium" und den „Kampf bis zu diesem letzten Blutstropfen" verzichtet! Diese „Märtyrer" selig zu sprechen ist danach niemandem eingefallen. Sollen wir hoffen oder glauben, dass jene vom Bischof von Galen versprochene „Ewige Herrlichkeit und Lohn" ihnen auch ohne seine anmaßenden Sprüche zu Teil wurde?

Es gab sie tatsächlich, unter dem kirchlichen Fußvolk der Pfarrer, Pater und Vikare. Es waren Wenige die sich als Gegner des Nazi- Regimes outeten, aber sie wurden in der Regel von oben zurückgepfiffen, wenn sie nicht schon vorher in den KZs der Nazis gelandet waren. Wie durfte man auch Gottes Bodenpersonal überfordern und von den „Kleinen" mehr erwarten, wenn schon ihre Vorbilder samt Gottes „Stellvertreter" (Pius der XI. - XII. Rolf Hochhuth) und ihre Bischöfe mit dem missbrauchten „Gott" an einem Strang mit den Nazis zogen!

Nach dem Krieg haben Teile der katholische Kirche im gleichen Verständnis weitergemacht. Die Aliierten waren immer noch die Gegner vor denen man auch deutsche Kriegsverbrecher und Verbrecher gegen die Menschlichkeit „schützen" musste. Hunderten wurde aus dem Vatikan (Hudal) und anderen kirchlichen Stellen mit gefälschten Pässen zur Flucht nach Spanien und Südamerika verholfen. Nicht nur Adolf Eichmann - der von den Israelis gehängte schuldige Kriegsverbrecher für die „Endlösung" an den Juden - bedankt sich bei der Katholischen Kirche für die Fluchthilfe durch katholische Priester.

Wer zog aus dem von Vatikanstellen und Bischöfen gelenkten und geförderten Fluchtweg, dieser so genannten „Klosterroute" den meisten Nutzen? Es war die „Creme de la Creme" des Vernichtungsapparates der NSDAP. Neben dem „Endlöser"Adolf Eichmann war es der SS-Standartenführer und Erbauer der Vergasungsfahrzeuge Walter Rauff, der Auschwitz Arzt Josef Mengele, SS-Obersturmbannführer Friedrich Warzek Leiter des KZ Lemberg-Sanowka, Dr. Gerhard Bohne der Euthanasie Verbrecher, Franz Stangl der Kommandant der Vernichtungslager Sobibor und Treblinka.

Der so benannte „Schlächter von Lyon" Klaus Barbie - von Frankreich zum Tode verurteilt - flüchtete ebenfalls, unter Mithilfe des CIC dem späteren US-CIA, auf dieser Klosterroute nach Bolivien und wurde dort „Sicherheitsberater" vom späteren Diktator Hugo Banzer.

Die Amerikaner verhalfen einigen dieser Verbrecher zur Flucht weil sie deren „Erfahrungen" bei der Vernichtung der Juden, für ihren „Kampf" gegen den Kommunismus nutzen wollten. Für die Bezeichnung „Klosterroute" fanden sie ein passenderes Wort, sie nannten den organisierten Fluchtweg „Rat Line" Rattenlinie! Diese Rattenlinie wurde von zumindest fragwürdigen Subjekten dieses Nazi Regimes auch noch nach 1948 weiter benutzt.

Die Falschen wurden selig, Nazis und extremen Rechten ward verziehen. Ein Kampf der Kirche gegen die Nazis und Faschisten wäre, wenn man es denn gewollt hätte, vor 1933 und noch bis zum unseligen Ermächtigungsgesetz möglich gewesen. Einen Beweis dafür lieferten ein polnischer Papst Namens Karol Woytila und eine Reihe polnischer Priester, wenn auch andere Gründe mit entscheidend waren. Sie haben mit „ihrer" Solidarnosc das ganze kommunistische Ostblock Imperium zum Einsturz gebracht.

Und doch wiederum erfreut sich der neue „alte" ehemalige KGB Offizier, Machthaber und gelobter „Lupenreine Demokrat" Russlands, mit seiner Reconquista nicht nur dieser „Lupenreinheit" und der Zustimmung eines ehemaligen Bundeskanzlers. Auch nach diesen russischen „Wiederwahlen" und inzwischen 13 unaufgeklärten Morden an Wahrheit suchenden Oppositionellen und schreibenden Journalisten/tin, blieb diese Behauptung einer ungetrübten „Lupenreinheit" unwidersprochen.

Dagegen mischt sich Russland in einer bisher ungewohnten Art und Weise von ganz Oben in unser Rechtssystem, in unsere Justiz ein und unterstellt unseren Strafverfolgern Schlamperei, nur weil ein ängstliches Mädchen das Märchen einer Vergewaltigung erfunden hat.

Auch das plötzliche Verschwinden von zahlreichen russischen Oppositionellen hinter „schwedischen Gardinen" ist nicht Lupenrein, es bleibt undurchsichtig. Und die andere Zustimmung für diesen sich selbst gekrönten neuen „Zar" Russlands kam wieder von einer Kirche, diesmal war es eine Orthodoxe.

Darf man mindestens von unseren kirchlichen Institutionen erwarten dass sie mit ihren eigenen Altlasten einmal öffentlich zur Beichte gehen?

1.1.5 Alte Nazi-Seilschaften erobern Pöstchen und Ämter im neuen Staat der BRD. Bestand eine Gefahr für die junge Republik?

Aber nicht nur die Kirche schrieb ihre dunklen Kapitel. In Adenauers Bundestag und in den meisten Landtagen der damaligen und auch späteren Bundesrepublik saß eine große Zahl von wohl nicht unbedingt unschuldigen Nazigrößen, die in den Mitgliedern mit CDU und FDP Parteibuch einen erhöhten Prozentsatz erreichten. Auch in der SPD gab es Braune wenn auch weniger davon.

Die Bundes-Drucksache 17/8134 machte es amtlich: 25 Minister, ein Bundeskanzler und ein Bundespräsident der Bundesrepublik Deutschland, waren Mitglieder in den Organisationen der Nazis. Und mindestens 112 ehemalige Nazis hatten bis 1992 Sitz und Stimme in einem demokratischen westdeutschen BRD und nach 1989 später im gesamtdeutschen Parlament.
Die ehemalige DDR tat sich leichter mit ihren Nazis, sie hat ihre Nazis einfach virtuell in den Westen gebeamt, darum waren dort angeblich keine mehr zu finden und zu verfolgen. Noch im Jahr 1992 nahm im neuen Gesamtdeutschland, einer der Letzten dieser in maßgeblichen Ämtern sitzenden von Braun zu Schwarz umgefärbten Abgeordneten seinen Abschied.

Das Personal des BND (Bundesnachrichtendienst) rekrutierte sich bei seiner Gründung, noch als Organisation Gehlen um 1945/46, zu einem guten Drittel - das waren mehrere hundert Mitarbeiter - aus ehemaligen Nazis des „Imperiums" von SS-Chef Heinrich Himmlers, aus SD-SS-SA und Gestapo-Leuten. Erst 1965 wurden die aus diesem Drittel noch verbliebenen 71 Mitarbeiter, die an Verbrechen der

Naziherrschaft nicht unbedingt unbeteiligt waren, „still" - mit Pension?, aus dem Dienst des BND entlassen.

Das neu gegründete BKA (Bundeskriminalamt) stand dem BND keinesfalls nach. Mehr als zwei Drittel der leitenden Positionen im neuen BKA wurden mit Leuten aus dem ehemaligen Totenkopf Orden der SS besetzt. Noch in den Jahren 1994 bis 1997 werden im BND Akten mit 581 Seiten über Alois Brunner - neben Adolf Eichman einer der größten Naziverbrecher- unter mysteriösen Umständen vernichtet. Die Bundesregierung und ihr Geheimdienst BND, für den Brunner einige Zeit als Agent tätig war, kannte durchaus den Aufenthaltsort des nach Syrien Geflüchteten.
Das Auswärtige Amt versucht gerade eine Klärung über die Beteiligung ihrer ehemaliger Diplomaten mit NS-Vergangenheit an und in diesem NS-Staat.

Der Wechsel von Braun zu Schwarz und Gelb und weniger zu Rot, ging nahtlos von statten. Niemand hat sich aufgeregt, weil fast alle damals in der Politik, in den Kirchen, in Wissenschaft, Kultur, Justiz oder Verwaltung ihre Leichen im Keller hatten. Warum auch aufregen, waren doch nach 1945 ehemalige Nazis oder leitende Richter, Staatssekretäre, etc. im „entnazifizierten" Westdeutschland dennoch auf die Füße resp. in führende Ämter bis hin zum Bundeskanzler gefallen. Neben den 25 Ministern als ehemalige Nazis, waren so bekannte Namen wie Kiesinger, Globke, Carstens, Filbinger und Oberländer nur die Spitze des Eisberg.

Besonders Hans Globke, seit 1953 Staatssekretär und engster Berater des Bundeskanzlers Konrad Adenauer im Bundeskanzleramt, geriet in die öffentliche Kritik. Er war 1935 Mitverfasser und Kommentator der Nürnberger Rassegesetze oder Blutgesetze unter Hitler.

Dieses Gesetz machte den Weg zur Verfolgung der Juden frei. Die überaus größere Masse der damaligen Regierungs-Mitarbeiter, der Beamten und Richter, beim Eisberg bleiben 89 Prozent unter Wasser, blieb aber samt ihrem Tun oder Unterlassen im Nazistaat, im warmen Wasser der neuen Republik untergetaucht.

In der neuen deutschen Justiz nach 1945 besetzten 80% der ehemaligen „NS-Verurteiler", die unter den Nationalsozialisten über 50.000 Todesurteile überwiegend wegen kaum todeswürdiger Vergehen gefällt hatten, wieder ihren Richterstuhl. Der Anteil der Nazi-Richter im Bundesgerichtshof, als „neue" höchste Instanz im Straf- und Zivilrecht, lag auch 1953 noch bei 72%.

Und diesen Juristen bot sich zudem eine „rechtskräftige" Möglichkeit sich selbst frei zu sprechen, weil sie im direkten Wortsinn „In eigener Sache" auftreten konnten.

Nur zwei vorsitzende Richter eines NS-Standgerichts, an deren Urteile absolut niemand mehr ein gerechtes richterliches Handeln erkennen und akzeptieren konnte, wurden verurteilt. Danach ist, in logischer Konsequenz, niemals mehr in der Bundesrepublik eine Anklage wegen Rechtsbeugung gegen einen dieser NS-Richter erhoben worden.

Einer einzigen Gruppe überhaupt den Beamten, darunter die große Mehrheit die dem Nazistaat „treu und ergeben" gedient hatten und gerade jene unter ihnen die an den Vergehen gegen die Menschlichkeit in ihrer NS-Zeit nicht unschuldig waren, ist es gelungen sich Macht und Einfluss mit Pension bis an ihr Lebensende zu sichern. Was Wunder sie stellten die Mehrheit im neuen Bundestag. Die Opfer jener „Nazirecht sprechenden" Richter standen häufig, als sie nach 1945 Rechte und Entschädigungen für ihre Leiden in der NS-Zeit vor den Gerichten einklagen wollten, ihren damals menschenverachtenden Unrecht sprechenden Nazi-Richtern erneut gegenüber.

Die Engländer deckten, nicht überraschend in Anbetracht der Wiederauferstehung dieser von ihnen so genannten Naziboys, nach eingehenden Ermittlungen einen konspirativen Kreis führender Nazis auf. Sie befürchteten einen durch diese alten Nazi-Seilschaften ausgelösten Putsch zur Zerschlagung der neuen jungen Demokratie. In einigen Städten in NRW wurden Häuser durchsucht und Verhaftungen vorgenommen.

Es ist zum Glück nicht zu einer „Wiedergeburt" gekommen. Es gibt zwar keine eindeutigen Belege für die Existenz einer Geheim-Organisation der ehemaligen SS Angehörigen kurz O.d.e.SS.A. oder auch Odessa genannt, aber um einigen hundert SS Angehörigen Fluchtwege nach Spanien und Südamerika öffnen zu können, bedurfte es schon einer Vielzahl mitwirkender ehemaliger Nazis, Helfer und Mitwisser in Institutionen, Pass- Melde- und Hafenämtern und dazu die Schlepper zur Führung über geheime Schleichwege zu geheimen Verstecken.

Andere als jene welche es Kraft ihres Amtes hätten tun müssen, machten sich zum Beispiel Beate Klarsfeld und ihr Mann Serge, verdient um die Aufklärung und Suche nach untergetauchten NS-Verbrechern. Unter Anderen ist die Verurteilung des erwähnten „Schlächters von Lyon" Klaus Barbie ihrer jahrelangen Suche nach ihm zu verdanken.

Im Ausland wurden sie für ihre Verdienste um die Aufklärung von NS-Verbrechen hoch dekoriert, so mit dem „Ritter" und „Offizier" der Ehrenlegion", Frankreichs ranghöchster Orden, ausgezeichnet. In Deutschland wurde Frau Klarsfeld mehrfach zur Auszeichnung mit dem Bundesverdienstkreuz vorgeschlagen, doch jedes mal wurde dies von den der CDU nahestehenden Bundespräsidenten, zuletzt Anfang 2012 vom noch amtierenden „moralischen Anscheinmann" *(Die Zeit)* Christian Wulff abgelehnt.

Erst am 16. Mai 2015 erhält sie endlich das verdiente Kreuz. Heiner Brand der Handballtrainer und Michael Stich der Tennisspieler bekamen es lange vor ihr! Haben diese der CDU nahe stehenden Bundespräsidenten Frau Klarsfeld wegen unzureichender Sportlichkeit oder mehr wegen der öffentlichen Ohrfeige, die sie dem damaligen Bundeskanzler Kurt Georg Kiesinger für seine Tätigkeit in der NS Zeit und Mitgliedschaft in der NSDAP verabreichte, dieser Ehrung nicht für würdig genug erachtet? Dafür bekam sie für diese „Streicheleinheit" ein den deutschen Urteilen gegen NS-Verbrechen "angemessenes" Urteil von einem Jahr Gefängnis zugesprochen. Das Ausland sprach von einem NS-Richter-Urteil!

A propos Leichen im Keller: Das Stichwort Keller erweckt die Erinnerung an einen makaberen Fund im Keller eines großen Klinikums im Frankfurter Raum in den achtziger Jahren des vorigen Jahrhunderts. Das Unternehmen des Autors war dort mit der Instandsetzung der maroden Betonstrukturen an einem älteren Klinikgebäude beschäftigt. Bis in den Keller waren durch Korrosion geschädigte Stahlbetonstützen und Unterzüge mit Spezialmörtel zu umhüllen. In einem dieser etwas herunter gekommenen Keller, in einer versteckten Ecke lag eine größere Menge alter Patientenakten aus den Jahren 1942-1944. Alle Namen der „Patienten" waren mit Geburts- und Einlieferungsdatum fein säuberlich in langen Listen eingetragen.

Es waren überwiegend Kinder, in der Regel im Alter von 2 bis 8 Jahren, deren Daten man chronologisch handschriftlich eingetragen hatte. Hinter dem Einlieferungsdatum stand das Sterbedatum. Alle diese hunderte von Kindern waren nach zwei bis vier Tagen nach ihrer Einlieferung tot. Erübrigt sich hier die Frage: Sind sie der Euthanasie zum Opfer gefallen?

Noch heute ist es schmerzlich zu bedauern, diesen Funden und den Zusammenhängen nicht weiter nachgegangen zu sein. Nicht nur hier haben sich Teile der Ärzteschaft in der NS Zeit an den Eid des Hippokrates erinnern wollen. Beispielhaft steht „Der Todesengel von Auschwitz" der Lagerarzt Josef Mengele und das Tagebuch des Medizin Professors Johannes Paul Kremer, auch ein „Auschwitzer", für die ungeheuren Vergehen dieser schuldig gewordenen „Medizinmänner"

Wem läuft es beim lesen dieses Tagebuchs nicht kalt den Rücken herunter: *„Heute lebendfrisches Material von menschlicher Leber und Milz, sowie vom Pankreas (Bauchspeicheldrüse) entnommen und fixiert"* und weiter: *Sechs Frauen von der Budyer Revolte abgespritzt"* Dieses Wort „abgespritzt" stand in Auschwitz für die Bezeichnung einer Tötung mittels einer mit Phenol gefüllten Spritze direkt in den Herzmuskel.

Von den geschätzten 300.000 Deutschen die an Verbrechen gegen die Menschlichkeit, an Nazimorden und Vergasungen unmittelbar beteiligt gewesen sein sollen, wurden von der Bundesrepublik Deutschland nur 6656 rechtskräftig verurteilt. Haben da alte Seilschaften in Justiz und Polizei mehr verhindert als verurteilt? Wie war das doch 1968 mit den 730 anhängigen Verfahren wegen Mordes in der NS-Zeit?
Zunächst hieß es im Justizministerium, den Angeklagten wäre vorsätzlicher Mord nicht nachzuweisen, (weil Mord nicht verjährt!) damit käme nur der Tatbestand des Totschlags in Betracht. In der Konsequenz folgerichtig

wurde die Verjährungsfrist für Totschlag verkürzt. Aus den Morden wurde dann eben wegen „nicht nachweislichem Vorsatz" Totschlag und nach einer „gewissen" Verzögerung der anhängenden Verfahren, war auch für Totschlag die Verjährungsfrist abgelaufen.

Ein Antrag zur Verlängerung der Verjährungsfrist wurde von den „Rechtskonservativen" im Bundestag abgeschmettert. Zur Zeit dieser fragwürdigen Geschichte saß ein früherer NS-Richter - ein berüchtigter Todesverurteiler für nichtige Vergehen wie ein Fahrradklau - als Leiter in dieser Abteilung im Justizministerium in Bonn wo diese Verfahren „bearbeitet" wurden.

Damals wurde nach NS-Verbrechern in Deutschland kaum gesucht. Gegen die vom Ausland nach Deutschland gemeldeten Personen, denen man Kriegsverbrechen vorwarf, wurden nur selten Verfahren eröffnet. Die Suche nach Tätern und die Nachweise von Verbrechen überließ man lieber Simon Wiesenthal und seinem Center, aber als heraus kam, dass Günter Grass mit „Siebzehn" fast ungewollt in die SS „eingetreten" wurde, empörte sich das ganze scheinheilige Deutschland!

1.2 Das Leben mit und unter den Nazis

Die Mutter unserer Kriegskinder kam aus einer einfachen, aber dennoch stolzen Arbeiterfamilie. Sie besuchte die Volksschule in Schwerte, erlernte aber keinen Beruf. Den Vater Hans ihren Mann heiratete sie schon, selbst noch nicht ganz erwachsen aber schwanger geworden, mit 18 Jahren. Ihr Stiefvater war Walzwerker in einem Metallwalzwerk in Schwerte/Ruhr und Parteimitglied der SPD. Man könnte ihn als einen sturen „drögen" (trockenen) Sauerländer bezeichnen, er kam aus der Gegend von Lüdenscheid.

Ihre Mutter (die Oma Grete) stammte aus einem „adeligen" Bergarbeitergeschlecht in Dortmund-Lindenhorst, einer Bergarbeiter Siedlung die sich durch den Zuzug von Deutschen aus Ostpreußen und Einwanderern überwiegend aus Polen, Ende des 19. „Jhdt. zu einem eigenen Stadtteil auswuchs. Die Familie der Oma übersiedelte um das Jahr 1895, von Werbern der Dortmunder Zeche angeworben, aus der Gegend von Allenstein im ehemaligen Ostpreußen nach Dortmund.

Die Großfamilie der Oma empfand sich, durch ihr über mehrere Generationen währendes Einfahren „Unter Tage" als Steiger, Hauer vor der Kohle oder auch nur als Gedinge-Schlepper (Gedinge=Werkzeuge), durchaus „geadelt". Wenige Frauen hatten damals einen wirklichen Beruf, darum fand die Oma nur als Hausmädchen eine Anstellung in der Familie eines Bergwerkdirektors in Dortmund-Eving.

Der Stolz der Bergarbeiterfamilie erhielt einen herben Schlag, als sich herausstellte, dass die junge Oma unerwartet schwanger war. Dem Bergwerksdirektor oder irgend einem Mitglied oder Freunden seiner Familie die Vaterschaft nach zuweisen wäre eventuell möglich gewesen, wenn die Oma damals gesagt hätte von wem sie schwanger war, aber sie redete nicht. Auf ihrem Sterbebett würde sie, wie sie öfter sagte, einmal den Namen des Erzeugers unserer Mutter preisgeben. Der Tod überholte ihren Willen zur Offenbarung, sie kam nicht mehr dazu dieses Geheimnis blieb ihr ureigenes.

Der Stiefgroßvater Josef akzeptierte das „Übel" und er hatte seine Gründe dafür, wie wir es noch erfahren werden. Er nahm sie zur Frau auch wenn der heilige Geist an dem „Übel" unbeteiligt war und gab der Mutter seinen Namen.

Wenn auch diese „edle" Tat achtenswert erscheint, ein anderer Träger seines Vornamens mag ihm nicht zum Vorbild gereicht haben, so darf doch hinzugefügt werden, dass auch persönliches Interesse mit im Spiel war.

Zwar stattlich an Figur, hatte der Stiefopa doch eine Schwachstelle die sich durch zeitweiliges Stottern zu erkennen gab und die Oma durchaus eine hübsche Person war, nur ihre „Schwachstelle" war das uneheliche Kind. So waren beide am Ende mit ihrer Entscheidung zufrieden. Die Gründe die letztlich zur Eheschließung führten, sind leicht auszumachen: Ein uneheliches Kind, ein „Bankert" zu haben, nicht mehr jungfräulich zu sein, war damals noch ein Makel um nicht zu sagen eine Schande. Der katholische Pfarrer traute, wenn überhaupt dann nicht in weiß, eine derartige Braut.
Generell wurde demonstrativ der Zusatz „Jungfrau" im Traubuch vom Pfarrer gestrichen und das Brautpaar musste auf ein Glockengeläut zu seiner Hochzeit verzichten. Auf der anderen Seite hätte der Stiefopa mit seiner redeflussgestörten Aussprache und wenn denn kaum eine ansprechende jungfräuliche Maid bis vor den Traualtar gebracht.

An den anderen Opa Gustav und die Oma Alma fehlt so gut wie jede Erinnerung. Nur ein Familienbild mit dieser Oma vor dem Eingang der ersten Wohnung in Wambel, aber ohne den Zweitgeborenen existiert noch. Nach dem Tod des Vaters schickte dieser „richtige" Opa aus Dortmund-Lindenhorst regelmäßig monatlich 35 Reichsmark bis zur Währungsreform 1948.
Wie fast alle im damaligen Ruhrgebiet waren die Männer entweder im Bergbau oder in Stahlhütten und Walzwerken, so auch der richtige Opa, beschäftigt. Von der Mutter wurde uns der Eindruck vermittelt, dass sie aus der Sicht dieses

Opas wohl nicht die „Richtige" für seinen Sohn gewesen sei. Er war Reviersteiger (Bergbau-Ingenieur) Auf der Zeche „Fürst Hardenberg" in Dortmund-Lindenhorst. und starb wie auch der Bruder der Oma an einer „Steinstaublunge" (Silikose).

Wenn auch die Reviersteiger unter Tage sich die Hände nicht mehr schmutzig machten, so mussten sie in den vergangenen Bergbauzeiten doch den gleichen Staub schlucken wie die Kumpel und Hauer direkt vor der Kohle. Der Kohlen- und Steinstaub entstand bei dem damals noch üblichen „trockenen" Bohren, Sprengen und Scharren „vor Ort" ohne den danach obligatorischen Staub bindenden Wasser Einsatz. Dieser Mikrostaub füllte und verstopfte die Lungenbläschen und führte anfänglich zur Verringerung des Atemvolumen, später zu Sauerstoffmangel bis zur Erstickung, oder längerfristig zu Lungenkrebs.

Ein Streit zwischen dem Stiefopa Josef, als Parteigänger der Sozialdemokraten und seinem noch stramm nationalsozialistischen Schwiegersohn als NSDAP Anhänger, war erwartungsgemäß und vorhersehbar. Die Mutter erzählte vom langen und heftigen Schlagabtausch, wobei sie über den Sieger der Auseinandersetzungen keine Auskunft gab oder mangels eigenem Standpunkt oder politischem Wissen nicht geben konnte. Wenige Tage nach einem überaus hitzigen Streit wurde der Stiefopa von der geheimen Staatspolizei (Gestapo) abgeholt und an einen nicht genannten Ort verbracht, so erzählte die Mutter.

Der Verdacht der jetzt aufkommt: Der Schwiegersohn hat ihn angeschwärzt lässt sich, auch in Anbetracht der zwar nur geringen Kenntnis des Charakters meines Vaters, kaum halten. An seiner Arbeitsstelle im Walzwerk hatte der Stiefopa immer frei und offen seine Meinung gesagt und das war wohl sein Verhängnis.

Nun geschah aber etwas, das in den Bereich der Möglichkeit des Unwahrscheinlichen einzuordnen ist: Glück kann auch ein Krieg bringen. Der Stiefopa kam nach einigen Wochen, noch vor dem 1.September 1939 wieder frei. Folgendes Gerücht ging durch das Walzwerk in dem er als 1.Walzwerker vor der Walze stand: Der Stiefopa war wichtig für einen Krieg geworden, man wusste nur nicht gegen wen dieser Krieg geführt werden sollte. Wenn schon neuerdings immer mehr Messingbleche im Walzwerk aus Blöcken gewalzt wurden und daraus wurden Patronenhülsen für Geschosse und aus Blechen einer Nickellegierung Stahlhelme hergestellt, so fehlten an allen Ecken und Enden die zum „Wehrdienst" eingezogenen Fachleute.

Jede Fachkraft die nicht „kriegsverwendungsfähig" war wurde gebraucht. Der Stiefopa war nicht mehr oder noch nicht wieder kriegsverwendungsfähig, was sich später dann Anfang 1945 für das „letzte Aufgebot" aus fast noch Kindern und alten Männern wieder ändern sollte. Seine Arbeit an der Metallblechwalze war dem NS-Staat nun kriegswichtiger geworden als seine Verurteilung wegen defätistischer Äußerungen.

So stand er, für alle eine Freude, plötzlich in der Haustür am Rosenweg und schon einen Tag später vor seiner Walze im Werk. In heutiger Kenntnis der „üblichen" Vorgehensweise, wäre der Stiefopa, falls er unwichtig für den Krieg, kurz oder lang in einem der schon zu dieser Zeit existierenden Konzentrationslager gelandet. Ein Ende durch Erhängen, im Gas oder vor dem Exekutionskommando, war auch schon zu dieser Zeit nicht unwahrscheinlich.

Dieses Los hätte er dann mit den vielen SPD Mitgliedern und den anderen Opfern teilen müssen. Allein 94 Reichstagsabgeordnete der SPD wurden, neben hunderten anderen SPD Mitgliedern, von den Nazis ermordet. Für uns heute nicht mehr vorstellbar, eine Kritik am großen Führer konnte oft tödlich enden! Schon nach 1933 als der „Klumpfuß" Joseph Goebbels als Propagandaminister die Situation in Deutschland radikalisierte, war Kritik am Führer und und später auch das Abhören ausländischer Radiosender bei strengster Strafe verboten.

Aber bis heute bleibt es rätselhaft, der Stiefopa hatte die gleiche amputierte „Rotzbremse" unter der Nase und trug sein Haar genau so rechts gescheitelt, wie sein vom ihm verachteter „Doppelgänger" Adolf Hitler. Mit Sicherheit hat er seinen gestutzten Schnauzbart nicht aus Sympathie für den „Führer" getragen. Es ist sogar wahrscheinlich, dass er Hitler in seinen Jungmännerjahren, als er sich diesen Schnauzbart wachsen ließ, überhaupt nicht kannte. Das Wort „Rotzbremse" ist nicht als abfällige Bezeichnung zu bewerten, weil der besagte Schnauzbart, genannt Rotzbremse eine österreichische Wortschöpfung ist und für einen Österreicher wie Adolf Hitler deshalb diese Benennung nicht abträglich sein kann.

Der Fuhrpark und die Versandleitung einer großen Dortmunder Stahl- und Brückenbaufirma C.H. Jucho (heute Thyssen Krupp AG) war dem Vater anvertraut und eine verhältnismäßig gut bezahlte Stellung. Es war immer ein besonderes Erlebnis einige der herausragenden Stahlbauten dieser Dortmunder Firma, wie die Eisenbahn Hochbrücke bei Rendsburg über den Nord-Ostsee-Kanal oder das Schiffshebewerk Niederfinow am Oder-Havelkanal später zu besichtigen.

Eine Lehrstelle war später, auch auf diesen Hinweis der Anstellung des Vaters bei dieser Fa. C.H. Jucho, nicht zu bekommen. Die Bewerbung für die Lehrstelle eines Technischen Zeichners wurde abgelehnt, weil nur ein guter

Volksschulabschluss vorzuweisen war. Schon damals war zu erkennen, mit einer besseren Bildung mit mindestens Mittlerer Reife, wäre diese Lehrstelle zugesagt worden. Aber was noch nicht war, konnte ja noch werden.

1.3 Beginn des Krieges mit dem Angriff auf Polen.

Bald wusste man auch in der Ruhrstadt Schwerte gegen wen die aus Messingblech gefertigten Patronenhülsen und die aus einer Nickel-Legierung hergestellten Stahlhelme zum ersten Einsatz kamen. Der zweite Weltkrieg, als völkerrechtswidriger Feldzug gegen die chancenlosen Polen, beginnt am 1.September 1939 mit dem Beschuss der Westerplatte bei Danzig.

Hitler sprach vor dem Angriff mit folgenden Worten zu seinen Generälen: „Danzig ist nicht das Objekt um das es geht. Es handelt sich für uns um Arrondierung des Lebensraumes im Osten und um Sicherstellung der Ernährung.... In Europa ist keine andere Möglichkeit zu sehen als die „Vernichtung" Polens und Beseitigung seiner lebendigen Kraft".... Mit einem Dazwischentreten Englands und Frankreichs rechne ich nicht. Sie werden wohl drohen und mit den Säbeln rasseln, aber niemals militärisch eingreifen". Hier irrte sich Hitler mit diesem „niemals" das erste mal in seiner „Karriere". Dieses Niemals entsprang mehr seinem Wunschdenken als realistischem Kalkül.

Um von den Polen ausgehende kriegerische Akte vorzutäuschen, ließ die SS-Führung SD- und SS-Leute, die sich als polnische Freischärler verkleideten, einen fingierten Angriff auf den deutschen Sender Gleiwitz ausführen. Mitgeschleppte KZ-Häftlinge, ebenfalls als Freischärler verkleidet, ermordete man im Sender und ließ dort liegen. Sie sollten der Öffentlichkeit den Beweis für polnische

Kampfhandlungen liefern und den eigenen Angriff rechtfertigen. Dieser erste Auftakt des späteren Weltkriegs war, trotz erbitterter Gegenwehr der Polen, schneller als erwartet mit der Kapitulation Polens 28 Tage später beendet.

Gegen diesen Völkerrechtsbruch spricht die unwissend unbedenkliche Äußerung einer bekannten politischen Persönlichkeit eines Vertriebenen-Verbandes Hohn: Die Polen hätten den Krieg provoziert weil sie aufgerüstet hätten. Ja Himmel Gesäß und Nähgarn, die Polen gehörten auch schon damals nicht zu den Dümmsten.
Ihr Geheimdienst wusste von den monatelangen Vorbereitungen vor ihrer Grenze und sie hatten Hitlers „Mein Kampf" gründlicher gelesen als ihre deutschen Nachbarn. Sie kannten die Passagen und Formulierungen über „Blut und Boden" und das „Volk ohne Raum" und sie wussten wo sonst wollte Hitler diesen Raum finden!

In Hitlers „Mein Kampf" findet sich weiter folgende schwerlich umzudeutende, unmissverständliche Formulierung: *„Wir stoppen den ewigen Germanenzug nach dem Süden und Westen Europas und weisen den Blick nach dem Land im Osten.* Und weiter: *und die in den annektierten Gebieten ansässige Bevölkerung ist kurzerhand zu entfernen"*. Einmal abgesehen von einer „ewigen" und zudem historisch falschen Himmelsrichtung, kann man seinen Willen kaum eindeutiger kund tun.
Sollten sich die Polen nach der Auffassung einer einzelnen Dame ohne jegliche Gegenwehr überrollen lassen? Die Vermutung, sie würden einen Krieg gegen Deutschland vorbereiten, gehört in das Reich der Fabeln. Das stärkste Argument gegen eine derart absurde Meinung liefert der postwendend auf den Einmarsch der Deutschen von Westen erfolgte Einmarsch der russischen roten Armee von Osten über die polnische Ostgrenze.

Die Geheimverträge vom 23.08.1939 zwischen Hitler und Stalin über die Aufteilung Polens liefern den direkten Beweis darüber, wer den Krieg begann und warum. In diesem Geheimvertrag wird die „Grenze" und Aufteilung Polens zwischen Russland und Deutschland entlang der Weichsel festgelegt! Worin läge sonst der Sinn einer derartigen aufteilenden „Grenzziehung", wenn man sich den Teil Polens westlich der Weichsel nicht hätte einverleiben wollen?

Es gab sie dennoch, die anständigen zumindest die vernünftigeren Deutschen. So den General Oberst von Fritsch, der mit anderen Generälen gegen Hitler eine Mauer der intelligenten argumentativen Gegenwehr aufbauen wollte um diesen schon 1937 von seinen irren Kriegsplänen abzubringen. Der Versuch gegen Verblendung zu argumentieren war sinnlos und brachte ihm eine „gelenkte" Verleumdung durch Göring und Heydrich, die ihn als Homosexuellen diffamierten und seine Entlassung ein.

Hitler glaubte noch mit seinem Angriff auf Polen einen Zweifrontenkrieg vermeiden zu können. Aber hier irrte er sich wie erwähnt, das erste mal in seiner Verkennung der Wirklichkeit. Am 3. September 1939 findet dieser Zweifrontenkrieg seine Ankündigung, denn England und Frankreich erklären Deutschland den Krieg, weil sie einen Beistandspakt mit Polen geschlossen hatten.

Das zweite Kind der Familie wird in diesen Krieg hinein, im November 1939, in der neuen Wohnung geboren. Die Freude über das zweite Kind und die schöne Wohnung sollte jedoch nicht andauern. Das Familienidyll in Dortmund-Wambel erfährt, bevor es sich so richtig ins Bewusstsein senken konnte, sein Ende durch die Einberufung des Vaters am 11.03. 1940 zum 4. Infanterie Ersatz Bataillon 22 nach Gumbinnen in Ostpreußen einer Kreisstadt mit 55.000 Einwohnern.

Der „Westfeldzug" gegen die Franzosen, Belgier und Niederländer hatte am 10.05.1940 schon ohne den Vater begonnen. Ironie des Schicksals, ob der Vater das böse Omen erkannte? Hier bei Gumbinnen unterlagen am 20. August 1914 die kaiserlichen Preußen gegen die Soldaten des Zaren Alexander dem III.

In Gumbinnen wurde der Vater in einer „Grundausbildung" - das Erlernen des Gebrauchs von Menschen tötenden Waffen in einen Zusammenhang mit dem Wort „Bildung" zu bringen war immer mehr als nur unpassend - tötungsfähig gemacht. So „gebildet" wurde er anschließend, am 25.06. 1940, wie es sein Kommandeur in seinen Wehrpass schreibt: „Zur Verwendung im Operationsgebiet während der „Schlacht um Frankreich" eingesetzt" und gehörte bis zum 11.07.194o zur unerwünschten Besatzungstruppe in Frankreich. An den eigentlichen Kampfhandlungen in Frankreich musste er nicht teilnehmen, weil Frankreich mit dem „Blitzkrieg" schon überrollt war.
Die deutsche Heeresleitung wollte zunächst über die nördliche Grenze Belgiens bis nach Frankreich vordringen, aber der Pilot der die Aufmarschpläne an die Generäle vor der Front überbringen sollte, hatte sich im Nebel verflogen und musste mit seinem Flugzeug an der Maas in Belgien notlanden. An dem Versuch diese geheimen Angriffspläne zu verbrennen, wurde er durch die belgische Gendarmerie gehindert, der noch unverbrannte lesbare und interpretierbare Teile in die Hände fielen.
Mit der zwangsläufig notwendig gewordenen Ausarbeitung eines neuen Planes wurde der General von Manstein

beauftragt. Überraschend sollte nach diesem Plan der Vorstoß nach Frankreich jetzt durch das angeblich für Panzer unüberwindbare Ardennen-Gebirge erfolgen. Die Franzosen hielten diese Möglichkeit ebenfalls für undurchführbar und so endete ihre Verteidigungslinie die „Maginot-Linie" südlich vor diesem Gebirge, das sie vermeintlich unüberwindlich, als die Fortsetzung dieser Linie betrachteten.

Die wenigen Verteidiger in den Ardennen waren mit den erstaunlich gebirgstauglichen Panzerfahrzeugen schnell überrollt und die Deutschen standen überraschend bald im Rücken der in einer Sichelbewegung umfangenen Franzosen hinter der Maginot-Linie.

Hätte der Vater jetzt hier in dem nach dem „Blitzkrieg" ruhig gewordenen Frankreich gewusst, was ihm später mit dem miss-brauchten Kaisernamen „Barbarossa" im Russlandfeldzug widerfährt, wäre ihm das Wort vom „Gott in Frankreich" eingefallen.

Auch die französische Verteidigungslinie entlang der Flüsse Somme und Aise war von den Deutschen überraschend schnell durchbrochen und nach nur drei Tagen waren sie am 8. Juni 1940 schon an der unteren Seine bei Rouen. Am 14. Juni zogen die deutschen Verbände in das fast menschenleer wirkende Paris ein. Die Franzosen verzichteten auf den tödlichen Fanatismus „Der Verteidigung bis zum letzten „Blutstropfen" und übergaben ihr Paris kampflos dafür aber lebend und ihre Stadt unzerstört.

Strategisch war Paris unwichtig geworden aber der große Führer brauchte demonstrativ diesen seinen Triumph über Frankreich an diesem historischen symbolträchtigen Ort und ließ die 18. Armee am „Arc de Triomphe" vorbei marschieren. Dieser Vorbeimarsch gestaltete sich jedoch nicht ganz so grandios wie Adolf Hitler wegen seines außenpolitischen Prestiges es sich gewünscht hätte, weil die schweren Panzerverbände bis zur endgültigen Kapitulation Frankreichs immer noch auf den restlichen Kriegsschauplätzen benötigt wurden.

Dem Volk daheim und den noch daheim „verweilenden" Soldaten, wurde derweil mit Wochenschaubildern von deutschen Soldaten in den Amüsiervierteln von Paris, die angebliche „Leichtigkeit" dieses Krieges vorgegaukelt.

Der Vater kam, weil Frankreich besiegt war, am 31.07. 1940 nach Hause zu uns und seiner gerade einmal 20 jährigen Frau. Hitler wollte das „Königliche England" auf der Insel nicht direkt angreifen, weil er sich immer noch die Möglichkeit einer Allianz mit England gegen den Bolschewismus einredete. Der Krieg im Westen war durch diese Entscheidung zunächst zu Ende. Bis auf das Besatzerkontingent, kam ein Teil der Soldaten in die Heimat zurück.

Man darf sich im Nachhinein mit den Angelsachsen und für Europa freuen von Hitler nicht direkt auf der Insel angegriffen worden zu sein. Andererseits hätte sich, aus rein strategischer Sicht, gerade zu diesem Zeitpunkt die Chance geboten die Engländer in die Knie zu zwingen. Es gab noch keinen Zweifrontenkrieg und das englische Volk war nach der Schlacht um Dünkirchen und durch die grausame Bombardierung der englischen Städte demoralisiert und kriegsmüde. Es ist nicht auszuschließen, dass England zu diesem Zeitpunkt für eine Aufgabe des Krieges mit Deutschland durchaus empfänglich war.

Hitler beging zu diesem Zeitpunkt zwei vielleicht schon vorentscheidende strategische Fehler: Zum Ersten hat er das englische Expeditionschor nach der gewonnenen Schlacht um Dünkirchen fast ungehindert bis zum 4. Juni 1940 mit fast 340.000 Mann über den Kanal entkommen lassen und zum Zweiten, einmal unterstellt die Engländer wären zu Hunderttausenden in Gefangenschaft geraten, hätten die Deutschen sofort nachsetzen müssen um die Insel einzunehmen. Diese Chance bot sich danach niemals mehr.

Ausgerechnet ein Mann, vermutlich mit einer manisch depressiven Veranlagung, dem man selbst in England bis zum 18. Juni 1940 nicht unbedingt Wesentliches zutraute, riss in einer seiner häufigeren manischen Phasen ein ganzes Volk aus seiner tiefen Lethargie. Sein Name ist Winston Churchill. Seine mehr als historische Rede an diesem 18. Juni vor dem britischen Unterhaus veränderte England und höchst wahrscheinlich auch den Ausgang des II. Weltkriegs. *„Wir werden kämpfen bis zum Ende, wir werden auf den Meeren und Ozeanen kämpfen. Wir werden unsere Insel verteidigen, wie hoch auch immer der Preis sein mag. Wir werden auf den Straßen, Feldern und Hügeln kämpfen, wir werden uns nie ergeben".*

England war nach dieser Rede ein anderes Land und der wahre Gegner Hitlers danach war nicht Frankreich, Amerika oder Russland, der wahre Gegner hieß Winston Churchill. Man mag darüber philosophieren ob Churchill in Anbetracht dieser eventuell vorhandenen manisch depressiven Prägung in der Dramaturgie dieser Rede seiner Aggressivität und Überschätzung der Möglichkeiten ihren Lauf ließ, im Ergebnis hinterließ sie eine fast unglaubliche Wirkung.

Ein Mann, der so lange von seiner geliebten Frau ferngehalten war, bringt natürlich etwas Besonderes, Seltenes oder Teures mit heim. Für das Teure fehlte dem Vater das Geld, für das Seltene die Zeit für die Suche, aber das

Besondere war möglich. Es war eine wunderschöne Puppe, die der Vater aus Frankreich mit brachte. Sie hatte lange dunkel gelockte echte Haare und war in der Kleidung der Roma gekleidet, die damals unter den Nationalsozialisten - mehr noch als sonst auch und heute wieder in Frankreich - in Misskredit gerieten.

Der Mutter erzählte der Vater von dreistem Diebstahl, von Plünderungen und unberechtigten Aneignungen seiner Bataillonskameraden und schämte sich schon seiner heimlichen Entwendung dieser Puppe. Er hatte sie an einer Sammelstelle der zurückgebliebenen Habe von internierten Sinti und Roma in Paris „mitgehen" lassen. Von einigen Truppenteilen wurden, besonders von der SS Totenkopfdivision auch verabscheuungswürdige Verbrechen begangen.
Verwunderlich war dies im Nachhinein eigentlich nicht, rekrutierten sich doch die Führer und Unterführer dieser Division in der Mehrzahl aus „aufgestiegenem" KZ-Personal. Bekannt wurden auch Diebstähle von Vieh, Obst und Lebensmitteln durch die Waffen SS, die über das Pariser Umland marodierte und den französischen Bauern mit vorgehaltener Pistole alles was ihnen verwendbar und nützlich erschien abpressten oder raubten.

Die Mutter erzählte von dieser Puppe wann immer sie diese in den Händen hielt. Sie blieb uns immer vor Augen, wo sie ab geblieben ist blieb unbekannt, wie so Vieles verschwand an dem die Erinnerung an den Vater hingen. Ihm und der Familie bleiben zwei Monate Urlaub auf einer „Insel" der Ruhe am Kastanienplatz in Dortmund-Wambel. Danach ist seinem Wehrpass der lapidare Eintrag zu entnehmen: „Ab 1.10.1940 Verwendung im Heimatkriegsgebiet". Welcher Krieg in der Heimat stattgefunden haben soll blieb unbekannt.

Außerhalb dieses vermeintlichen Friedens woanders in Europa und in der Welt, überschlagen sich die Ereignisse : Die baltischen Staaten werden von Stalin am 3.08.1940 okkupiert. Stalin lässt am 20.08.1940 seinen Erzrivalen, den Begründer der roten Armee Leo Trotzki, von einem Auslandsagenten des NKWD in Mexiko mit einem Eispickel ermorden. Die Achsenmächte Deutschland, Italien und Japan unterzeichnen am 27.09. 1940 einen Hilfs- und Beistandspakt der sich gegen die USA und England richtet.

Unter der Führung des großsprecherischen Hermann Göring greift in der Nacht zum 15.11.1940 die Deutsche Luftwaffe mit 500 Bomber unter dem makaberen Codenamen „Mondscheinsonate" (Klaviersonate Nr.14 Beethoven) die englische Stadt Coventry an, die bei diesem Angriff fast vollständig zerstört wird. Und am 9.05. 1941 kommt die Retourkutsche, die britische Royal Air Force fliegt mit 539 Bombern den verheerenden Großangriff auf Hamburg und Bremen.

2. Kapitel
2.1 Der Angriff auf Russland
Am 25.05.1941 findet der „lokale" Frieden am Kastanienplatz in Dortmund sein Ende. Das „Heimatkriegsgebiet" verlagert sich nach Osten. An diesem 25.05.1941 wird auch der Vater für den „Ostfeldzug bereitgestellt" wie wie es sich so harmlos in seinem Wehrpass liest. Die nach dem Frankreichfeldzug beurlaubten, oder zur „Verwendung in der Heimat" abgestellten Soldaten werden nach Ostpreußen zur Vorbereitung des „Unternehmen Barbarossa" beordert.

Unter diesem Decknamen fallen deutsche Truppen am 22. Juni 1941, vertragsbrüchig und ohne Kriegserklärung in die Sowjetunion ein. Hitler will - trotz Widerspruch im Generalstab - mit 3 Millionen Soldaten, 3650 Panzern und 2000 Flugzeugen verteilt auf 3 Heeresgruppen auf einer Front von 2130 Kilometern Russland bis Weihnachten des Jahres überrannt haben, so meint er und so glaubt er es auch.

Die zweite gravierende und zugleich folgenreichste Einschätzung zwischen Wahnsinn und Realität. Zum Zeitpunkt des Kriegsbeginn hatte die russische Armee aber schon 5,7 Millionen Soldaten unter Waffen, mehr Panzer und vier mal mehr Flugzeuge als der große Feldherr Hitler einsetzen konnte.

Hat Hitler den Decknamen „Barbarossa" benutzt weil er sich diesen auf einem Kreuzzug im Fluss Saleph bei Seleucia (Türkei) ertrunkenen Friedrich I. - der mit dem „roten Bart"- als herausragender deutscher Kaiser des Mittelalters, zum Vorbild nahm? Schon 1937 unterstellt er fälschlich diesem Kaiser „Friedrich I., Kaiser des Heiligen römischen Reiches: „Dieser hat als erster den germanischen Kulturgedanken ausgesprochen und als Bestandteil seiner imperialen Mission nach außen getragen".
Wie so häufig hat er historische Daten und Fakten falsch gedeutet, verfälscht und geradezu auf den Kopf gestellt um seine Argumente schlüssig werden zu lassen. Wollte er ein neues „Heiliges römisches Reich deutscher Nation" gründen? Wollte er wie ehemals dieser Kaiser „Rotbart" im Streit mit dem Papst die schismatische Auffassung über diesen Krieg in Deutschland andeuten?
Hat er trotz dieses Größenwahn gewusst oder geahnt wer seine Gegner wirklich sind und was diese ihm entgegen setzen können? Wusste er es besser als sein Geheimdienst?

Oder ging sein Denken überhaupt nicht so weit, weil er einfach von seiner Strategie und seiner Sicht als genialer Feldherr so überzeugt war?.
Ein anderer kleiner Kaiser sah es in seiner Selbstüberschätzung und in der Unterschätzung des Gegners am 24. Juni 1812 wohl ähnlich, als er die Memel zum Angriff auf das Zarenreich mit 412.000 Soldaten überschritt aber nur mit einem Zehntel davon, von der Größe ja „Unendlichkeit" Russlands geschlagen, wieder zurück kam.

Ein überaus großes Glück für die grandios erscheinenden Anfangserfolge der deutschen Wehrmacht, war die Naivität Josef Stalins, der, obwohl sein Geheimdienst schon länger auf große Bewegungen und Verschiebungen vor der russischen Grenze hingewiesen hatte, einfach nicht hatte glauben wollen dass Hitler vertragsbrüchig wird.

Die hohe Überzahl an Flugzeugen konnte die Rote Armee nicht nutzen, weil diese in der Mehrzahl schon bei den ersten Luftangriffen der Deutschen ungetarnt auf den Flugfeldern vernichtet wurden. Nun rächte sich auch die Ermordung von hunderten erfahrenen Führungsoffizieren die Stalin hinrichten ließ weil er krankhaft misstrauisch gegenüber diesen alten oft adeligen Eliten war. Den "Nachfolgern" fehlte es geradezu in allen Belangen an derartigen Erfahrungen.

Ein derartiges Glück voraus gesehen zu haben, kann man auch diesem „genialen Feldherrn" Adolf Hitler nicht unterstellen. Diese Anfangserfolge lassen auch viele der letzten Zweifler nicht absolut kalt. Hitler schwimmt auf einer Woge der Begeisterung, zu sehen noch heute an seinen „Auftritten" auf alten Aufnahmen der Deutschen Wochenschau.

Erkennbar ist hier zweifelsfrei die Lächerlichkeit seiner Attitüden in der Art römischer Kaiser oder siegreicher römischer Feldherren, die zur Huldigung durch die ihnen zu Ehren errichteten Triumphbögen schreiten.
Das Nichtvorbereitetsein der Russischen Armee und das nachfolgende Chaos in der russischen Organisation, sowie die erwähnte Ermordung führender und erfahrener Militärs, haben neben der unbestrittenen neuen mobilen und schnellen „Blitzkriegstaktik", wie zuvor im Frankreichfeldzug „geübt", diese zunächst unglaublichen Anfangserfolge der deutschen Wehrmacht möglich gemacht.

Am 7. Dezember 1941 greifen die Japanischen Marineluftstreitkräfte die Amerikaner ohne jegliche Vorankündigung den Hafen Pearl Harbor auf Hawaii an und zerstören deren Pazifik Flotte fast vollständig. Die Japaner haben offensichtlich ins Kalkül gezogen, die Deutschen oder die Amerikaner würden sich den Krieg erklären und ein erheblicher Teil der amerikanischen Streitkräfte wäre auf europäischen Boden in einem Krieg gegen Deutschland gebunden.
Sie sahen diese Möglichkeit und wollten ihre Chancen im fernen Osten und im Pazifik nutzen. Hitler, der über diese Aktion der Japaner nicht unterrichtet war, schlug sich - was er in solchen Situationen immer tat - vor Freude über diesen Angriff auf die Schenkel. Schon am 8. Dezember 1941 unterzeichnet Präsident Roosevelt die Kriegserklärung an Japan.
Und unser großer Feldherr Adolf Hitler tut den Amerikanern den Gefallen und erklärt ihnen seinerseits unerklärlicherweise schon drei Tage später am 11. Dezember 1941 ebenfalls den Krieg. Weder aus strategischen noch

militärischen Erwägungen gab es einen vernünftigen Grund für ein solches Handeln. Roosevelt hätte zu diesem Zeitpunkt im Kongress kaum einen Krieg gegen Hitlerdeutschland durchsetzen können, aber die Minderheit der Falken unter der Führung Morgenthaus, diese Befürworter eines Krieges gegen Deutschland, hatten ihn jetzt. Nun war aus einem europäischen Krieg ein zweiter Weltkrieg geworden. War Hitler so größenwahnsinnig zu glauben, neben fast ganz Europa auch noch die Amerikaner besiegen zu können?

Im Osten kommt es zu ersten Problemen, ein schneller Vorstoß benötigt auch einen schnellen Nachschub und hier knirscht es Ende Juli 1941 zum ersten mal. Bis zur Erstürmung von Polozk/Polazk an der Düna ging es unaufhaltsam vorwärts. Aber schon zwischen dem 26.07. und dem 1.10.1941 kommt es zu den ersten großen Abwehrschlachten bei Jelnja, Polozk und Smolensk.

Auch der kleine Kaiser Napoleon kam 1812 ohne große Schwierigkeiten bis an die Düna. Aber hier in Polozk an der Brücke über die Düna, trat ihm erbitterter Widerstand der Zarensoldaten entgegen. Chronisten schreiben über eine grausame blutige Schlacht „das Blut der Gefallenen färbte Brücke und Fluss rot". Seit dieser Zeit heißt sie die „Rote Brücke" und sie wird noch heute, nach jeder Sanierung oder Erneuerung, immer wieder rot gestrichen.

Anfang August, nach der gewonnenen Schlacht von Smolensk, war die Mehrheit in der Generalität für einen raschen Vormarsch auf Moskau. Hitler wollte jedoch das Öl von Baku und das Korn der Ukraine, eine nicht grundsätzlich aber zu dieser Zeit falsche Entscheidung. Das Zeitfenster für einen Vormarsch auf festem trockenem Boden schloss sich schneller als angenommen. Nach der Schlacht bei Wjasma versinken die Soldaten im herbstlichen Schlamm der „Rasputiza".

Der Vater schreibt am 18.10. 1941 von der Front bei Wjasma, soweit er es andeuten konnte um unzensiert durch die Feldpost zu kommen: „Es geht ihm und allen nicht gut und sie würden im Schlamm versinken"! Diese letzte große für die deutsche Wehrmacht erfolgreiche Doppelschlacht bei Wjasma und Brjank, bei der 670.000 russische Soldaten in Gefangenschaft geraten, versetzt Hitler noch einmal in seine wohl letzte Euphorie.

Plötzlich befiehlt er Anfang Oktober 1941 den Vormarsch und den Angriff auf Moskau um die Stadt - wie er glaubt - unbedingt bis zum Kälteeinbruch des Winters 1941 einnehmen zu können. Die gute trockene Zeit war vorbei, es kam der Schlamm und dann die grausame Kälte des Winters 1941.
Entgegen der dringenden Bitte seiner Generäle, die Heeresgruppe Mitte, die für den Vorstoß auf Moskau vorgesehen war, zunächst in Wartestellung zu halten, die Gefallenen zu ersetzen, die Soldaten mit Winterkleidung auszurüsten und auf Waffennachschub zu warten, hielt Hitler an seinem Entschluss fest.

Trotz des mühsam errungenen Sieges in der vorausgegangenen Doppelschlacht, waren fast 50.000 Soldaten gefallen, ein Drittel der Panzer zerstört und die Hälfte der Fahrzeuge mangels Ersatzteilen und Treibstoff nicht einsetzbar. Wieder eine dieser Realitäten verkennende, gravierende und möglicherweise vorgezogene kriegsentscheidende für hunderttausende Soldaten tödliche Fehlentscheidung.

Es gab keine Reserven mehr und hinten in der Etappe blieben die Fahrzeuge mit Waffen, Munition und Versorgungsgütern im Schlamm stecken. Teilen der Heeresgruppe Mitte, der 106 Division gelingt noch einmal unter Einsatz aller Reserven einen Keil bis nach Krasnaja-Poljane dem heutigen Lobnja 27 Kilometer vor Moskau vorzuschieben.

Im Abschnitt des Flusses Istra bei dem Städtchen Matuschkino las die 35. Infanteriedivision auf einem Wegweiser die Entfernung nach Moskau mit 22 Kilometer und ein Aufklärungstrupp der 4. und 9. Armee mit Teilen der 258. und 206. Infanteriedivision (*die Division des Vaters)* erreichten die Trambahnstation einer Moskauer Vorstadt und konnten die Türme des Kreml sehen.

In der Nähe des Dorfes und heutigen Flugplatzes Scheremetjewo steht auch der Vater am 5.12.1941 mit den Resten der 9. Armee 18 Kilometer vor Moskau und kann bei - im wahrsten Sinne des Wortes - eisig klarem Wetter die goldenen Türme des Kreml im Scherenfernrohr sehen. Glaubten sie bei ihrem Anblick jemals bis an diese Türme, bis zum Herzen von Moskau zu kommen?

Die Stadt war aber nicht das Moskau von 1812 die Napoleon besetzen konnte. Es war hoch gerüstet, mit mehreren Gräben und Panzersperren umgeben. Noch hatte es den Kampf um Moskau nicht gegeben. Stalin der sich zunächst auch hinter den Ural zurückziehen wollte, war in Moskau geblieben, weil im General Schukow eine erfolgreiche Verteidigung der Stadt zugesagt hatte. Die psychologische Wirkung seines Verbleibens auf die Kampfmoral der Soldaten der roten Armee wurde spürbar. Die Ausrufung des „Vaterländischen Krieges" gegen die deutschen Okkupanten tat ein Übriges zur Steigerung des Kampfeswillen.

Waren die noch vorhandenen ausgelaugten Armeen der Deutschen ohne den benötigten Nachschub überhaupt noch in der Lage Moskau einzunehmen? Doch der Vater schreibt voller Hoffnung, dass der Krieg nun nicht mehr lange dauern würde. War das der Erfolg der Goebbels Propaganda oder nur wundergläubige Hoffnung? Es ging schon das Gerücht um, die Soldaten könnten noch vor Weihnachten 1941 wieder zu Hause sein, weil Russland kapitulieren würde.

Kein deutscher Soldat kam näher und wird es wohl in Feindschaft niemals wieder, an diese Türme von Moskau heran. Aber in Frieden war es möglich dieses schicksalhafte Moskau zu betreten. Auf einer Geschäftsreise nach Moskau im August 1979 im Zusammenhang mit den Olympischen Sommerspielen in Moskau 1980, wurde es möglich.

Es war und ist diese nahe Stelle „Bis hierher und nicht weiter" an die auch der Vater gekommen war; auf der Straße und damaligen „Rollbahn" vom „Dorf" Scheremetjewo nach Moskau. Für Moskowiter Taxifahrer war es zwar damals verboten Ausländer über den äußeren Stadtring hinaus zu fahren, aber 20 Deutsche Mark halfen über den inneren Widerstand und die Angst des Taxifahrers hinweg.

Der Moloch Moskau hatte dieses Dorf längst gefressen, nur der Riesenwald in Richtung Moskau war - wohl zur russischen Erinnerung an den „Großen vaterländischen Krieg" gegen das faschistische Deutschland - noch unbehelligt geblieben.

Die schweren Panzersperren aus kreuzweise verschweißten Eisenbahnschienen standen noch immer links und rechts der Straße und setzten sich im Wald fort. Wer als Deutscher an dieser Stelle steht und mehr noch wer Angehörige hatte die hier 1941 standen, wird sich eines eigenartigen Gefühles nicht erwehren können und fast zwangsläufig seinen eigenen Vorstellungen in das Los der Soldaten beider Seiten in diesem eisigsten Winter des Jahrhunderts hier vor Moskau erliegen

----

Nur einmal noch kam der Vater am 27.02.1942 verwundet aus Russland (Rschew) nach Hause und hat über diesen Kriegswinter 1941 der Mutter wohl derart eindringlich und bildhaft erzählt, dass es ihr unter stetigem Schlucken und andauerndem Tränenfluss bei ihren Erzählungen immer wieder selbst vorstellbar wurde. Diese Erzählungen der Mutter über die schrecklichen Erlebnisse des Vaters, haben sich so tief ins Gedächtnis gegraben und so gelingt es unschwer sie niederzuschreiben:
In der Schlammperiode der „Rasputiza" wie die Russen sie nennen, war Ende Oktober 1941 nach der Doppelschlacht bei Wjasma der „Blitzkrieg" zu Ende. Auf einen Eimer russischer Erde genügt ein Teelöffel Wasser um daraus einen zähen, saugenden und klebenden Schlamm werden zu lassen, so sagt ein russisches Sprichwort. In diesem Schlamm blieb alles kleben und hängen was nicht fliegen, gleiten, breite Ketten oder Kufen hatte. Und nach „vielen" Teelöffeln Wasser - es regnete zwei Wochen ununterbrochen - nutzten selbst die Ketten der Panzer wenig.

Die deutschen Pferde - nicht nur waren derartige Verhältnisse für sie ungewohnt - sie gehörten überwiegend schweren Rassen an, versanken bis zu den Gelenken und manche bis zum Bauch im Schlamm und konnten sich selbst nicht mehr befreien. Viele verreckten und die Fahrzeuge die sie ziehen sollten versanken noch tiefer als die Pferde. Die

Motorfahrzeuge, Lkw, Kurierfahrzeuge und Motorräder waren kaum noch zu benutzen, auch weil der Auspuff im Schlamm steckte und der Rückstau der Abgase den Motor abwürgte. Der Vormarsch blieb im wahrsten Sinne des Wortes „Im Schlamm stecken"

Etwas Abhilfe brachten die erbeuteten leichten Panjepferdchen die man vor die leichten Panjewagen spannen konnte, so konnten wenigsten die wichtigsten Transporte bewerkstelligt werden. Der Nachschub kam nur bis zu den Bahnhöfen die oft mehr als hundert Kilometer von den Frontstellungen entfernt lagen.

Die Tagesrationen - es gab ohnehin schon seit Wochen nur noch Brot - wurden immer geringer. Die Soldaten hausten in den wenigen Häusern die noch standen, oder sie machten sich für die Nacht Lager - wie die Affen in den Bäumen - aus Lärchenästen und Zweigen um nicht selbst schlafend - so ein Schlaf noch möglich war - im Schlamm zu versinken und deckten sich mit Zweigen und sonst allem was sie fanden zu. Ein Zeltaufbau war unmöglich die Zeltheringe fanden keinen festen Grund. Einige Soldaten kochten „zarte" Birkenrinde die sie mit dem wenigen Brot vermischten.

Die für die langsam einsetzende Kälte viel zu dünne Bekleidung verlor durch Nässe und Schlamm weiter an Kälteschutz. Vielen zog der saugende Schlamm die Schuhe aus; sie im tiefen und klebenden Morast wieder zu finden, war meistens unmöglich. Sie hofften auf den Frost, nur auf den der dann kam hätten sie trotz aller Erschwernisse doch gerne verzichtet.

Zunächst kam er mit gerade noch erträglichen minus zehn Grad Celsius. Die Fahrzeuge fuhren wieder, doch die sonst erfolgreichen schnellen Vorstoßversuche wurden durch zunehmende Gegenwehr der Russen abgeblockt. Die Deutschen mussten erstmals ihre Linien vor Moskau begradigen und zurückverlegen.

Die Rote Armee hatte die vorausgegangene „Schlammpause" genutzt um über die schnell und besser befestigten Rollbahnen und Schienen im Hinterland von Moskau neue Waffen aus dem Ural und aus dem riesigen Menschenpotential Sibiriens, Nachschub an Menschen und Material heran zu schaffen. Aus den noch zu ertragenden Minus 10 Grad Celsius wurde Mitte November schon manchmal 20 Grad minus und immer öfter fegte der Schnee über die russischen Wälder und Ebenen.

Bei minus 30 Grad wurden die Bedingungen immer grausamer, sie standen zwar immer noch 32 Kilometer vor Moskau, aber die Nächte hörten erst weit in den Vormittag auf und am frühen Nachmittag war es schon wieder dunkel. Minus 40 Grad Celsius war es am 25. November 1941, das Wasser der Lokomotiven in der Etappe gefror in den Kesselrohren obwohl Feuer unterm Kessel war. Die Geschützverschlüsse froren ein und die im Vergleich zu den russischen Automatikwaffen schnelleren deutschen, zahlten für diese Schnelligkeit Tribut, sie funktionierten nicht mehr und ihr Schmierfett wurde hart.
Wer unvorsichtig war und die Handschuhe, Lumpen oder übergezogene Socken von den Händen zog, weil der Abzug des Gewehrs mit dem eisharten Händeschutz nicht zu bedienen war, dem blieben die Hautfetzen von den Fingern am Stahl des Abzugs zurück. Die Panzerketten froren fest und die Motoren platzten weil der Frostschutz im Kühlwasser nicht auf die Eiseskälte eingestellt war.

Die wenige Margarine die es noch gab wurde bald zu gelblich hellen Ziegelsteinen und Brot konnte nur mit einer

Säge in kleinere Portionen zerteilt werden. Aber gravierender als alles andere, die Soldaten froren in ihrer unzulänglichen Kleidung in diesem eisigen Russischen Winter vor Moskau.

Ein Etappenhengst, der Geografie, der Höhe des Breitengrades, des Klimas in Russland und der Frontlage unkundig, kam auf die glorreiche Idee den Landsern an der Front etwas Gutes zukommen zu lassen und schickte einen erbeuteten Eisenbahnwaggon mit französischem Rotwein in Fässern. Die dringend benötigten Munitionstransporte kamen nicht an, aber der Wein.

Als man die Schiebetüren der Waggons entriegelte, standen in ihnen - von bodenliegenden Fassdauben umkränzt - rotlilane tonnenartige von der Form und dem Holz der Fässer modellierte Eisblöcke, die man zerhackt nur als Lutschbonbon genießen konnte. Aber gänzlich umrundet von Eis hatte kaum jemand Freude an noch mehr davon.

Verwundungen endeten oft tödlich, im Schnee erfror ein Verwundeter in wenigen Minuten. Verbandsmull wurde zu Holzblöcken und ein großes „Geschäft" in freier Wildbahn, als nur mögliche Entleerung, hatte sehr oft schwere Erfrierungen zur Folge. Nicht jeder hatte einen Schal oder Handschuhe und der Stahlhelm deckte oft die wärmenden Lumpen zu die sich manche um den Kopf banden.

Ein toter Russe war für viele der Schutz vor Erfrierungen und für manche die Rettung vor dem Tod. Die Filzstiefel und Wattejacken wurden den Toten abgezogen und unter Gezerre und Gerangel verlost.

Trotz alledem meinte Hitler am 30. November 1941 die aus seiner Sicht wohl letzte Möglichkeit nutzen zu müssen Moskau einzunehmen. Und sie kamen bis Krasnaja-Poljana und einige - wie vor erwähnt - noch ein Stück weiter.

Am 4. Dezember schien der Fall von Moskau nur noch eine Frage von Stunden zu sein. Tula nördlich von Moskau war von Panzern Guderians vollständig eingeschlossen.

Aber die Russen hatten vom Fluss Oka her einen von den Kundschaftern bemerkten großen Gegenangriff mit erheblichen Truppenkonzentrationen vorbereitet. Am 5. Dezember 1941 beginnt dieser russische Angriff vor dem alle bisherigen nur harmlose Scharmützel waren. Über 1 Million bestens ausgerüstete Rotarmisten und 700 Panzer rollen auf die deutschen Angreifer zu.

Die von den Russen vor Moskau zum ersten mal eingesetzten „Katjuscha" (Raketenwerfer) lehren mit ihrer schellen Feuerfolge und ihrem unheimlichen Abschussgeräusch, die Deutschen das Fürchten. Dieses grauenhafte Fauchen und Heulen der „Stalinorgeln" wird die Davongekommenen noch bis nach Berlin verfolgen.

Das Thermometer war bald auf minus 50 Grad Celsius gefallen und der Treibstoff gefror in den Tanks. Die eisige Kälte zermürbte nicht nur die Kampfmoral. An manchen Morgen fand man den einen oder anderen der nachts Wache schiebenden ungeschützten Soldaten, nicht zur biblischen Salzsäule, sondern durch das Gefrieren des Blutes zur Eissäule erstarrt. Frost, Schnee und Eis töteten im Dezember 1941 mehr deutsche Soldaten als alle Kugeln und Granaten der Roten Armee.

Die bis zur Grenze geschundenen, müden und hungrigen deutschen Soldaten hatten nicht die geringste Chance diesen ausgeruhten glänzend ausgerüsteten russischen Truppen weiteren Boden abzugewinnen. Guderian zog seine müden und ausgelaugten Truppen aus eigener Entscheidung an diesem Tag von seinem Vorsprung bei Krasnaja-Poljana vor Tula zurück, weil er davon ausgehen musste von der russischen Panzerübermacht eingekesselt zu werden.

Auch Hoepner stoppte fast gleichzeitig seinen Vormarsch weil er aus seiner Sicht erkannte, gegen diese Übermacht ist jedes Halten der Frontlinien Selbstmord. Er verlegte seine Armee ohne im Führerhauptquartier nachzufragen, wegen sehr hoher und weiter zu erwartenden schweren Verluste nach hinten an den Fluss Istra.

Vor den Toren der Stadt Moskau, auch an dieser Panzersperre aus Eisenbahnschienen, mussten die Deutschen umkehren. Es war wohl einer der teursten wenn nicht der teuerste und verlustreichste deutsche Rückzug dieses Krieges. Fast 400 Panzer zum größten Teil am Boden festgefroren, über 300 Geschütze und hunderte von Fahrzeugen blieben, wenn man noch dazu kam, gesprengt zurück.Vor Moskau war dieser Krieg zu Gunsten der Russen schon entschieden nicht erst in Stalingrad.

Es erging den Deutschen wie dem kleinen Kaiser, der hatte wenigstens Moskau, wenn auch nicht erobert so es doch eingenommen. Auch Napoleon erwartete einen schnellen Sieg, aber er unterschätzte genau wie Hitler die Dimensionen des Russischen Riesenreichs und die extremen Verhältnisse eines Russischen Winters. Die Zarensoldaten hatten sich in die Weite Russlands zurückgezogen, wer wollte sie dort besiegen? Seine Grande Armee, die in dem leeren verbrannten und entvölkerten Moskau weder Futter für die Tiere noch Nahrung für sich selbst fand, musste sieglos zurück.

Warum sollte es 1942 anders sein, anders als es den Soldaten Napoleons 1812 erging? Mehr als 500 Kilometer werden sich die Deutschen durch Schneestürme bei eisiger Kälte, vorbei an Bergen von zerstörtem Kriegsmaterial, als

Geistergestalten in Lumpen gehüllt dahinschleppend bis an die Dnjepr-Düna Linie zurückziehen müssen. Dort träumten sie noch im sonnigen August 1941 von der Eroberung Moskaus.

Der Rückzug der Deutschen sollte dem Napoleons nicht nur gleichkommen, die Verluste sollten die der Grande Armee Napoleons fast um das Zehnfache übertreffen. Wenige der noch Lebenden würden bis vor den Reichstag in Berlin gejagt werden, oder zu den über eineinhalb Millionen Sterbenden der Dreimillionen Kriegsgefangenen gehören, die in den Gulags Sibiriens geraten waren.

Mit 3.200.000 Soldaten waren sie am 22. Juni 1941 um 4.15 Uhr in Russland eingefallen aber mehr als 3.250.000 deutsche Soldaten sollten für den Wahnsinn dieses „Führers" bezahlen und sterben.
Der Blutzoll der Russischen Armeen war noch wesentlich größer. Mehr als 13.600.000 russische Soldaten verloren ihr Leben. Genau so starben, litten und büßten unbeteiligte Zivilisten unter diesem Krieg. Insgesamt verloren 28.6000.000. Zivilisten nur in Europa, durch Morden, Bomben, Kanonen und Verhungern in diesem grausamsten Krieg aller Kriege ihr Leben. Davon allein in Russland über 6 Millionen.

Dreieinhalb Millionen Deutsche Zivilisten verloren durch Bomben, Verhungern und durch Mord ihr Leben. Und unvergesslich, die von Unbelehrbaren, Dummen und Verdummten immer noch verleugneten 6 Millionen Juden die ohne jeglichen erkennbaren Grund von Verbrechern aus diesem Volk der Dichter und Denker hin gemordet wurden.

2.2 Der Rückzug und der Anfang vom Ende

Die Gegenoffensive der Sowjetarmee vor Moskau gewann weiter an Kraft. Neue sibirische Truppen verstärkten die ausgedünnten Armeen. Sie waren mit Allem ausgerüstet was der russische Winter forderte und von dem der deutsche „Führer" nichts wusste, nicht kannte oder nicht für nötig hielt.
Alle Fahrzeuge hatten Ketten es gab für die Extremtemperaturen, die nochmals auf minus 52 Grad Celsius sanken, eigens entwickelte Schmierfette. Die kleineren wendigen Pferdchen der russischen Kavallerie waren des Überlebens unglaublich fähig, sie fraßen sogar das Stroh von den letzten noch unzerstörten unverbrannten Dächern der Häuser.

Die Russen nahmen Revanche, ihre Kavallerie war wirkungsvoller als die deutschen Panzer. Ihre Reiterpatrouillen und Stafetten waren schneller als die deutschen Kradmelder die mit ihren Motorrädern im Schnee versanken. Die Deutschen hatten sich jetzt schon über eine Strecke von 150 Kilometer qualvoll zurückgezogen. Die Soldaten waren mutlos und sie hätten sich ergeben, wenn ihnen der Russe nicht andauernd als leibhaftiger Teufel vor Augen geführt worden wäre. Teilweise waren sie es später bei den Massenvergewaltigungen dann auch. Die Angst vor der Gefangenschaft bei den Russen war die einzige Kraft die sie weiter in Bewegung hielt. Viele wählten jedoch den Tod durch die eigene Kugel oder ließen sich vor Erschöpfung zum Sterben in den Schnee fallen.

Der Vater deutete in zwei Briefen von der zurück laufenden Front diese grausamen desolaten Zustände an. Erzählt hat er sie erst in all ihrer Wucht, nach seiner Verwundung. Der große Feldherr und Führer ließ sie jedoch in ihrem Elend verharren und verbot jeden weiteren Rückzug. Die Generäle verzweifelten an der Front, für sie war ein Rückzug auf kürzere Linien der von der Vernunft gebotene einzige Weg um sich mit Reserven - wenn überhaupt möglich - wieder aufzufüllen, Nachschubwege zu eröffnen und Nachrichtenverbindungen wieder herzustellen.

Der Eindruck verstärkte sich bei ihnen, dass im Führerhauptquartier und beim Führer selbst man sich über den Zustand der Armeen, über die russische Kälte und deren Auswirkungen und über die gewaltige Übermacht des Feindes keine Vorstellung machte oder sich nicht vorstellen wollte. General Oberst Heinz Guderian nahm es auf sich, wenn es in irgendeiner Form noch möglich war, den „Führer" von der absoluten Notwendigkeit einer Frontrücknahme zu überzeugen.

Fünf Tage vor dem Weihnachtsfest, an dem die deutschen Soldaten nach der Vorstellung Hitlers wieder in der Heimat zurück sein sollten und sie im Gegenteil um ihr Leben kämpften, kam er im Hauptquartier in Rastenburg in der „Wolfschanze" an. Hitler hatte inzwischen den Generalfeldmarschall von Brauchitsch entlassen und ihn mit sich selbst ersetzt.
Sein Argument wörtlich: „Die Pflicht des Oberkommandos des Heeres besteht darin eine nationalsozialistische Armee zu schaffen. Ich kenne keinen General der dazu fähig ist. Ich werde es selbst tun". Guderian versuchte es zweimal, im starren Blick Hitlers der allen die mit ihm ab dieser Zeit zu tun hatten auffiel, überzeugend einzuwirken.
Aber weder taktische oder strategische, noch Berichte über Entbehrungen und Leiden der Soldaten konnten bei dem offensichtlich schon von krankhaften Vorstellungen befallenen „Führer" etwas zu bewirken.

Was ihm zu dem Vortrag von Guderian einfiel zeigt nur den Zynismus Hitlers - oder war es zu dem noch kalte Gleichgültigkeit gegenüber seinen Soldaten und der soldatischer Vernunft eines besseren Soldaten. Hitler erwiderte: „ Soldaten seien zum Sterben und Leiden da"

Nach drei Tagen war Guderian als Ritterkreuzträger mit Eichenlaub und als „Held" von Sedan (1914/18), seiner Ämter enthoben und so seltsam es klingen mag zu seinem „Überlebensglück" am 31. Dezember wieder in Berlin. Der von Guderian in eigener Entscheidung befehligte Rückzug seiner Truppen vor Moskau, war wohl für Hitler der wirkliche Grund ihn am 25. Dezember 1941 zu entlassen, als es dieser Versuch war Hitler in Rastenburg von einer Frontrücknahme zu überzeugen.

Guderian ein Musterbeispiel für die Fragwürdigkeiten des Begriffes „Held"? Wer sind und waren eigentlich die Helden? Waren die Soldaten Helden, weil sie den ihnen aufgezwungenen Krieg mit allen seinen Auswirkungen erduldeten und erleiden mussten. Waren die Generäle, Obersten, Feldmarschälle als Armeeführer die Helden, oder waren und sind sie nur die „Kriegshandwerker" die ihre Fähigkeiten immer und überall, heute und morgen für mehr oder weniger moralische Interessen von Diktatoren, Kaisern, Kanzlern und Königen, Zaren, Präsidenten und Premierministern bedenkenlos einsetzen?

Ist ein deutscher Soldat der seine Gliedmaßen, schlimmer noch sein Leben zur „Verteidigung unserer Freiheit am Hindukusch" unfreiwillig opfern musste ein Held? Woher nahm man sich dieses „Recht auf Verteidigung"? Auf diese Frage und dem Sinn dieser Opfer gibt es noch nicht einmal eine Antwort, weil es von vornherein kein Recht und keinen Sinn gab. Mit heutigem Wissen geschieht das Erkennen der Unsinnigkeit und der Rückzug für alle Opfer zu spät.

Nicht zum ersten mal zieht man wie ein geprügelter Hund den Schwanz ein und hinterlässt ein Land in noch größerem Chaos als zuvor. Dennoch wird versucht mit fadenscheinigen Erfolgsmeldungen und weiteren Verdummungen den Krieg, den Einsatz und den Tod der Soldaten und die Tausende von zivilen Opfern zu rechtfertigen.

Um den Sinn, oder besser Unsinn einer „Militärischen Besetzung" abzuwägen oder zu erkennen, einem Land wie Afghanistan unsere „Westliche Demokratie" bringen zu wollen, war etwas mehr Wissen, über Völkerkunde, über die 12 Ethnien, über Religionen, und Stammeskunde, über die dutzende von Stämmen, über die 49 Sprachen, die Mentalitäten, und etwas Intelligenz von Nöten. Oder man hätte bei einem informierten durchblickenden „Peter Scholl Latour", lange vorher schon etwas sehr Sinnvolles über Unsinniges nachgelesen.

Nicht nur in unserem Land wirkt sich die Unwissenheit, gepaart mit Naivität, Ignoranz und Arroganz, bei manchen „Berufspolitikern" auf ihre Entscheidungen unerquicklich aus. Afghanistan ist nicht das einzige Land in dem man mit unserer westlichen Demokratie nichts anzufangen weiß oder anfangen will. Wenn dort etwas verteidigt oder geschützt werden müsste, es ist nicht unsere Freiheit, es wären die Anrainer-Staaten vor der atomaren Gefahr aus dem Iran und Pakistan.

Warum mussten alle „Helden" der Vergangenheit und voraussichtlich auch in Zukunft, nur den Interessen, den Fehleinschätzungen, der Feigheit und der Dummheit Weniger geopfert werden? Macht es grundsätzlich einen Sinn diesem sinnlosen Opfern der „Helden" durch Erhebung mit Orden und Ehrenzeichen einschließlich Trauermarsch und Glorifizierung einen Sinn zu geben? Nein dem Tod dieser Opfer fehlt aller Glanz und Gloria.

Sollte nicht jede, zur Beruhigung des Gewissens von schlecht informierten, unwissenden oder unfähigen Verantwortlichen, postume Ehrung ihres Todes unterbleiben? Hinterbliebene beklagen keine Helden! Sie trauern um ein verlorenes Leben, um ihre Angehörigen und haben kein Verständnis für deren sinnlosen und nutzlosen Opfertod.

Wer und was ist ein Held?: Ein Held wird man aus sich selbst heraus und freiwillig, mit Mut, Aufopferung und Einsatz für moralisch hochstehende Ideale und durch Einsatz für seine Mitmenschen. Nach dieser Definition waren fast alle Helden der Vergangenheit nur Opfer und sie wurden betrogen. Werden sie es immer noch?
Allein am Begriff der „Freiwilligkeit" scheitert schon alles Heldenhafte. Ein für fremde, unpersönliche, gar für unmoralische Interessen zu etwas gezwungener toter „Held" wird darum immer nur ein Opfer sein!

Es war in der Heimat in Deutschland, trotz aller Geheim- und Dummhaltung durch gesickert, die Soldaten an der russischen Front frieren und hungern. Die Zensur und das öffentliche Stillschweigen vermochten nicht die Katastrophe in Russland vor der Bevölkerung zu verheimlichen.
Am 22. Dezember 1941 begann eine von Goebbels angestoßene Sammlung von Pelzen, Wollsachen, Skiern, Stiefeln, Schals und Handschuhen für die Soldaten an der Front. Diese Pelz- und Wollsachen kamen - als es schon zu warm für sie war - an den meisten Frontabschnitten erst im Frühsommer 1942 an. Eisenbahnzüge rollten, mit Soldaten von der Normandie abgezogen, zur wohl letzten Verstärkung in die eisige Hölle Russlands, aber Rostow und die Krim waren schon in russische Hände gefallen.

Nur noch einmal gelang es die russische Winteroffensive aufzuhalten, von einer Front konnte man aber nicht mehr sprechen. Die Front der Heeresgruppe Mitte unter Kluge glich einem Zickzack mit über 100 Kilometer Tiefe, die er aber nach dem Befehl Hitlers weder begradigen noch verkürzen durfte. Auf einer Achse von Kaluga, Medyn und Rschew 200 Kilometer westlich von Moskau igelten sich die Deutschen unter andauernder Abwehr von russischen Gegenangriffen ein.

Die 9. Armee war von einer Umklammerung der Russen bedroht und eine neue Linie entstand Ende Januar zwischen Welikije und Demidow. Viele Breschen schlugen die Sowjet Armeen in diese Front, gerieten aber selbst in Bedrängnis als sie zu weit hinter die deutschen Linien vorstießen. Zwischen dem 23.Januar und 17. Februar 1942 gewannen die Deutschen eine Kesselschlacht bei Sytschewka und konnten ihre Front hier halten. Über 150.000 deutschen Soldaten kostete dennoch dieser Starrsinn Hitlers, der die gebotene Rücknahme der Front nicht zuließ, das Leben.

Mit einem verzweifelten Aufbäumen begannen die Deutschen ihren letzten Großangriff in Russland. Bei Kursk wollten sie, zwischen dem 5. und 23. Juli 1943 am Kursker Bogen, das Blatt noch einmal wenden. Die Rote Armee, wurde in der größten Panzerschlacht des II. Weltkriegs und in der Geschichte, tatsächlich noch einmal zurück gedrängt. Die Russen verloren bei dieser Schlacht 1600 Panzer und die Deutschen setzten 350 davon auf die Verlustliste.

Schwerwiegender wog der Verlust an Menschen. Mehr als 230.000 Soldaten mussten auf beiden Seiten dieser Schlacht ihren Blutzoll leisten. Ein Hoffnungsstrahl fällt auf dieses Schlachtfeld bei Kursk. Gemeinsam graben Russen und Deutsche heute nach ihren Toten und bestatten sie auf einem kaum voneinander getrennten Soldatenfriedhof.

Für die Deutschen ging es aber dann ab hier, nach dem Prinzip der „Verbrannten Erde" - auch Hitlers „Nerobefehl" genannt - nur noch zurück und Stalingrad war noch nicht der endgültige Wendepunkt, aber mit dem Namen der Stadt das vordergründige weil bedeutsame Menetekel.

Schon vorher, bei einer dieser ersten Abwehrschlachten um Rschew (Rzhev) 180 Km vor Moskau, erhielt der Vater die erwähnte Verwundung. Für seinen Oberschenkel-Durchschuss wurde er mit dem E.K.II, dem Infanterie Sturmabzeichen in Silber, dem Verwundeten Abzeichen und der Ostmedaille „belohnt" und kam am 27. Februar 1942 mit diesem „Heimatschuss" zurück nach Dortmund.

Die Mutter erkannte ihn nicht gleich, zu hager der Körper, zu grau schon das Haar im 31. jungen Lebensjahr. Er war verändert, nicht nur körperlich erzählte die Mutter. In diese Zeit seiner Verwundung zwischen dem 27.02. und dem 14.08.1942 seiner „Wiederverwendung" in Russland, fallen die ersten und zugleich letzten Erinnerungen an den Vater.

Ein wundersames Bild entsteht immer wieder neu: Im Wohnzimmer am hölzernen Eckfuß des Sofas mit seinen unten verknoteten Troddeln ragen unendlich scheinende feldgraue Hosenbeine auf. Weiter darüber nach oben reicht der Blick noch nicht. Um den hölzernen Fuß des Sofas liegt eine runde Schienenbahn und durch die Troddeln, diese beiseite schiebend, kommt ein Eisenbahnzug mit der Lokomotive und zwei Waggons zum Vorschein und verschwindet sogleich wieder durch die Troddeln an der Querseite des Sofas.

Sein Gesicht jemals in Wirklichkeit gesehen zu haben, daran fehlt jede Erinnerung; es eröffnet sich nur in den wenigen Bildern von ihm. Ganz dunkel erscheinen noch schemenhafte Flugzeuge, das Geräusch ihrer Motoren erklingt und eine große hohe Öffnung, die nur das Tor eines Flugzeughangers gewesen sein kann, wird undeutlich sichtbar. Alles sonst, auch dass es die Besichtigungen mit dem Vater auf dem Flugplatz in Dortmund-Brakel waren, an die diese schwache Erinnerung aufkeimt, ist aus den Erzählungen der Mutter im Gedächtnis geblieben.

Das Umfeld und die Wohnung am Kastanienplatz 36 erschließt sich deutlicher, wohl durch die längere Zeit die wir dort bis zur Zerstörung des Hauses verbringen konnten. Der Garten grenzte, abschließend mit einem Jägerzaun, im Süden am Bahndamm der Dortmunder Südbahn, die gleichzeitig auch Anschluss an die Bahn nach Osten über Hamm-Bielefeld hatte.

Das blieb alles unbekannt, nur die vielen Panzer und Fahrzeuge auf den Flachwaggons sind bildhaft geblieben. Welche Bedeutung den schwarzen Kesselwagen in den Zügen zukam, die vom Küchenfenster aus gesehen oft vorbeifuhren, blieb späterer Erfahrung überlassen.

Bildhafter blieb der Sandkasten, gebaut in einem Sechseck vor dem hölzernen Gartenhäuschen, mit einer Gießkanne und bunten Förmchen in Erinnerung. Auch das Bild mit der Mutter, die einen kleinen Jungen öfter einfangen musste nur weil der durch das Jägerzaun-Türchen direkt hinter dem Gartenhäuschen auf den Bahndamm wollte, erscheint wie eine Fotografie.
Dieser Sommer liegt tiefer in den Erinnerungen. Mit seinem warmen hellem Sonnenschein auf dem Balkon und einem Vogelbauer mit einem gelben Vogel darin. Im Anschluss

von der Balkontür nach links in der Küche, war ein weißes Porzellanspülbecken und daran anschließend stand der helle mit bauchigen unteren und verglasten oberen Türen versehene Küchenschrank.

Das Kinderzimmer lag gleich rechts vom Wohnungseingang und unmittelbar daran das Bad. Wohn- und Schlafzimmer lagen links hintereinander und geradeaus ging es in die Küche. Auf dem Teppich, der geradeaus von der Wohnungstür durch den gesamten Flur bis zur zur Küche lag, waren unsere Schienen für die Autos, Traktoren und die hölzerne Eisenbahn. Es waren die zweifarbigen Randstreifen des Teppich die wir uns als Schienen für unsere Fahrzeuge vorstellten.

Die Troddeln durchfahrende Blech-Eisenbahn erschien nicht mehr in der Erinnerung, weil wir wohl noch zu klein um „ordnungsgemäß" mit ihr umgehen zu können. Nur eine blieb noch, immer wenn die Bahn stand, war ein Knarren zu hören und nach diesem Geräusch fuhr die Eisenbahn wieder. Es muss das Aufziehen der Triebfeder dieser „Aufzieh-Eisenbahn" gewesen sein. Von ihr war auch später nie mehr etwas zu sehen.

Vielleicht war der noch unbekannte Winter schuld, der uns so lang und mit so eindringlicher Erinnerung an diese „Teppichschienen" bannte. Alle weiteren Erinnerungen fallen nicht mehr in diese Zeit, nur noch die Erzählungen der Mutter aus dieser Zeit sind geblieben.

Die Nachbarin von Gegenüber war freundlich und wir einigermaßen aushaltbar und so konnten die Eltern die Orte des Anfangs ihrer Beziehung in Dortmund aufsuchen. Einer dieser Ausflüge ging in den Rombergpark bei Dortmund-Brünninghausen und in das Café in der Nähe des damals noch unzerstörten Schlosses.

Hier kam es zu einem Eklat wie die Mutter erzählte. Mit ihr trifft der Vater, gerade der Hölle Russlands entkommen, hier im Schloss auf Sekt saufende, zum Teil angetrunkene vollgefressene, geschniegelte, arrogant dümmlich sich gebende Etappenschweine. Es sind „Heimatoffiziere ", SS- und Gestapo Leute und auch „Kettenhunde" (Feldjäger) die zur Überwachung und zur Kontrolle einer „ordnungsmäßigen" Rückkehr, meistens in den Tod, verwundeter und dann geheilter Soldaten Dienst schieben.

Sie wollen Beiden den Eintritt in „ihren" Kreis, in ein eigentlich öffentlichen Café untersagen. Das letztlich entscheidende aber war, sie werden anzüglich und machen in Richtung Selbstverstümmelung und Drückebergerei dumme Bemerkungen. Der Vater flippt aus und beschimpft sie als Bonzen und unnützes Geschmeiß die man auch in den Dreck und in die Kälte nach Russland an die Front schicken sollte.

Nur der Geistesgegenwart der Mutter. die den Vater mit sich fort reißt, der allgemeinen Trunkenheit der derart „Beleidigten" und dem entstandenen Wirbel ist es zu verdanken, dass niemand dazu kam die Personalien der Eltern aufzunehmen. Welche Folgen dieser Wutausbruch hätte haben können, dazu fehlte beiden damals noch jegliche Vorstellung.

Die noch komplette Familie mit dem „Helden" von Rschew im Sommer 1942

Der Vater soll nach diesem „Erlebnis" heimlich sein Parteibuch verbrannt haben, wir haben es später nicht mehr gefunden. Hier wurde seine innere Veränderung auch nach außen zum ersten mal deutlich. Den Rombergpark haben sie beide gemeinsam danach nicht mehr betreten wollen und können, erst in den sechziger Jahren wurde ein Besuch dort möglich.

Diese „Kettenhunde" wurden aus der Sicht der Nazis gebraucht, denn tatsächlich waren rund 400.000 Soldaten bis 1945 desertiert und von ca. 30.000 gefassten mussten 23.000 ihre Fahnenflucht mit dem Leben bezahlen. Noch bis 1998 wurden alle Todesurteile über Fahnenflüchtige als rechtmäßig bezeichnet. Erst im Jahr 2002 folgte die endgültige Rehabilitation.

Unmöglich ist es nicht, dass einer oder mehrere der „Etappenschweine" aus der Bonzengruppe „Rombergpark" an dem Verbrechen einer Massenexekution noch im April 1945 an Zwangsarbeitern aus Frankreich, Belgien,

Niederlande, Russland, Polen und an der Ermordung von, der SPD nahe stehenden Widerstandskämpfern im Romberg'schen Wald hinter dem Park beteiligt waren. Es waren insgesamt 300 Menschen von denen 89 - und das am Karfreitag - in der Bittermark am Rombergpark ermordet wurden. Niemand von den 147 Beteiligten an diesem Verbrechen wurde wegen Mordes verurteilt.

Es blieben wenige und mehr sollten es nicht sein, an Erinnerungen aus dieser „erlebten" Zeit mit dem Vater. Am 13. August 1942 war sein „Drückebergertum" bei der Familie in Dortmund und nach 46 weiteren Tagen sein „Heldentum" in Russland im mörderischsten grausamsten Feldzug der Geschichte am 28. September 1942 mit seinem „Heldentod" in der letzten Schlacht um Rschew bei dem kleinen Ort Polunino in der Nähe der Höhe 200 auch sein kurzes Leben zu Ende.

Zurück blieb ein zwar persönlicher Brief seines Kommandanten, der sich aber kaum von den üblichen Floskel beladenen „Fertigbriefen" unterschied. Auch hier gab es den „Heldentod" für Führer Volk und Vaterland, von heldenhafter Aufopferung für den Endsieg. Das beigefügte Bild von seinem Grab und dem Friedhof sah so friedlich aus, dass man es kaum glauben mag dass es Derartiges in diesem grausamen Krieg gegeben haben könnte. Kreuze aus Birkenstämmen stehen in so einer exakten Ordnung jedes mit einem Stahlhelm, einem Lärchenbuschen und einem Namen versehen, wie man es nur von den Nachkriegsgräbern der Kriegsgräberfürsorge kennt.

Dieser abgebildete „Friedhof", wenn es ihn in welcher Art auch immer gegeben haben sollte, war auch nie auszumachen. Er wird wohl später, im weiteren Trommelfeuer der Granaten und Bomben auf das

Schlachtfeld Rschew, „umgepflügt" worden sein. Man möchte es glauben, dass es ihn so wie abgebildet gegeben hat. Auch der angeblich schnelle Tod durch den Kopfschuss eines Heckenschützen, wie sein Kommandant sein Sterben beschreibt, könnte möglicherweise für einen wesentlich schlimmeres Ende herhalten.

Die Wirklichkeit der verherrlichten Heldentode sollte einer „Wehrkraftzersetzung" in der Heimat keinen Vorschub leisten. Den Angehörigen und Volksgenossinnen wurde vorenthalten unter welchen erbärmlichen, grausamen und unmenschlichen Umständen das Leben ihrer Männer, Kinder, und Brüder tatsächlich auf dem „Felde der Ehre" im wahrsten Sinne des Wortes sinnlos weggeworfen wurde.

Sie blieben da zurück wo sie fielen, im Dreck der Granaten - und Bombentrichter. Niemand kennt die Zahl der heute noch dort in russischer Erde Liegenden. In den vier Schlachten, besonders in der vierten und opferreichsten Schlacht mit biblischem Ausmaß um Rschew vom Juli bis November 1942 - in der der Vater mit fast der gesamten 206. Division starb - fielen dort mit ihm mindesten 1.500.000 Soldaten. Davon waren es etwa 500.000 Männer der deutschen Wehrmacht und und eine Million Soldaten der roten Armee.

Ungeachtet der Zugehörigkeit, lagen die Toten der russischen und deutschen Soldaten, in bis zu sieben Lagen über- und untereinander auf dem von Granaten und Bomben durchwühlten und umgepflügten Schlachtfeldern. Wer wollte oder konnte den Toten noch ein so schönes wie abgebildetes Birkenkreuz aufstellen, wenn die Bäume wie die Menschen zerfetzt auf dem Schlachtfeld lagen, schon um ihr Leben und dann auch noch im Tode betrogen.

Man nannte dieses Schlachtfeld um Rschew nicht zufällig den „Fleischwolf" der 9. Armee und das Wort „Schlacht" bekam hier seine wahrhaftige Bedeutung.
Die Deutschen starben für den Wahnsinn eines Verbrechers, für seine Lügen und seine Uneinsichtigkeit. Die Russen starben in Massen, weil man sie unbarmherzig in nicht enden wollenden Wellen gegen die deutschen Verteidigungslinien trieb und anrennen ließ.

Warum haben die Russen nicht versucht Adolf Hitler in seiner Kommandozentrale „Wolfschanze" in Rastenburg durch einen Bombenangriff auszuschalten? Fürchteten sie mit Recht, sein oder seine Nachfolger mit generalstabsmäßiger Ausbildung, würden mehr von richtiger Kriegsführung verstehen? Eines ist jedoch sicher, ein Generalstab würde ohne Hitler diesen Krieg nicht bis zum bitteren Ende geführt haben und Zigmillionen Menschen hätten überlebt.
War dieser Krieg für die Deutschen überhaupt zu gewinnen? Die Führungsstrukturen der Deutschen, wenn grundsätzlich von Strukturen gesprochen werden kann, waren schon deshalb ineffizient, weil ein einzelner Mann Adolf Hitler sich anmaßte drei riesige Heeresgruppen allein in Russland führen zu können und alle Entscheidungen allein treffen zu wollen. Unberücksichtigt dabei die anderen westlichen und südlichen Heeresgruppen, über die Hitler sich ebenfalls den Führungsanspruch vorbehielt.Da zeigten sich schon die Führungsstrukturen bei den Stammeskriegern in ihren früheren Stammesfehden in einem besseren Licht.

Der großen wirtschaftlichen Kapazität der USA hatte das in die Zange genommene Deutschland ohne jeglichen Zugang zu weiteren Rohstoffen und Ölreserven fast nichts mehr entgegen zu setzen.

Dieser Krieg war nach Eintritt der USA in diesen und ohne den geringsten Zweifel spätestens nach der Invasion in der Normandie, für jeden Menschen mit einigem Weitblick und gesundem Verstand erkennbar, schon als verloren zu betrachten.

In diesem Zusammenhang kommt eine Niederschrift des emigrierten Thomas Mann vom Juni 1935 in Erinnerung. Sie wurde über sein Gespräch mit dem amerikanischen Präsidenten Roosevelt, mit einer schon damals unglaublichen prophetischen Sicht niedergeschrieben: „Als ich das Weiße Haus verließ, wusste ich, dass Hitler verloren war". Spätestens im Sommer 1944 nach dieser Landung der Amerikaner in der Normandie in Frankreich, hätte die Vernunft einer Weiterführung dieses Krieges Einhalt gebieten müssen.

Was war der Grund warum die Deutschen nicht aufgaben, so wie die Italiener die schon im Juli 1943 ihren „Duce" Mussolini davon jagten, weil ihre Elite erkannte das dieser Krieg,, in den sie mit den Deutschen eingetreten waren, nicht mehr zu gewinnen war. Im Sommer 1944 lagen mindestens alle deutschen Großstädte in Schutt und Asche. Seit der Katastrophe der 6. Armee in Stalingrad hatte es keine wesentlichen Erfolgsmeldungen mehr von den Fronten gegeben.

Unbestritten war nach der fehlgeschlagenen Ardennen-Offensive auch dem Letzten in der Führungselite der Wehrmacht klar, dass dieser Krieg nicht mehr zu gewinnen war, aber sie machten in der Mehrheit trotzdem weiter und sie standen wider besserem Wissen immer noch hinter Hitler. Auch das Volk stand noch hinter Hitler, teils aus ohnmächtiger Wut über die Flächenbombardements auf die Wohngebiete der Städte und eingedenk der Reden Goebbels, die im Berliner Sportpalast in der Frage gipfelten: „Wollt ihr den totalen Krieg"? Es ist heute nicht mehr zu verstehen, mehrheitlich wollten sie ihn immer noch.

Aber dieser Hitler stand nie hinter „seinem" Volk. In seinen letzten Tagen in der Reichskanzlei äußert er sich zynisch über dieses Deutsche Volk: „Es ist nicht notwendig auf die Grundlagen, die das deutsche Volk zu seinem primitivsten Weiterleben braucht, Rücksicht zu nehmen". Er hat von Anfang an, bei allen seinen Entscheidungen, nie ein späteres Überleben der Deutschen in Erwägung gezogen, noch wird er jemals darüber nachgedacht haben.

Es ist aus heutiger Sicht nicht mehr erklärbar und gemeinhin unvorstellbar, warum die Deutschen so unentwegt funktionierten. Nicht vorstellbar wäre wohl Derartiges in Italien, Frankreich oder Griechenland. Ist ein solches Verhalten typisch deutsch, ist es kulturell bedingt, ist es die Erziehung, Tugend, Ehre, Pflichtbewusstsein, Treue oder schlicht Dummheit?

Die deutsche Rüstungsindustrie produzierte noch im Dezember 1944 mehr Kriegsmaterial als in den Jahren zuvor. Es gab noch immer eine hervorragende Organisation in allen Bereichen. Ohne die Zuverlässigkeit und gute Ausbildung der deutschen Beamtenschaft, diesem Rückgrat des Regimes, wäre vieles, sowohl im negativen wie im positiven Sinn, nicht möglich gewesen. Sogar die Post brachte ihre Briefe immer noch an den Empfänger.

Als die Züge ausfielen, transportierte man die Briefe mit Kraftfahrzeugen und Motorrädern. Als das Benzin ausging hing der Postsack an Fahrrädern, oder die Post wurde im Rucksack über Wege, Straßen und über die Berge getragen. Das System, und die Ordnung funktionierte bis zum bitteren Ende. Der große Saal der Berliner Philharmonie konnte nicht mehr geheizt werden. Die Besucher saßen in dicke Mäntel gehüllt und hörten am 16. April 1945 Bruckners 4. Sinfonie.

Noch am 25. April 1945 kurz vor der Kapitulation und dem Selbstmord Hitlers, spielten die Münchener Bayern gegen den TSV 1860 München und gewannen 3:2. War es eine Verdrängung des zu Erwartenden, eine Flucht in die Ordnung in die vermeintliche Normalität der Routine als Halt gegen das Chaos das rundum durch Kriegseinwirkungen entstanden war? Alles war nutzlos geworden, zerstört oder nicht mehr vorhanden, aber man durfte, konnte oder musste noch funktionieren.

3. Kapitel: Die Kriegsfolgen für die Zivilisten

3.1 Von den Bomben verfolgt. Eine Odyssee durch Deutschland.

Erst am 16. Oktober 1942, fast 6 Wochen nach dem „Heldentod" des Vaters kommt die Todesnachricht aus Russland und erreicht die Familie am Ort der 1. „Evakuierung" in Glatz/Schlesien. Die Angriffe der alliierten Bomberflotten auf Wohnsiedlungen der Großstädte im Ruhrgebiet besonders auch auf Dortmund, Köln, Bochum, Duisburg, Gelsenkirchen und Essen hatten ständig zugenommen.

Winston Churchill und sein Bomber Harris wollten wahr machen was sie den Deutschen prophezeit hatten. Am 25. August 1940 erteilte Churchill den Befehl Wohngebiete deutscher Städte gezielt anzugreifen und der „Bomber Harris" erfand die „Flächenbombardements" die wie in Dresden und Hamburg grausame Feuerstürme auslösten.

Um diesen Feuerstürmen zu entgehen wurden wir, wie Millionen andere auch, wie man es aus dem Lateinischen entlehnt so schön umschrieb „evakuiert" (lat. evacuare

„ausleeren") Wir wurden am 9. September 1942 westlich von Breslau (Wroclav) nach Glatz (Klodzko) im damaligen Schlesien an der Glatzer Neiße „ausgeleert".

Die Nationalsozialisten wollten die heraufziehende Gefahr der Zerstörung und Tötung durch die Bomben der Alliierten zunächst niederhalten. Als jedoch die ersten schweren Luftangriffe gegen Hamburg, Bremen und Berlin geflogen waren, konnte man die Gefahr nicht mehr verniedlichen. Zudem sollten die Soldaten an der Front durch die Verschickung ihrer Kinder und Frauen aus den gefährdeten Gebieten beruhigt werden.

Ab 1942 war es zunächst vorgesehen - weil die Nazis glaubten der Krieg wäre noch immer schnell zu gewinnen - die Evakuierungszeit auf sechs Monate zu begrenzen. Als aber die gefährdeten Städte und Gebiete von den Luftangriffen immer stärker heimgesucht wurden, war es bald widersinnig die Betroffenen in diese Gebiete und Städte zurückzuschicken. So wurde es für uns eine drei Jahre währende „Deutschlandfahrt".

Hier im Osten in Glatz vernahm die Mutter auch zum ersten mal das verstohlen gezischte Wort von den „Bombenweibern", im Umkehrschluss genau so schäbig wie später das Wort von den „Rucksackdeutschen" für Vertriebene eben aus diesem Osten. Niemand mehr hatte damals eine Wahl gegen wen und wo er in den Krieg ziehen musste, wohin man ihn schickte, wohin es ihn verschlug.

Das Bild dieser Stadt Glatz, der mitten durch sie hindurch fließende Fluss Neiße, die hoch über der Stadt sich ausbreitende Festung, sind überraschend deutlicher in Erinnerung geblieben als Manches was danach kam. Mit der stählernen Bogenbrücke über die Neiße ist eine ganz besondere Bewandtnis und Erinnerung verbunden.

Sie hängt mit einem bunten Holzschiffchen mit rotem Rumpf, gelben Aufbauten und zwei schwarzen Schornsteinen zusammen. Vom wem es geschenkt war, daran fehlt die Erinnerung.

Die Mutter hatte einen krummen Nagel - irgend etwas Eisernes - in den Bug des Schiffes geschlagen und daran eine Schnur von einer Riesenrolle befestigt. Sie ging damit den steilen Abhang neben der Brücke zum Fluss hinab und setzte das Schiffchen ins Wasser ohne viel Schnur zu lassen. Mit der Rolle kam sie wieder auf die Brücke und ließ dem Schiffchen mit der Schnur nur so viel Freiheit, dass es wenige Meter abwärts unterhalb der Brücke verblieb.

Bald war diese Rolle voller Stolz in Kinderhand und das Schiffchen tanzte durch Zug und Nachlassen der Schnur in der Strömung. Obwohl nicht mehr Schnur von der Rolle gelassen war, schwamm das Schiffchen plötzlich frei und unbehindert weiter. Auf die erste Überraschung, das Schiffchen war schon etliche Meter von der Strömung fortgetragen, folgte ein Aufschrei. Die Mutter rannte von der Brücke und stürzte mehr über den Abhang des Brückendamms zur Neiße und versuchte das Schiffchen einzufangen.
Den Fluss abwärts verengten sich die Ufer. Eine Buschgruppe und die folgende Mauer verhinderten die mögliche Rettung des Schiffchens. Es tanzte noch eine Weile in Richtung Breslau der Oder zu, wurde kleiner und kleiner und war nicht mehr zu sehen. Das Schluchzen und Heulen eines um sein Spielzeug gebrachten Kindes nahm herzerweichende Formen an, aber an diesem Tag war jeder Trost sinnlos. Ein Beweis für die Wertschätzung eines kleinen Jungen für ein scheinbar geringwertiges Holzschiffchen in Zeiten ohne Überfluss?

Der Krieg war an allem Schuld, es gab keine anständige Hanfschnur mehr zu kaufen. Die Schnur auf der so Vertrauen erweckenden Rolle war aus Papier gedreht und hielt genau so wenig stand wie das Versprechen Goebbels über einen deutschen Endsieg, nämlich nur so lange bis sie vom Wasser durchweicht dem Zug der Strömung nachgeben musste. Ob mehrere derartiger „Schiffsverluste" bewirkt haben, dass diese „Papierschnüren" später eine „dünne" Seele aus Eisendraht als letzten Halt bekamen, mag dahingestellt bleiben. Dünn war das Seelendrähtchen wohl auch deshalb, weil Eisen und Stahl anderswo einen fragwürdigeren Zweck erfüllen mussten.

Die Todesnachricht aus Russland beendete die wenigen, in Anbetracht der Bomberangriffe in Dortmund, unbeschwerten Tage in Glatz. Die Mutter war ab diesem 16.Oktober 1942 anders, weder wussten wir Kinder genau warum, noch kannten wir Zeitpunkt oder Datum, aber sie ging nie mehr mit an die Neiße. Nur das war es wohl was an Veränderung an ihr auffiel, weil ein unverständiges Kind die Tragweite des vorausgegangenen Ereignisses noch nicht begriff, nicht begreifen konnte und immer wieder an den Fluss zum Schiffchenschwimmen wollte.

Diese derart detaillierte Schilderung der Erlebnisse eines noch nicht vierjährigen Kindes in Glatz, mögen Zweifel auslösen und auf eine durch Fantasie und Erzählung Dritter aufgepfropfte Geschichte schließen lassen. Wenn auch in der Wissenschaft Kindern unter drei Jahren ein „episodisches Gedächtnis" in fotografischer Schärfe kaum zugetraut wird und darum Erinnerungen an konkrete Ereignisse in dieser Zeit als Erwachsener nicht vorhanden sein sollen, oder nicht abgerufen werden könnten, so waren und blieben die geschilderten Ereignisse doch in aller Deutlichkeit abrufbar.

Eine „Infantile Amnesie", die für eine bildhafte Erinnerung erforderlichen Hirnstrukturen, sollen in früher Kindheit noch nicht vollständig entwickelt sein. Daher wäre das Erinnern an Ereignisse die sich vor dem 3.Lebensjahr abgespielt haben, angeblich nicht möglich.

Die Mutter hat zwar den Ablauf der „Schiffchenfahrt" auf der Neiße mehrfach geschildert, sie hat aber nie etwas über die Gestaltung, die Art und das Aussehen der Brücke, über die Lage der Festung und dem allgemeinen Stadtbild von Glatz verlauten lassen.

In den siebziger Jahren ergab es sich, aus beruflichen Gründen zur Hannover-Messe, die Bahn nach Hannover zu benutzen. Im Abteil saß ein älteres Paar und ein Gespräch ließ sich an. Mit den Fragen nach dem Wohin und Woher begann es in üblicher Art. Überraschend stellte es sich heraus, sie waren Vertriebene aus eben diesem Glatz an der Neiße.

Nun stand sie bevor, die Nagelprobe. Wer wenn nicht diese älteren Leute konnten die Richtigkeit der Erinnerungen an die Brücke, die Neiße, die Festung, den Bahnhof in Glatz bestätigen. Nach den Beschreibungen der kindlichen Vorstellungen des Bildes dieser Stadt, die so weit es möglich bewusst genau gehalten waren, kam die erstaunte Frage: „Sind sie auch aus Glatz"?
Die ältere Frau machte ihre Handtasche auf und zog daraus ein in brauner Pappe gefasstes „Album aus Glatz" mit den 10 schönsten Postkarten aus dem Jahr 1924 zum Preis von 50 Pfg. Wie sich die kindliche Vorstellung mit den Bildern glich, die Stahlbogenbrücke, die Festung, der Fluss, alles stand und lag mit den Postkarten bildhaft auf der Klappe unter dem Abteilfenster.

Immer noch bleiben die damals im Zug als Geschenk erhaltenen Postkarten ein Symbol aus dieser Zeit. Die aufgedruckte Jahreszahl 1924 - die Herstellung des Album und der Postkarten - schließt auch eine vorherige Kenntnisnahme, eventuell über einen Kauf dieser Postkarten durch die Mutter aus.

Die Todesanzeigen über den sinnlosen Soldatentod des Vaters wurden am 18. Oktober 1942 in Glatz gedruckt und zur Information der Verwandten dort zur Post gebracht. Auch in dieser ließ sich dieses zu oft benutzte phrasenhafte Wort vom Heldentod nicht umgehen, oder war dieses Wort schon durch seinen regelmäßigen Gebrauch zum festen umgangssprachlichen Bestandteil dieser Zeit geworden?

Unser Vater fand „Bei den letzten Abwehrkämpfen um Rschew den Heldentod" so steht es dort geschrieben, aber niemals wird es geschehen dieses Wort „Heldentod" im damaligen Verständnis zu benutzen. Er und Millionen sind sinnlos gefallen, für eine sinnlose Sache in einem sinnlosen, nie zu gewinnenden grausamen Krieg.

Vielleicht auch eine Antwort auf die neuen dieser sinnlosen Kriege in Syrien, Afghanistan und wo sonst noch. Eigentlich auf alle jene weiteren *„bellum iustum"* dieser sogenannten „Gerechten Kriege", die den jetzigen noch folgen.

Am 8. November 1942 brachte uns der Zug zurück nach Dortmund. Die Mutter brauchte Trost von den Eltern, Schwestern und dem Bruder. Schon am nächsten Tag fuhren wir zur Oma nach Schwerte. Man konnte, musste aber nicht mit der Straßenbahn bis nach Schwerte fahren. Von der Zeit und der räumlichen Nähe zur Straßenbahn war diese Möglichkeit einfach praktischer als zunächst von Dortmund-Wambel bis zum Hauptbahnhof zu fahren um dort in den Zug nach Schwerte zu steigen.

Die Straßenbahn fuhr auf der Reichsstraße 1, als damals längste deutsche Straße, die Aachen auf einer Länge von 1400 Km mit Königsberg (Kaliningrad) in Ostpreußen verband. Ein großer Teil dieser Straße - auch in Dortmund - verläuft auf der Trasse des Hellweg, eine dieser spätmittelalterlichen uralten Hanse-Handelsstraßen. An der Pferde-Rennbahn entlang fuhr die Bahn auf einem eigenen Damm bis zur Abknickung nach Dortmund-Aplerbeck. Dort „knickt" sie auch noch heute ab! An der „Wittbräuke" mussten wir in die von Dortmund-Hörde kommende „Schmalspur-Straßenbahn" nach Schwerte umsteigen.

Diese Bahn hatte noch einen entgegen der Fahrtrichtung zeigenden einarmigen Umlege-Stromabnehmer, der vom Schaffner bei Änderung der Fahrtrichtung mit einem Seil von der Oberleitung abgezogen und umgelegt wurde. Die Bahn jaulte die Steigung zum Schwerter-Wald hoch und am „Freischütz", einem alten markanten Saalbau, ging es abwärts ins Ruhrtal nach Schwerte bis zum Bahnhof.

Durch eine alte, dunkle und lange Unterführung mit gusseisernen Stützen unter den Bahnhofsgleisen, kam das Metall- und Walzwerk in Sicht und um die nächste Ecke Omas Haus im Rosenweg. Zwei Tage blieben wir bei der Oma und die alte Tram fuhr zurück zur Wittbräuke und dann weiter im gleichen Prozedere mit der „modernen" Bahn nach Dortmund-Wambel.

Die Bombenangriffe auf Dortmund wurden häufiger und schwerer. Man nötigte uns wieder einmal, wegen zunehmender Gefahr die Wohnung zu verlassen. Noch einmal fuhren wir am 22.12. 1942 nach Glatz in die beim letzten mal benutzte Behelfswohnung und blieben dort mehr als fünf Monate.

Die Bahnfahrt nach Nack war diesmal unendlich lang. Viele Eisenbahnstrecken waren und wurden laufend zerstört und die Fahrt verlief mit einem weiten Umweg über Berlin. Nachts in Dessau/Roßlau hielt der Zug und in Erinnerung kommt die stählerne Bogenbrücke über die Elbe vor Roßlau. Durch das Dröhnen des Zuges auf der Stahlbrücke wurde der Schlaf unterbrochen und im Weiterfahren flog das Schild des Bahnhofs Dessau-Roßlau vorbei. Die Mutter las den Namen laut vor. Das Schild hing schief, sollte das ein Symbol sein für alles was schon „schief" gegangen war und noch schief gehen konnte?
Auch der Lehrter Bahnhof in Berlin, unsere nächste Station, ist in Erinnerung geblieben. Eine vom Rauch der Lokomotiven geschwärzte und fast lichtlose Stahlbogenhalle überspannte die Bahnsteige. Zufälle des Lebens? An der neuen, in ihrer Errichtung spektakulären Stahlkonstruktion für diesen neuen Lehrter Bahnhof (heute Hauptbahnhof), baute auch eine bekannte Darmstädter Stahlbaufirma*. Fünf verbrachte Jahre in der Direktion dieser Firma zählen zum Berufsleben. Hier in Berlin sind wir in ausgestiegen um nach etwas Trinkbaren zu suchen, weil der Tee, den die Mutter in zwei Thermosflaschen mitgenommen hatte, nach über 16 Stunden Fahrt von Dortmund längst ausgetrunken war.

Die Mutter hatte Heimweh, den Tod des Vaters hatte sie noch längst nicht verwunden, darum gab es Anfang April 1943 wieder eine Bahnfahrt nach Schwerte. Am späten Abend des 17. April 1943 schreckte in Schwerte bei der Oma in den Rosen, der Klang der Sirenen und es dauerte nicht lange bis ein lautes Brummen über uns bis hinunter in den Keller zu vernehmen war. Wesentlich später erinnerte ein ähnliches, nur leiseres Geräusch bei einem Vorbeiflug eines Hornissenschwarm an dieses unheilvolle Brummen.
Die Flugzeuge hatten es nicht auf die Stadt oder das Metallwerk abgesehen. Kurz danach drang weit entferntes, donnerartiges Dröhnen, mit dazwischen krachenden lauteren Explosionen, zu uns in den Keller. Der Angriff galt dem großen Verschiebebahnhof in Geisecke. Über diesen Bahnhof wurden kriegswichtige Güter, Munition, Militärfahrzeuge und Nahrungsmittel an die Front nach Russland verschickt.

Der Beschuss und einige Bomben hatten Versorgungs-Waggons aufgerissen. Lebensmittel, Mehl und Zucker hatten Teile der Bahnhofsanlage weiß über stäubt und alles lag zerstreut auf dem Gelände. Der Onkel Günter erzählte diese Geschichte, er war dort um von dem unerwarteten „Segen" etwas ab zu bekommen. Dabei holte er sich in des Wortes Sinn heiße Füße. Stahlteile waren durch Munition, die noch lange danach explodierte, immer noch sehr heiß und seine Gummisohlen wurden weich.
Aber er brachte Mehl, Zucker und auch Tee mit. Heute denkt man darüber nach, dass diese an der Front in Russland „nicht angekommenen Nahrungsmittel" weiter dem Hunger dort Vorschub leisteten. Einen Tag später war das Gelände abgeriegelt und der zweite Versuch des Onkel dort etwas „abzustauben" misslang. Der Bahnhof war aber schon nach kurzer Zeit wieder so weit hergerichtet, dass die Züge fahren konnten.

Dieser Angriff auf den Güterbahnhof war nur ein mittelmäßiger, von versprengten, verirrten Flugzeugen ausgeführter, die es mehr als eilig hatten ihre Bombenlast abzuwerfen um dem Feuer der Flak zu entkommen. Die wesentlich später danach folgenden Großangriffe am 14.-21. und 23.März 1945, schalteten den Verschiebe-Bahnhof dann jedoch vollständig aus.

Mehr als 2000 Spreng- und Brandbomben vielen direkt auf den Bahnhof, Ganze Lokteile flogen durch die Luft und die Schienen standen Fragezeichen gleich in der Luft. Hunderte Waggons waren samt Inhalt zerlegt Vierzig Minuten legten die Bomber Bombenteppich auf Bombenteppich auf das Gelände.

Über 3000 Bombentrichter zählte man später auf den Wiesen und Feldern außerhalb des Bahnhofs. Einer dieser Trichter hatte eine gemessene Länge von 34 Metern und eine Tiefe von sieben Metern. Zum Glück lagen die Einschläge auf der anderen Seite des Dorfes Geisecke, im anderen Fall wäre es wohl regelrecht umgepflügt worden. Der Bahnhof ist später nicht mehr in alter Größe aufgebaut worden. Lange danach bis 1947/48 stöberten und stolperten wir immer noch über verbogene Gleise, zerstörte Fahrzeuge, durch Bombentrichter und nicht explodierte Munition und Granaten.

Die Versorgung der Bevölkerung wurde zunehmend schlechter, dafür nahmen die Bomberangriffe immer mehr zu. Schon seit dem 28. August 1939 gab es Lebensmittelkarten, aber die Mengen die dem Einzelnen entsprechend seiner Kartengruppe zustanden und auf seiner Karte aufgedruckt waren, wurden von Monat zu Monat geringer.

Die ohnehin für eine ausreichende Ernährung unzureichenden Mengen standen auf den Marken nur auf dem Papier, es gelang kaum noch diese auf minimale

Einzelmengen rationierten Nahrungsmittel wie Zucker Mehl, Fleisch Fett etc. überhaupt zu bekommen. In dieser Zeit häuften sich die Besuche bei der Oma in Schwerte, weil der Opa in seinem Garten vieles anbaute was es sonst nicht mehr zu kaufen gab.

Aber als ein Besuch bei der Oma gerade nicht gemacht war, in der Nacht vom 4. zum 5. Mai 1943 heulten in Dortmund-Wambel die Sirenen mit ihrem unheimlichen an- und abschwellenden sägendem Singen. Auf den Dächern der im Karree stehenden Häuser des großen Kastanienplatzes, gab es zwei dieser pilzartig aussehenden Gebilde. Die Mutter schaltete den schwarzen Volksempfänger (Goebbelschnauze) mit einem runden mit braunem Stoff abgedeckten Loch in der Mitte auf dem Beistelltisch im Wohnzimmer an.
Später erinnerte sich Mutter an den sich oft wiederholenden Wortlaut: Ein großer Bomberpulk ist im Anflug über Wesel am Rhein unweit der Holländischen Grenze in südöstlicher Richtung und wird, bei Einhaltung der Flugrichtung, Gelsenkirchen in 12 Minuten und Dortmund in 25 Minuten erreichen. Wir Kinder registrierten nur dieses sonderbare Schnarren dieser Stimme aus dem braunen Loch.

In unserem Keller fanden wir wieder einmal auf den dort stehenden Pritschen unser Nachtquartier. Das Bild dieses Kellers bleibt vor Augen: Ein Verbandskasten hing mit einem aufgemalten roten Kreuz an der Wand. Einige Sand- und Wassereimer und eine große Patsche standen in einer Ecke. Die Wand zum Nachbarhaus hatte einen Durchbruch, ein großes Loch durch das wir öfter in den Keller des Nachbarhauses liefen. Den eigentlichen Sinn dieses Fluchtloches verstanden wir erst viel später.
Dieses „Schlupfloch" in unserem Keller erfüllte später dann doch nicht seinen ihm zugedachten Zweck, weil man nicht verschüttet sein durfte und noch leben musste um dort

hindurch ins Freie zu gelangen. Auch der schwarze Pfeil, mit der Aufschrift „Fluchtweg" der in das Loch zeigt, war dann für unsere verschütteten, vom eigenen Haus erschlagenen Mitbewohner genau so sinnlos geworden.

Einige - es waren 13 Bewohner noch lebten sie - beteten und drei Männer in der anderen Ecke, waren sie so abgebrüht oder stellten sie sich nur so, spielten mit bunten Karten. Jetzt war es zu hören, wenn sie auch von Westen kamen und wir im östlichen Dortmund wohnten. Das Brummen der Flugzeugmotoren, es sollen 800 Bomber gewesen sein, war unüberhörbar. Und unmittelbar danach erfolgten stakkatoartig auch schon die Einschläge. Etwa 15 Minuten lang dauerte das Stahlgewitter, bis alle Bomberkanoniere ihre „Last" ausgelöst hatten.

Dieser erste massive Angriff galt - die US amerikanischen Bomberverbände beschränkten sich zunächst nur auf Industriezonen bevor der Terror gegen die Zivilbevölkerung begann - den großflächigen Anlagen der über drei Dutzend Zechen. Er galt den Walz- und Hüttenwerken, den Hoeschwerken, der Dortmund-Hörder Hüttenunion, den Hochöfen von Phönix und der Westfalenhütte. Der angerichtete Schaden war erheblich, aber es sollte noch schlimmer kommen.

Die britischen Bomberstaffeln beschränkten ihre Angriffe nicht mehr auf Industriewerke und strategische Ziele, sondern ganz im Gegenteil, es war von Anfang an erklärtes Ziel die Zivilbevölkerung zu terrorisieren. Der Oberkommandierende des Bomber Command der RAF Arthur Harris genannt „Bomber Harris" sagte hierzu nach dem Krieg: „Wir haben niemals ein Industriewerk als Ziel gewählt. Unsere eigentlichen Ziele waren immer die Wohngebiete in den Innenstädten" und er beschrieb diesen Bombenterror wie folgt: „Bombardieren ist eine humane

Methode"; meinte er diese anonyme Art des Tötens sei human? Human war sie nur für die Bomberbesatzungen, weil sie nicht mit ansehen mussten wie die Menschen unter ihnen in den Feuerstürmen verbrannten.

Der von den Briten forcierte Aus- und Aufbau weiterer Flugzeug- und Bombenfabriken, hatte für die Engländer später erkennbare Nachteile. Der verwendete Stahl und sonstiges Material für die Produktion von Flugzeugen und Bomben, fehlte bald für die dringend benötigten Panzer und Kanonen. Dafür blieben, wegen des fast ausschließlichen Bombenterrors auf die deutsche Zivilbevölkerung, die Henschel-Panzerwerke in Kassel und die Junkers Flugzeugwerke in Dessau von diesen Bomben unbehelligt.

Sie produzierten kräftig weiter und schadeten beiden Seiten wesentlich mehr, weil sie den Krieg verlängerten und der Bombenterror den Widerstand der Deutschen nicht brach, sondern er forderte ihn geradezu heraus. Für diese seine „humane" Methode und strategisch unsinnige Maßnahme, wurde Arthur Harris zur Anerkennung in England ein Denkmal gesetzt.

Am 18. Mai 1943 war der nächste Omabesuch verbunden mit der Hoffnung auf einen gebratenen Stallhasen fällig. Aber der Stiefopa trennte sich ungern, war es nun Geiz, Futterneid oder Tierliebe, von seinen Hasen. Den Stallhasen gab es also nicht, aber der Onkel Günter wollte uns unbedingt die Überschwemmung und die entstandenen Schäden in der Altstadt in Schwerte zeigen. Diese Schäden waren vom dem aus der zerstörten Staumauer ausströmenden und reißendem Wasser der Möhnetalsperre verursacht worden.

Die Engländer hatten die Vorstellung, mit der Zerstörung der Staumauern der Möhne- und Edertalsperre, würden durch die Flutwellen weite Teile des Ruhrgebiets und der Industriezone um Kassel zerstört. Der größere Bruder konnte allein laufen, den Kleineren zerrte der Onkel bis zur Straßenbahn, die vom Bahnhof zum Markt in die Altstadt abfuhr, hinter sich her.

Nur wenige Meter unterhalb des alten Rathauses in der Schwerter Altstadt stand noch immer das Wasser und es musste, kurz nach dem Durchlauf der Flutwelle noch höher gewesen sein. Die rechte Stützmauer zur St. Viktorkirche und die Brück-Straße weiter oben waren mit Schlamm überzogen. Es roch nach Moder und Fäkalien, die aus den Abortgruben der alten Häuser heraus gespült worden waren. Die Mühlen- und Hellpothstraße standen unter Wasser. Das Wasser muss vor wenigen Stunden noch bis zu den Wasserspuren an den Fenster-Unterkanten im ersten Stock gestanden sein.

Wir Kinder hätten das alles nicht registriert, aber der Onkel wies, selbst stark erregt, immer wieder auf die Einzelheiten hin. Vom alten Friedhof hinter der Kirche ging der Blick hinunter zur alten Mühle am Mühlgraben am Ende der Mühlenstraße. Im eisernen Fanggitter vor dem Wassereinlauf in die Mühle, hing eine tote Kuh zwischen Ästen, Balken und einer hölzernen Schubkarre.

Das Ruhrtal war gelbbraun mit Schlamm, entwurzelten Bäumen und Trümmern überzogen. Immer wieder kommt Überraschung auf mit welch filmhafter Deutlichkeit diese Bilder, damals noch unverstanden heute immer noch ablaufen. Mit der Wucht eines Tsunami muss diese Wasserwelle über die Ruhrwiesen und die Altstadt hinweg gefegt sein.

Es hatte sich herumgesprochen, die Staumauer der Möhnetalsperre war bei einem Luftangriff der Royal Air Force in der Nacht vom 16. auf den 17. Mai 1943 zerstört worden. Am alten Rathaus standen mehrere Dutzend Leute und einige - es waren Anwohner der unteren Altstadt - erzählten von einem gewaltigen Rauschen der am frühen Morgen des 17. Mai mit einer Geschwindigkeit von rund 20 Km/h durch das Ruhrtal fegenden Flutwelle. Diese Welle transportierte über 100 Millionen Kubikmeter Wasser über die Ruhr in den Rhein und riss auf seinem Weg alles mit sich fort was nicht verankert, einbetoniert oder ein sehr großes Gewicht hatte.

Die genannte Geschwindigkeit der Welle wurde später im Geographie-Unterricht aus der Meldezeit der Zerstörung der Staumauer und der Ankunft der Flutwelle in Schwerte errechnet. Sie war in dem Städtchen Neheim, etwa 10 Kilometer von der Staumauer entfernt, wo das Flüsschen Möhne in die Ruhr mündet, noch über 15 Meter hoch und riss fast alle Häuser der Unterstadt Neheims mit sich fort.

Im Ruhrtal, flussabwärts Neheims, stand ein Zwangsarbeitslager mit über 1400 Insassen, es waren überwiegend Frauen. Aus diesem Lager wurden allein 1200 der insgesamt 1600 Opfer von der Flutwelle in den Tod gerissen. Bis nach Essen, über 100 Kilometer von der Staumauer entfernt, gab es Tote und Tierkadaver trieben über Duisburg noch weiter bis in den Rhein.
Die Engländer hatten für die Zerstörung - nicht nur dieser Staumauer - spezielle „Rollbomben" entwickelt. Mit emsigen Eifer, hatte der Ingenieur Barnis Wallis zunächst die Idee entwickelt mit einer überschweren Sprengbombe den Damm in die Luft zu jagen. Nach seinen Berechnungen würde jedoch nur eine mit über 12 Tonnen Gewicht eine

ausreichende Wirkung haben, aber für die zu Verfügung stehenden Flugzeuge war diese Bombe zu schwer. Torpedos konnten, wegen der von den Deutschen in das Wasser gehängten Fangnetze, nicht zum Einsatz kommen.

Ein über das Wasser geworfener flacher springender Stein wird wohl der Ideengeber gewesen sein. Nur eine über das Wasser springende oder dotzende und dann direkt vor der Staumauer absinkende Bombe konnte, bei deutlich geringerem Gewicht, eine ausreichende Wirkung haben.

Dieser Barnis staute sich extra einen Teich, über den er mit einer umgebauten Tontauben-Schießmaschine in verschiedenen Neigungswinkeln und unterschiedlichen Geschwindigkeiten rasierte Tennisbälle schoss. In Dutzenden von Versuchen ermittelte er das Gewicht, den richtigen Neigungswinkel beim Aufschlag und die richtige Geschwindigkeit einer derartigen springenden Bombe.

Die Mine oder Bombe, musste die Netze überspringen und mit ihrer letzten Geschwindigkeit die Mauer erreichen. Hier sollte sie auf eine bestimmte, über Druckmesser ermittelte Tiefe absinken und unten am Mauergrund explodieren. Eine tonnenartige Rollbombe, die sich um ihre Achse in Gegenrichtung ihres Fluges dreht, war die endlich mit verbissenem Eifer gefundene Lösung für diese "Chastise" (Züchtigung) genannte Aktion.

Diese Angriffe auf die Talsperren, der Möhne, Eder, und Sorpe sollten die Schwer- und Rüstungsindustrie im Ruhrgebiet und bei Kassel lahmlegen. Die Schäden waren beträchtlich, aber von einer Lahmlegung war die Zerstörung der Möhnetalsperre weit entfernt. Die Briten feierten sie schon als den Anfang vom Endsieg, über Hitlerdeutschland. Die dabei zu Tode gekommenen waren zu über 75%

Zwangsarbeiterinnen und Kriegsgefangene die man ja eigentlich befreien sollte oder wollte. Ob man sich überhaupt die Frage gestellt hat wer dabei zu Tode kommen könnte, mag dahin gestellt bleiben.

Aber diese besondere Frage im Zusammenhang mit der Waffenherstellung – gerade solcher Waffen die überwiegend zur Tötung von Menschen dienen oder durch sie verursacht und dazu hergestellt werden – stellt sich automatisch: Warum fanden und finden sich auch heute immer wieder Menschen, die ihre technischen, physikalischen und chemischen Kenntnisse und Fähigkeiten in den Dienst einer von allen und überall - wenn auch meist vordergründig - verfemten Sache des Krieges stellen?

Ob nun Raketenforscher wie Wernher von Braun, oder Kernphysiker wie Robert Oppenheimer und Edward Teller in Los Alamos/USA (Atom- und Wasserstoffbombe) oder Alfred Krupp in Essen (Kanonen und Panzer) oder Direktoren und Forscher der IG Farbenwerke (Zyklon B das Auschwitzgas) sie alle haben mit ihren „Erfindungen" - wie sie manchmal sinnverdeckend genannt werden - zig Millionen von Menschen in den Tod geschickt oder ihren Tod möglich gemacht.

Waren sie nur derart naiv von den Wirkungen ihrer „Waffen" angetan, ohne über das Ergebnis ihrer Wirkung nachzudenken? Oder glaubten sie - oder glauben sie immer noch - der Einsatz ihrer „Erzeugnisse" wäre gegen die „Völker" der Polen, Russen, Franzosen, Engländer, Deutschen, Japaner, Kommunisten, Vietnamesen, Syrer, Iraner, Iraker, Afghanen gerechtfertigt.

Zu einer „bahnbrechenden" Erfindung, einer - ohne jegliche „Kollateralschäden" (Schäden nebenher) - nur die wirklich Schuldigen treffende Waffe, haben es diese naiven, bedenkenlosen, möglicherweise auch zynischen Forscher und Pyromanen leider noch nicht gebracht.

Die Zahl der Menschen, die im II. Weltkrieg als „Kollateraltote so nebenher" starben, dürften an die dreißig Millionen heranreichen, wenn man die Soldaten und die durch Atombomben, im Feuersturm und Bombenhagel umgekommenen Zivilisten auf beiden Seiten des Krieges und in den Städten nicht zu den wirklich Schuldigen zählt.

Und warum finden sich immer noch Firmen und Menschen die diese Waffen herstellen und vor allem solche fragwürdigen Gestalten die mit diesen Waffen also mit dem Tode Handel treiben?

Neben den Maßstäben, die in den Urteilen von Nürnberg ihre Niederschrift fanden - an die sich die damaligen Urteilsverkünder heute öfter selbst nicht mehr halten - gab es vorher schon einen, nicht aus dem Volk der Kriegstreiber sondern aus dem Volk der Dichter und Denker, an dessen einen universal gültigen Maßstab die Elle anzulegen ist: Der „Kategorische Imperativ" des Immanuel Kant: „Handle so, dass die Maxime (die subjektive Verhaltensregel) deines Willens jederzeit zugleich als Prinzip einer allgemeinen Gesetzgebung gelten könnte" Oder nach dem uralten, ähnlich schon im III. Buch Moses festgeschriebenen Grundsatz der praktischen Ethik: „Was Du nicht willst, dass man Dir tu, das füg´ auch keinem andern zu"

Unter diesem Aspekt sind nur - wenn überhaupt - die wenigsten der vorausgegangenen und noch laufenden Kriege, insbesondere auch das Verhalten mancher Soldaten in diesen Kriegen, zu rechtfertigen.

Was waren und sind das für Kriege: Vorrangig und dazu überraschend es waren und sind Religionskriege oder kriegerische durch unterschiedliche Religionsauffassungen ausgelöste Ereignisse. Es waren und sind natürlich imperialistische Kriege. Kriege um Macht und aus Größenwahn, Kriege um Öl, Gold und wertvolle Mineralien. Kriege aus Ignoranz, Dummheit und Feigheit, weil man zu feige ist zu sagen: Jeder Tote, gleich auf welcher Seite ist einer zu viel. Darum macht „Eure" unnützen zudem selten zu gewinnenden Kriege allein. Aus dieser Feigheit und Realitätsferne heraus, kämpfen und sterben unsere deutschen Soldaten für „Unsere Freiheit am Hindukusch" die angeblich in der Ferne dort verteidigt werden muss! Und grundsätzlich: „Es gibt keine gewonnenen Kriege und keine Sieger, in und nach einem Krieg sind alle Verlierer"

Es verging kaum ein Tag an dem auch in Dortmund die Sirenen nicht heulten. Schon sechs Tage nach der Möhnekatastrophe, in der Nacht vom 23. auf den 24. Mai 1943, ging es schlaftrunken runter in den Keller. Jedes mal musste ein schwerer Koffer mit wichtigen Unterlagen und wertvoller Habe stolpernd und stoßend mit hinunter geschleppt werden. Hunderte von Flugzeugen flogen erneut in den Dortmunder Raum und zerstörten weiter was von dem Großangriff des 4./5. Mai noch übrig geblieben war.

Man drängte uns wieder, oder richtiger es erging am 3.06. 1943 eine behördlich angeordnete „Umquartierung" in das Städtchen Röversdorf in den Ostsudeten Tschechiens weil bis dahin schon über 100 Bombenangriffe auf Dortmund geflogen waren und die Gefahr weiterer Angriffe permanent stieg. Für uns war es nur eine kurze Zeit, wir blieben bis zum 17.06.1943 in diesem Sudetenstädtchen.

Wir mussten diesem Krieg wieder einmal Tribut zollen Es kamen Kolonnen von „frischen" meist älteren ausgehobenen Soldaten, die unsere Notwohnung in Beschlag nahmen. Wegen der vielen Gefallenen ging man jetzt an die gerade noch tauglichen Reserven, die man aus allen „entbehrlichen Bereichen", wie aus den Verwaltungen in Städten und Gemeinden, der Post und kriegsunwichtigen Betrieben „ausgefegt" hatte. An Stelle dieser Ausgehobenen, mussten nun Frauen, Kriegsgefangene, Juden und Zwangsarbeiter die Arbeit für den Rüstungsminister Albert Speer und für den „Endsieg" in der noch immer heiß laufenden Kriegsmaschinerie machen.

Im Jahr 1941 wurden in Deutschland 5640 Panzer und Panzerwagen gebaut, eine an sich schon beachtliche Zahl. Aber noch bis Ende 1944, als angeblich die Industrien - wie die deutschen Städte es wirklich waren - am Boden zerstört sein sollten, lag der Bestand an Panzerwagen immer noch bei 13400 Stück. Zusammengebaut wurde ein großer Teil dieses zerstörerischen Kriegsgerätes in riesigen Felsenkavernen, die von Zigtausenden Juden, Gefangenen und Zwangsarbeitern in die Felsen der Berge im waren Wortsinn „gehauen" wurden. Durchschnittlich überlebte ein zu dieser „Felsenklopferei" abgestelltes Opfer diese Schinderei kaum länger als eine Woche. Eingeschlossen tief in den Bergen, ging es für die wenigen Überlebenden bei der anschließenden Fertigung von Panzern und V2 Raketen, in diesen tausende von Quadratmetern großen Felsenhallen auch nicht humaner zu.

Für seine „Verdienste" des durchaus fähigen Planers und Organisationstalents Albert Speer an einer falschen Sache, wurde er in den „Nürnberger Prozessen" zu 20 Jahren Haft verurteilt. Nur sein zwar spätes Umdenken rettete ihn in

Nürnberg vor dem Strang. Er erkannte in einer Denkschrift an Hitler die bevorstehende Niederlage, weil die Anlagen zur Treibstoff-Hydrierung durch ständige Bombenangriffe immer wieder zerstört wurden und Ende 1944 auch die Rüstungsproduktion zusammenbrach.

Auch diesen Zusammenbruch hat Speer Hitler zuvor in einer weiteren Denkschrift angekündigt. Erstaunlicherweise unternahm Hitler nichts gegen seinen „Stararchitekten" Speer, während andere in der Regel für ein derartige Ehrlichkeit und „Unverfrorenheit" an die Wand gestellt wurden.

Unser Einquartierungsort, das Städtchen Röversdorf, war zu einem Aufmarschzentrum für diese von der Heimatverwendung freigemachten Ausgekehrten geworden. Nun Soldaten mussten sie von hier aus an die russische Front einrücken, dafür wurde unsere Notherberge gebraucht. Eine Erinnerung ist an diese vorüber gehende Bleibe geblieben.
Es war ein großer schöner Vierkanthof mit einem mächtigen Baum in der Mitte des Vierecks. Um diesen Baum wollte der große Bruder den Kleineren mit einer alten hölzernen Schubkarre schieben, was ihm aber kaum gelang. Entweder war der Bruder zu schwach, die Schubkarre zu schwer, oder der Sandboden um den Baum zu tiefgründig.

Von Röversdorf verfrachtete man uns uns als Ausweiche noch einmal in die „Schiffchenstadt" Glatz an der Neiße wo wir am 20.06. 1943 ankamen, aber auch hier blieben wir nur bis zum 15.07.1943. Warum die Reise am 16.07. 1943 wieder zurück in die Bombenhölle nach Dortmund gehen musste bleibt unbekannt. Möglicherweise wollte die Mutter trotz der Gefahren wieder in die „Heimat".

Dieses „Zurück" hatte eine wahrhaft einprägende Wirkung. Am Hauptbahnhof in Dortmund heulten am frühen Morgen des 17.06.1943, unmittelbar nach der Ankunft unseres Zuges, die Sirenen. Alles Volk stürzte aus dem Zug, über Bahnsteige und direkt über die Bahngleise zu dem Hochbunker in Bahnhofsnähe. So steht er immer noch vor dem geistigen Auge, ein Betonklotz von beträchtlicher Höhe und Breite vier oder fünf Geschosse hoch und mit kleinen viereckigen Luftöffnungen in den einzelnen Etagen. Unten vor dem Bunker, war eine zweifach abgewinkelte Betonwand mit einem Betondach überdeckt, dem eigentlichen Eingang als sogenannte Splitterschutz-Schleuse vorgesetzt. Große Stahltüren mit Verriegelungsknebeln und gewaltigen Drehzapfen hingen vor dem Eingangsloch.

Eine breite Betontreppe führte nach unten als auch nach oben in die einzelnen Etagen. Wir wurden von den Nachdrängenden nach unten gedrückt, weil diese sich unten und tiefer auch sicherer fühlten. Von den in der Nazizeit immer und überall anzutreffenden „Blockwarten" wurden wir auf unsere Plätze „Für Mutter und Kind" gewiesen. Unter diesen Blockwarten befanden sich auch wirkliche Drückeberger der Nazi-Partei, die ihre Parteizugehörigkeit und dazu meistens auch ein Parteiamt nutzten, um ihre „Unabkömmlichkeit" für den Kriegsdienst an höherer Stelle „verständlich" zu machen.

Schon während der Schieberei in den Bunker müssen einige Bomben gefallen sein, weil der Druck der Nachrücker immer stärker wurde. Der über mehr als zwei Meter dicke Beton ließ die Geräusche der andauernden Einschläge nur undeutlich durch die Wände, auch weil laute Angstschreie von oben herunter schallten. Als das Licht im Bunker ausfiel, ging ein nachhallender Aufschrei durch die Dunkelheit der abrupt in leiseres Wimmern und Beten überging. Mit dem Aufflackern des rötlich gelben Notlichtes kam langsam Beruhigung unter das Bunkervolk.

Nach einer Zeit, deren Maß sich jeder Vorstellung entzog, öffneten sich die Bunkertore. Draußen standen nur noch die dunklen Schattenrisse der Restmauern einst schöner Gebäude. Fassaden mit öden Fensterhöhlen durch die nur noch das flackernde Licht punktueller Flammen fiel. Gelblich braune staubige Hitze waberte über der Stadt. Gegenüber vom Bahnhof in der Hansastraße pendelten gespensterhaft Stahlbeton-Unterzüge die zuvor Häuserdecken trugen, nur noch an ihren nicht abgerissenen Stahl-Armierungen nach unten hängend, durch die Flammen.

Als später die Tante Annegret in Dortmund in ihrem Geschäft in dieser Hansastraße besucht wurde, - es war nicht weit davon entfernt – war dieses „Pendeln" wieder da. An Stelle der Straßen führten jetzt Schneisen durch den Schutt der Trümmer. Sie schlängelten sich wie die Wildwechsel durch das Gestrüpp der Wälder. Aber hier war es nicht das lebende Grün, sondern der Meterhohe Gebäudeschutt der zerbombten Häuser.

Der Bahnhofvorplatz, um Einiges „größer" geworden - hier hatte der Angriff in der Nacht vom 23/24 Mai schon ganze Häuserblocks abgeräumt - machte das Geisterhafte dieses Anblicks durch seine ungewohnte Leere noch nachdrücklicher. Rechts vom Bahnhof am Burgtor lag eine halbierte, von den Schienen gerissene Straßenbahn. Sie musste wohl schon länger dort liegen, weil nur eine weißlich gelbe Phosphorflamme aus einer Brandbombe zuckend über das große eckige aufgemalte Werbe „U" der Dortmunder Union-Brauerei leckte.

Bis auf das Prasseln einzelner Feuer, die mit dem noch Übriggebliebenen brannten und den Einsturzgeräuschen zusammenkrachender Häuserwände, lag eine Zeitlang Totenruhe über der noch restlichen Stadt. Dann krochen wenige Menschen zögerlich aus den Kellern der Ruinen oder den Resten stehengebliebener Häuser. Nach einiger Zeit war von weitem das Jaulen von Martinshörner der Feuerwehr oder Krankenwagen zu hören. Die Innenstadt war nach den zwei vorausgegangenen Großangriffen fast vollständig zerstört und eigentlich unbewohnbar, darum war es rätselhaft warum immer noch Bomben auf sie geworfen wurde.

Wir liefen und wollten dieser bildhaften Apokalypse in Richtung Hamburger Straße entfliehen und über den Körner und Wambeler Hellweg nach Hause. Ab Dortmund-Körne gab es weniger Schäden und als von der Akazienstraße weiter in Richtung Kirschbaumweg, durch den Torbogen hindurch, der Kastanienplatz erreicht war, stand unser Haus zu unser aller Erleichterung unversehrt vor uns.

Heute weiß man es, der erlebte Angriff war nicht der schwerste auf Dortmund, er galt vorrangig den Bahnanlagen und der Hoesch Westfalenhütte, die bei den Angriffen vom 4.April und 23/24 Mai 1943 noch nicht völlig zerstört wurden. Die Innenstadt war zu diesem Zeitpunkt nur noch ein Haufen durcheinander geworfener Steine und Betonbrocken.
Die Statistik erbrachte später für die Innenstadt eine Zerstörung von 98 Prozent aller Gebäude. Es gab hier ein noch größeres Ausmaß der Zerstörungen als in Dresden, Hamburg oder in Köln. Kann man sich vorstellen, dass nach 1945 ernsthaft in Erwägung gezogen wurde diese gewesene Stadt nicht wieder aufzubauen und wenn überhaupt, dann an

einer anderen Stelle? Es lag damals jenseits jeglicher Vorstellungskraft diese schöne alte Hanse-Stadt an ihrem zerstörten Standort, jemals wieder aufbauen zu können.

Erstaunlich an dieser Zerstörung der deutschen Großstädte ist ihre Wirkungslosigkeit im Hinblick auf die Moral der Deutschen. Sie bewirkten genau das Gegenteil der Vorstellungen, die sich die Engländer und Amerikaner von diesen gezielten Angriffen auf die Zivilbevölkerung machten. Sie demoralisierten nicht, sie erzeugten eine ohnmächtige Wut auf die Alliierten und förderten genau das was man mit diesen grausamen Flächen-Bombardements nicht erreichen wollte. Sie gaben den Nazis Argumente für eine weitere Verteuflung der Gegner und erzeugten einen Durchhaltewillen, der mit aller Wahrscheinlichkeit auch zur Verlängerung dieses Krieges geführt hat.

Die Straßenbahn von Wambel über Aplerbeck und Berghofen nach Schwerte fuhr noch und so stand einem weiteren Besuch - wie auch vorgesehen - bei der Oma nichts im Wege. Zwei oder drei Tage wollten wir bleiben. Am nächsten Tag ging die Mutter mit ihrer jüngeren Schwester Lotti – die weitaus jüngere Annegret wollte auch noch mit - ins Städtchen um sich abzulenken oder dort zu suchen ob es noch etwas zu kaufen gab.
Wir blieben im Rosenweg bei Oma am Metallwerk. Am Nachmittag, kaum hatten wir die Bomben von Dortmund hinter uns gelassen, heulten auch in Schwerte schon wieder die Sirenen.
Es war nur einer der über 40 ungezielten Angriffe auf die Stadt, die mehr mit den Angriffen auf Dortmund oder Hagen in Zusammenhang standen. Die Oma wollte diesmal - weil sie sich für die Enkel verantwortlich fühlte - in den

Luftschutzstollen in der Schlackenhalde hinter dem Kesselhaus. Hier hatte man einen bergmännisch ausgeführten und mit Holzstempeln ausgeschlagenen Schutzbunker in die mürbe lockere Schlacke getrieben. Der Stollen war noch nicht einmal mit einer festen Tür verschlossen und bot daher nur eine fragwürdige Sicherheit. Die Einschläge der Bomben waren um so deutlicher zu hören und die Neugier trieb den Stiefopa vor das Stollenloch.
Er kam in den Stollen zurück und sprach in seinem Stotterstakato von Staubwolken die über dem Bahnhof aufstiegen. Die Angst um die Mutter und Tanten war es die uns aus dem Stollen durch die Gärten vor der Halde zur Straße trieb. Schon kamen verstaubte Menschen vom Bahnhof den Rosenweg hoch und berichteten von den Einschlägen in der Stadt.

Wir machten uns frei, die Oma hatte nicht die Kraft uns zu halten und ungeachtet der noch nicht gebannten Gefahr - Entwarnung war noch nicht gegeben - wollten wir den Rosenweg, eingedenk die Bahnhofs-Unterführung als Schutzunterstand zu benutzen, hinunter zur Stadt laufen. Die Entwarnungstöne der Sirenen umheulten uns und welch eine Erleichterung, alle drei kamen verschmutzt, verstaubt und eingemehlt um die Ecke der Werkshalle den Rosenweg hoch.

Auch sie hatten Angst um uns. In „Rohes Mühle" der Getreidemühle am Nordwall, hatten sie über die Laderampe einsteigend, zwischen den Mehlsäcken Schutz gesucht. Drei oder vier Häuser in der Innenstadt waren total zerstört und einige beschädigt.

Die Straße in der die Oma wohnte und die anschließende Theodorstraße in Schwerte, waren Siedlungsstraßen mit Wewrkswohnungen im Bereich des sie umgebenden

Metallwerkes. Es gab aber zwischen diesen beiden Straßen immense Unterschiede, die sich nicht nur, wie wir bald erfahren, auf ihre Bauweise beschränkten.

Die Häuser in der Theodorstraße waren verputzt und in einer jeweils anderen aber doch recht ähnlichen Grundkonzeption erbaut. Sie hatten Erker und überdachte Eingänge, gemauerte Einfriedungen und Balkone. Die Häuser in Omas Straße waren absolut gleich, in gleichem Abstand standen die Doppelhäuser, wie mit einem Lineal gezogen, genau so gerade und endlos wie die Straße. Hinter den Häusern standen in gleichem Abstand und genau sich gleichend Stallgebäude mit angehängten Plumpstoiletten. Der Name Klo oder Lokus passt eigentlich besser zu einem mit einem Holzdeckel gedeckten hölzernen Donnerbalken, als die Bezeichnung Toilette.

Viele in der Siedlung hielten Schweine, Ziegen auch manchmal Schafe in den Ställen, deren Exkremente sich mit denen der Menschen in einer gemeinsamen Gülle- oder Jauchegrube mischten. Eine Abwasserrinne aus fast blau gebrannten Ziegeln zog sich schnurgerade, in einigem Abstand zur Hauswand hinter allen Häusern entlang. Aus jedem Doppelhaus ragten - wieder in abgemessenen Abstand - gusseiserne Rohre heraus, die ihre Abwässer in eine kurze Steinrinne entließen, von wo sie dann von der langen Hinterhofrinne gesammelt wurden.

Aus diesen Abwässern war, fast wie aus einem Kochbuch zu lesen und besonders zu riechen, was hinter den Mauern in den Küchen gekocht, auf den Tisch kam. Es war sehr viel selbst Angebautes aus den nahen Schrebergärten hinter der Brotfabrik und vor der Aschenhalde des Kesselhauses. Es roch nach Kohl, Kaps, Grünkohl, Mangold und Stielmus (Gemüse aus den abgestreiften Blättern einer Rettichpflanze) und manchmal auch nach Sauerkraut. All dieses, heute den Meisten unbekannte Grünzeug von dem wir leben mussten, was uns am Leben hielt und in den Gärten angebaut werden konnte.

Im Frühjahr gab es ab und an frische junge Brennnessel, die überall auf den Randflächen der Kesselhaus-Halde, von ihrer Asche gut gedüngt wuchsen. Zwischen gekochtem Spinat und den gekochten Brennnesseln war am Duft der Abwässern aus den gusseisernen Rohren kaum ein Unterschied auszumachen. Auch im Geschmack waren sie sich sehr ähnlich, nur wenn man es wusste was man aß, bemerkte man den kleinen Unterschied.

Die Häuser in der Theodorstraße waren nicht so interessant, sie hatten von alle dem nichts. In ihnen führten die Abwässer durch Rohre in die Keller und in einen Kanal und die Toiletten waren im Haus. Aber sie hatten jeweils einen kleinen Garten direkt hinter dem Haus. Auf die Frage: wer wohnt denn in den Häusern, weil die dort wohnenden Kinder mit uns nicht spielen wollten, antwortete der Stiefopa: Da wohnen die Buchhalter, die Werkmeister und Angestellten der Nickelwerke.
Nicht nur in der Außenansicht dieser Häuser, so wie Omas Haus in der Fleitmannstraße am Rosenweg, glichen sie sich in ihrer nackten unverputzten Ziegelbauweise mehr als nur einem Ei dem anderen, den Wohnungen in diesen Häusern erging es ebenso. Auf jeder Etage gab es vier Zimmer, von denen sich die Küche und das Kinderzimmer spiegelbildlich angeordnet gegenüber lagen und das Wohn- und Schlafzimmer gleich groß nebeneinander. Alle Zimmer hatten eine Tür zum Treppenhaus, so war es möglich und es war bei ihrer Erbauung um 1900 wohl auch so gedacht, ein Zimmer getrennt von den anderen an Zugeher (Untermieter) zu vermieten. Dieses Mietgeld war zur Verbesserung des Lebensunterhalts damals oft unerlässlich.

Das Leben in derart gleichen Häusern förderte, ja es provozierte geradezu die Gleichförmigkeit und Rituale im Ablauf der Tage. Es ging alles seinen geregelten Gang. Morgens um fünf kam der Muckefuck (aus dem französischen Wort „Faux" während der Besetzung des Rheinland übernommen) ein Ersatzkaffee aus Zichorien und gerösteter Gerste auf den Tisch. Dazu gab es Brot mit Rübenkraut (Brotaufstrich, ein eingedickter, dunkelbrauner Rübensirup der aus gekochten Zuckerrüben-Schnitzeln gepresst wird). Ganz selten gab es auch Griebenschmalz aufs Brot, wenn in der Nachbarschaft schwarz geschlachtet worden war.

Der Stiefopa nahm dann, in der Früh kurz vor sechs, noch zwei mit Margarine bestrichene Brotstullen, eingewickelt in braunem Packpapier und einen Teil seines Aluminium-Henkelmann gefüllt mit diesem Muckefuck, mit zu seinem Arbeitsplatz im Walzwerk.

Viel später, nach Kriegsende, wenn seine Zeitung die „Westfälische Rundschau" am frühen Morgen schon gebracht war, ,blätterte er sie kurz durch und verwahrte sich seine „Große Lesung" für den Nachmittag auf. Die NS-Blätter wie der „Völkische Beobachter" oder „Der Stürmer" hat er nie gelesen. Erst als Anfang 1946 das der SPD nahe stehende Blatt, die „Westfälische Rundschau" erschien, wurde er wieder Zeitungsleser. Wenn jemand die Zeitung während seiner Abwesenheit auch nur anrührte, oder die Blätter aus welchen Gründen auch immer, in sich verschoben waren, gab es jedes mal Stiefopas fast täglichen großen Aufstand.

Seine Mittagspause, weil zu kurz, reichte nur für das Rauchen einer Pfeife. An den meisten Tagen kochte die Werksküche mittags Graupen oder Kartoffelsuppe. Dann blieb er im Werk und aß die Suppe aus der anderen Hälfte seines Henkelmann. Am Nachmittag war nach 9 Stunden um 15.00 Uhr Feierabend, denn es galt noch die von Adolf Hitler auf 50 Wochenstunden verlängerte Arbeitszeit.

An jedem werktäglichen späten Nachmittag, nach dem obligatorischen Zichorienkaffee, begann Stiefopas lange Lesestunde. Aber zuvor pflegte er an jedem Tag, ein unabdingbares Ritual: In einem Porzellanschüsselchen schäumte er mit Hilfe eines Pinsels von einer stabförmig festen Rasierseife Schaum, den er dann auf seinen Bart pinselte.

Vor dem einzigen Spiegel, der befand sich zudem auch noch über dem Spülbecken in der Küche, durfte jetzt niemand anderes sein als der Stiefopa. Das Rasiermesser wurde unter großartigem Grimassenschneiden und kunstvollen Verrenkungen angesetzt und der Bart mit nochmaliger Wiederholung der ganzen Prozedur entfernt.

Dann war der Küchentisch sein Reich und absolutes Territorium. Der Tisch hatte zwei Schubladen, eine für das wenige Besteck und die andere war reserviert für Stiefopas Pfeife und seinen selbst gezogenen, auf dem Dachboden getrockneten Tabak. Das Stopfen des Tabaks nahm erhebliche Zeit in Anspruch und nach langem Drücken und Nachstopfen brannte endlich der mit „Welthölzern" angezündete Fidibus und mit ihm die Pfeife. Diese Anzünder und nur er konnte das, spaltete er sich aus astfreiem Holz.

Einmal in der Woche nahm er seine „Tabakschneidemaschine", die ihm sein Sohn der Onkel Günter als gelernter Gürtler im Nickelwerk unerlaubterweise gebastelt hatte. Dann holte er ein Bund getrockneter Tabakblätter vom Dachboden und schnitt sie zu einem sich kräuselnden Fasergemisch. Endlich war der Tabak Marke Eigenbau geschnitten und der ganze Kram wurde dann langsam und akkurat wieder im Schubfach verstaut.

Dann endlich, im Winter war es schon dunkel, ging die Lesestunde an. Stiefopa las den Leitartikel Wort für Wort, aber immer unterbrochen vom Stotterstakato und alles was ihm interessant erschien laut vor. Ob jemand überhaupt Interesse an dem hatte was er vorlas interessierte ihn in keiner Weise. Die Stunde dauerte unendlich, bis er die Zeitung nahm, sie exakt faltete und am Ende ein gleichseitig langes Päckchen auf dem Tisch lag.

Anschließend nahm er aus der Besteckschublade ein langes Messer, wetzte es an einem Wetzstein scharf und schnitt das Päckchen Schicht für Schicht auseinander. Zum Schluss waren dutzende Blättchen an gleichgroßem Zeitungspapier entstanden. Aus dem Plumpsklo draußen am Stall hatte er vorher einen Fleischerhaken geholt, auf diesen spießte er nun die einzelnen Blättchen und trug sie an den Ort der Bedürfnisse.

Dazu wäre wie erwähnt zu ergänzen: Das geschilderte Prozedere lief bis April 1945 ohne Zeitunglesen ab. Die Nazi-Zeitungen interessierten ihn als SPDler nicht. An Stelle der Zeitung galt sein Interesse zu dieser Zeit seinem Volksempfänger, im Volksmund Goebbelschnauze genannt. Dabei reagierte er auf die Propagandareden Goebbels - die immer mit markiger Musik und der Prophezeiung eines deutschen Endsieges endeten - häufig mit deftigen, zum Teil wüsten Beschimpfungen. Oft wurde er dabei sehr laut und die Oma versuchte vor lauter Angst ihm den Mund zu zuhalten. Der Stiefopa war sehr störrisch und es gelang nicht immer.

Wenn die Goebbelschnauze ihn zu sehr reizte, drehte er an einem großen Knopf des Empfängers. Im Werk hatte er unter der Hand die Frequenz des Senders der BBC London erfahren. Unter einer Wolldecke - so vorsichtig war er schon - kurbelte er aber nur ein Jaulen, Pfeifen und Quietschen aus dem schwarzen Kasten. Den Sender BBC London bekam er aber nicht rein. Dann als in Schwerte bekannt wurde, dass in Dortmund ein Mann wegen „Abhören eines Feindsenders" hingerichtet worden war, hat er nach diesem Sender nicht mehr gesucht.

Am 21.07.1943 waren wir wieder zurück in unserem Haus in Dortmund-Wambel. An einem sonnigen Morgen stand unerwartet ein fremder großer Mann in der Küche. Vor dem Küchentisch stand ein Stuhl mit einer Emailleschüssel und auf dem Tisch stand ein Seifenschälchen. Der Mann pinselte sich sein Gesicht mit Seifenschaum ein und griff zu dem Rasiermesser auf dem Küchentisch. Das alles war ja schon vom Stiefopa bekannt.
Vor Schreck oder Verblüffung war ein lauter Wind nicht mehr zu halten, der Mann drehte sich um, zeigte mit dem Finger zur Tür und sagte laut und energisch mit tiefer Stimme „Raus". Der derart Angefahrene drehte sich stante pede um, nicht ohne lautes Geheul von sich zu geben und verließ den Ort seiner Schande. Die Mutter kam ins Kinderzimmer um zu trösten. Ob sie schon hier den Namen des fremden Mannes sagte, ist nicht mit Sicherheit zu sagen, aber seit dieser Zeit der „Schande", war dieser Mann der „Nenn- Onkel" Werner. Seinen Nachnamen hat sie uns nie genannt.

Schon war eine neuerliche Bombenflucht behördlich angeordnet. Die frisch „ausgekehrten" älteren Soldaten in Röversdorf, hatten das Städtchen in Richtung Ostfront nach Russland verlassen und das alte Quartier der „Vierkanthof" war wieder frei. Der Zug fuhr am 4.08. 1943 über Dresden nach Röversdorf. Der Onkel Werner fuhr nicht mit, den Grund dafür erfuhren wir erst viel später. Der Aufenthalt in Röversdorf war eigentlich für eine längere Zeit vorgesehen, aber in diesen Zeiten waren Überraschungen an den Tagesordnung und Planungen eigentlich sinnlos. Wir blieben nur bis zum 2.09.1943.

Es gab zwar einen zwingenden Grund schon früher zu fahren, es fuhren für uns aber keine Züge. Denn etwa um den 24.08.1943 war ein Brief vom „Onkel Werner" aus Dortmund angekommen. Weil Briefe in dieser Zeit eine sehr lange Laufzeit hatten, erfuhren wir erst 17 Tage später, dass unser Haus in Dortmund-Wambel am 7.08.1943 von einer Bombe getroffen und bis auf die Außenwände zusammengestürzt war. Diese Nachricht versetzte der Mutter einen weiteren Schlag.
Alle zehn Bewohner im Haus hatten den Tod gefunden. Nur drei Tage nach unserer Abreise, hatte ein Angriff auf den Südbahnhof die Bahnanlagen, unser Haus und auch einige Häuser in der Nähe des Kastanienplatzes und im unmittelbaren Bereich der Bahnlinie südlich unseres Hauses zerstört. Es gäbe noch einiges zu retten, schrieb der Onkel Werner und so fuhren wir am 2.09.1943 zurück nach Dortmund.
Welch ein verstörender Anblick auf dem Kastanienplatz am Ort der Zerstörung. Die Außenmauern des Hauses standen noch bis zur Hälfte hoch im zweiten Stock, aber was darüber war, lag zum Teil angekokelt unten im von der Bombe

geöffneten Keller. Übereinander geworfene Dachbalken lagen mit dazwischen gestreuten Dachpfannen und Steinen dort wo einmal der Keller war und 10 Menschen den Tod fanden.
Der Bahndamm hinter dem Garten war an einigen Stellen von einem Bombenteppich durchwühlt. Das schöne Gartenhäuschen lag, vom Luftdruck zerlegt, zum Teil auf dem Bahndamm und im Garten verstreut. Von dem Sandkasten, an dem die Erinnerungen hingen, war nichts mehr zu sehen.

Im ersten Stock wo unsere Wohnung lag, hatten sich etwa einen Meter lange Reste der hölzernen Deckenbalken, noch komplett mit ihrem aufliegenden Fußboden, in der Umfassungsmauer halten können und ragten wie ein Balkon auf zersplitterten ausgestreckten Armen in den freien Raum. Auf diesem „Gesims" stand fast unbeschädigt der Kleiderschrank mit seinen gebogenen Türen.
Das Doppelbett aus dem Elternschlafzimmer, hatte sich samt den noch aufliegenden nassen Matratzen, an den zersplitterten Enden der überkragenden Balken verfangen und hing halb schräg über der offenen Grube wo einmal ein Haus stand. Gegenüber war es dem bauchigen Küchenschrank nicht anders ergangen, er stand auf dem gegenüber liegenden ebenso verschonten „Gesims".

Helfer waren zur Stelle, Kleiderschrank, Bett und Küchenschrank wurden abgeseilt und zunächst mit zusammen geknüpften Dreieckzeltplanen abgedeckt. Manches, es waren weniger zerbeulte Töpfe und Pfannen die in das Loch wo sich vorher der Keller befand gefallen waren, ob uns gehörend war nicht sicher, nahmen wir mit. Es fanden sich auch noch eine Reihe von Büchern des Vaters. Die Luftmine hatte es zugelassen, dass unter anderen, die nur außen an den Rändern etwas angekokelten Bände des

Brehms, die des Leopold von Ranke, den Freytag, Goethe und Schiller, Kant und Nietzsche und ein Band von Freud gerettet werden konnten.

Der Blockwart erzählte von dem Angriff: Es sollen so genannte Bombenteppiche und Luftminen gewesen sein, die bei diesem Angriff zum Einsatz kamen. Der Grund für die eigenartige Zerstörung des Hauses wäre eine nicht explodierende Luftmine, jene sogenannten „Wohnblockknacker" gewesen, die allein mit ihrem Gewicht von bis zu 2800 kg alles bis in den Keller durchschlagen hatte.
Dieser Blockwart, oder war es ein Feuerwehrmann?, kannte sich aus, weil er weiter davon sprach, dass diese mit nur dünnwandigem Stahl umhüllten Luftminen auch manchmal zerbarsten ohne zu explodieren. Der Bombenteppich - mehrere Bomben schlagen dicht nebeneinander auf - fiel etwas später zum Teil auf die Bahn und zum anderen Teil in den Garten daneben. Aber der Luftdruck dieser explodierenden Bomben zerriss der Nachbarin, gerade als sie als einzige Überlebende durch einen Kellerschacht ins Freie wollte, die Lungen.
Der Löschteich auf dem Kastanienplatz war an diesen Tagen zum ersten mal ohne Wasser. Die Rettung der „Restmöbel" und Resthabe verteilte sich auf drei Tage, bis die Habseligkeiten in einem Zimmer in einem Haus nach Dortmund-Brakel unter gebracht waren. Der „Feuerwehrmann" hat die Geschichte über die Luftmine der Mutter erzählt, was eine Luftmine ist, wie schwer sie war und was sie anrichteten konnte wurde erst später recherchiert.
Wir Drei von Dreizehn hatten überlebt, nur weil wir drei Tage vorher das einzig am Kastanienplatz zerstörte Haus zur Abreise verlassen hatten. Mehrere Tage war es dann mehr ein Hausen als Wohnen in dem Zimmer in Dortmund-Brakel.

Das Doppelbett und die Matratzen, inzwischen fast trocken, waren noch zu benutzen. Die Mutter oder der Onkel Werner haben, so richtig kalt war es noch nicht, von irgendwoher Decken und einen selbst gebastelten Elektrokocher organisiert. Etwas Brot und ein paar Kartoffel waren auch noch da und machten halbwegs satt.

Der Onkel Werner organisierte dazu einen Schrank, der ob seiner „erneuerten" Türfüllung aus feinem Draht, die vorher diese Füllung schließenden Glasscheiben waren nicht mehr vorhanden, den einprägsamen Namen „Fliegenschrank" bekam. Die Fliegen vermochten es nicht, sich durch die feinen Maschen dieses Drahtes zu den erspürten Dingen in den Schrank zu zwängen. Selbst wenn, es war so wenig Essbares in diesem Schrank, von dem selbst die Fliegen nicht hätten satt werden können.

Es war der 9. September 1943 an dem wir wieder nach Schwerte fuhren um uns vor der nächsten „Bombenflucht" von der Oma und dem Stiefopa zu verabschieden. Die Umquartierung am 10.10. 1943 führte diesmal in die Eifel nach Gerolstein.
Eine deutliche Erinnerung an dieses Städtchen fehlt, nur das Bild des mächtigen Kalkfelsens der sich unmittelbar über der Stadt erhebt und das „Gerolsteiner" blieben im Gedächtnis. Gerolstein wurde eine Bleibe für gut vier Monate, bis auch dieser Ort nicht mehr sicher war.

Der Gerolsteiner Bahnhof war für die Transporte an die Westfront ein wichtiger Umschlagplatz und wurde immer häufiger angegriffen. Wie wir heute wissen, planten die Alliierten für das Frühjahr 1944 ihre Invasion an der Küste der Normandie in Frankreich, darum wollten sie alle Nachschubwege der deutschen Wehrmacht an die Westfront zerstören.

Der Zug brachte uns am 17.02.1944 zurück nach Dortmund-Brakel, wo der Onkel Werner das Zimmer mit den verbliebenen „Restmöbeln" aus unserem zerbombten Haus, einigermaßen bewohnbar gemacht hatte. Wieder hier in Dortmund hörten der Fliegeralarm und das Sirenengeheul nicht auf.

Die Stadt wurde im II. Weltkrieg von insgesamt 140 Bombenangriffen heimgesucht, bei denen 24500 Tonnen Bomben „abgeladen" wurden und sie gehörte damit zu den „Top ten" der am meisten zerstörten deutschen Städte. Die deutsche Luftabwehr war so gut wie ausgeschaltet und die britischen und amerikanischen Bomber und Jagdflugzeuge flogen ab jetzt ungehindert auch am Tag ihre Angriffe. Gab es irgendwo in Deutschland noch einen ruhigen friedlichen Ort ohne Bomben?

3.2 Die scheinbare Idylle an der Schweizer Grenze.

Nur im Süden Deutschlands, an der Schweizer- und österreichischen Grenze schien es noch ruhig zu sein und so verfrachtete man uns am 15.05.1944 in das kleine Dorf Nack bei Jestetten in der Nähe von Schaffhausen. Hier schiebt sich, nur durch einen Korridor von nicht einmal 1,5 Kilometer Breite verbunden, quasi eine deutsche Enklave von Jestetten bis fast vor Schaffhausen, in das Schweizer Gebiet hinein.

Jede Enklave ist gleichzeitig auch Exklave und interessanterweise liegt die deutsche „Enklave" auf unserer Rheinseite, während gegenläufig das die deutsche Enklave umfassende Schweizer Gebiet, eine fast Exklave, auch auf „unserer" diesseitigen Rheinseite liegt.

Für die in Deutschland von den Nazis verfolgten und von Verfolgung bedrohten Menschen, bot dieses Randgebiet eine scheinbar gute Fluchtmöglichkeit in die Schweiz, weil man den Rhein nicht überqueren musste um ins Ausland in die Schweiz zu gelangen. Aus der Schweiz von Zürich über Eglisau führt eine Bahnlinie durch deutsches Gebiet nach Schaffhausen und von Waldshut auf deutscher Seite läuft eine Bahnlinie durch Schweizer Gebiet in diese deutsche Enklave mit dem Bahnhof in Jestetten-Lottstetten.

Auf diesem Bahnhof kamen wir an und ein Bauer, der seine Milch von Nack nach Lottstetten zur Molkerei gebracht hatte, nahm uns auf seinem Rückweg auf seinem Pferdefuhrwerk mit nach Nack.
Ein schöner Bauernhof am Hang mit Blick zum Rhein der nur wenige hundert Meter unterhalb entlang floss, hatte all das was Kinderherzen höher schlagen lässt. Pferde, Kühe, Schweine, Gänse und Hühner die am Tage in einem luftigen Stall aus dicht stehenden Latten gegen den Räuber Fuchs ihren Freilauf hatten. Hier auf diesem Bauernhof fanden wir unser Quartier. Die Schweizer Grenze umfasste im Westen des Ortes - nur etwa 400 Meter entfernt - in einem weiten Bogen fast einkreisend den Ort.
Aber den Frieden und die Ruhe gab es auch hier nicht. Die Schweizer Grenzer und die deutschen Grenzsoldaten patrouillierten in nur wenigen Metern Abstand an der Grenze um das Dorf. Nachts fielen immer wieder Schüsse, vom wem sie abgefeuert wurden, wusste man nicht. Bekannt ist, dass durch eine erhebliche Verschärfung der Aufnahmebedingungen für Juden und andere Verfolgte des Nazi Regimes in die Schweiz, den Schweizer Grenzern in „Schwitzerdütsch" eine „Ausschaffungspflicht" auferlegt wurde. Die Schweizer benutzen für das deutsche Wort „Ausweisungspflicht" diesen Ausdruck.

Später erging sogar die Aufforderung an die Schweizer Grenzbeamten, sie gar nicht erst ins Land zu lassen. So etwas passiert tatsächlich entlang der Grenzen der Balkanländer den „neuen" Flüchtlingen heute schon wieder.
Damals werden möglicherweise, unter den vielen Warnschüssen, deshalb auch solche der Schweizer Grenzer gewesen sein, um die Flüchtlinge daran zu hindern die Flucht auf Schweizer Gebiet überhaupt zu wagen.

Die Regierung der Schweiz wünschte, „um die Spreu vom Weizen zu trennen", von deutscher Seite eine Kennzeichnung in den Pässen jüdischer Bürger und der Vorschlag von deutscher Seite in deren Pässe ein großes rotes „J" zu stempeln, wurde von den Schweizern kommentarlos akzeptiert.
Die Schweizer Behörden wussten von den Deportationen der Juden und politischen Gefangenen in die Konzentrationslager und in den Tod und dennoch erging ein Erlass an alle Schweizer Grenzer und Polizeistationen zu einer totalen Sperrung der Grenze für diese Flüchtlinge unter dem Motto „Das Boot ist voll"

Man munkelte im Dorf, viele der aufgegriffenen jüdischen Flüchtlinge würden Nachts von den Schweizer Grenzern der deutschen Gestapo (Geheime Staatspolizei) und wie wir heute wissen zur Deportation in den Tod übergeben. Erschossene soll es angeblich auch gegeben haben, sie wären aber in der Nacht schnell nach Waldshut gebracht worden, wohin man auch die von den Schweizern übergebenen Flüchtlinge gebracht hätte.

Auf den Spaziergängen in den Wiesen und Wäldern im nahen Grenzbereich gab es häufig Fastzusammenstöße mit den schweizerischen und deutschen „Grenzbewachern". Die

Mutter zog uns aber vorher von der Grenze zurück, die ja fast überall um den Ort herum und kaum zu „umgehen" war und die Gefahr bestand für Flüchtlinge gehalten zu werden. Diese Begegnungen waren in den Sommermonaten derart überraschend, weil das hohe Gras in den Rheinwiesen , aus dem die Grenzer urplötzlich auftauchten, bis in die Gesichter wedelte.

Harmloser war es nach Süden direkt am Rhein, hier patrouillierten zwar auch Boote auf beiden Flussseiten, aber es war übersichtlicher, hier konnte man sich an den Fluss wagen. Auf der anderen Seite direkt am Rheinufer lag idyllisch der Schweizer Ort Ellikon.
Eine gut 25 Meter breite Bruchsteintreppe führte ins Wasser hinunter. Der Treppe vorgelagert war ein großer Platz im Karree, eingerahmt von schlossartigen Gebäuden. In der Mitte des Platzes erhob sich eine viereckig aus Bruchsteinen gemauerte Insel, auf der ein großer Baum das Ensemble vollständig machte. Soweit die überraschend deutliche Erinnerung eines noch nicht fünfjährigen Kindes.

In späteren Jahren, wurde dieses Bild von Ellikon und der Landschaft um Nack, immer wieder wie ein Gemälde oder Foto vor dem geistigen Auge sichtbar. Die Mutter hatte diesen Ort Nack in derartiger Deutlichkeit nie beschrieben. Auf diesem Wege konnte es also nicht in die Erinnerung gelangt sein.
Sollte oder konnte dieses Bild auf einer berufsbedingten Fahrt nach Stühlingen in den achtziger Jahren durch eine Ortsbesichtigung am Ufer des Rheins bei Nack bestätigt werden? Nur wenige Kilometer sind es von Stühlingen über Wutöschingen und Jestetten nach Nack.
Dann lag es vor Augen, genau dieses Bild aus der Kindheit. Nichts oder kaum etwas hatte sich in Ellikon auf der anderen

Seite des Rheins verändert. Auch der Bauernhof in Nack, mit dem luftigen Lattenstall für die Hühner, war noch da. Oder war er nur so wie er vorher einmal war?

Ob die Mutter wieder einmal Heimweh hatte, es kann möglich sein. Ein anderer Grund für die am 29.05. 1944 unternommene Fahrt Richtung „Heimat" blieb unbekannt. Nur über Weil am Rhein bis Freiburg im Breisgau kam der Zug, weil die Bahnlinie nach Frankfurt bei Lahr zerbombt worden war.
Einer Villa ähnelndes Haus in Freiburg am Berghang an der „Schauinsland Straße", wurde für uns ein schönes Nachtquartier. Vor der Villa, auf beiden Seiten der Straße rauschten die Freiburger „Bächle" so wie heute noch immer, ins Tal dem Flüsschen Dreisam zu. Die Mutter bekam am Bahnhof in Freiburg die Auskunft doch mit einem „Bummelzug" durch das Höllental nach Donaueschingen zu fahren, um von dort mit der Kinzigtalbahn nach Offenburg über Frankfurt nach Dortmund weiter zu kommen.
Am nächsten Morgen fuhr der Zug nach Osten in das Höllental und die Mutter zeigte kurz hinter dem kleinen Weiler Himmelreich nach oben, wo auf einem Felsvorsprung ein großer Hirsch stand und er steht am „Hirschsprung" auch heute noch dort.

Es war am späten Abend des 30.Mai 1944 als die Bremsen des Zuges im Schwerter Bahnhof quietschten. Kamen wir wieder einmal, je nach dem von welcher Seite man es betrachtet, zur rechten oder unrechten Zeit? Der Morgen des 31.Mai 1944 war noch friedlich und die Oma hatte in der Brotfabrik in den „Rosen", so nannte man das Viertel dort am Rosenweg, das seltene Glück ein frisches Brot aus dieser Fabrik zu ergattern.

Noch war es ein freundlicher sonniger Morgen, im Nachhinein ironisierend , ein so richtiges „Fliegerwetter", würden Piloten sagen. Der Muckefuck schmeckte und das Rübenkraut auf dem frischen Brot verschmierte die Münder. Das Unangenehmste war dann der Abputzt der Reste mit einem muffigen feuchten Tuch. Aber es sollte bald Schlimmeres ja Unmenschliches auf uns zukommen!

3.3 Der Bombenangriff auf die Nickelwerke in Schwerte/Ruhr am 31. Mai 1944

Unerwartet und unerwünscht heulten an diesen schönen Morgen, etwa um 11.00 Uhr die Sirenen. Die Oma sagte noch das gilt nicht uns, schon öfter gab es Fliegeralarm, aber die Angriffe galten überwiegend Hagen und Dortmund. Die „Goebbelschnauze" meldete: Anflug feindlicher Bomber von Recklinghausen in Richtung Dortmund. Ankunft in Dortmund um 11.20 Uhr. Der Stiefopa verbreitete sich in seinem westfälischen Plattdeutsch:„De sen noch en birtgen wiet wech men Jung, wat wolln die och hie in dat birtgen Pannekauken Schweierte". (Die sind noch weit weg mein Junge, was wollen die auch hier in dem bisschen Pfannekuchen Schwerte).

In Schwerte wurden in Hungerzeiten früher auf den mageren Böden große Mengen Kartoffeln angebaut und die Schwerter Hausfrauen kamen auf die Idee die Kartoffeln zu reiben und in einer Pfanne mit Speck zu backen. So sollen hier die Kartoffel-Reibekuchen, genannt Pannekauken erfunden worden sein. Wir gingen dennoch, eine falsche Entscheidung, diesmal in den Keller und nicht in den Haldenstollen, weil man das immer tat wenn die Sirenen heulten.

Etwa um 11.20 Uhr waren sie doch über Schwerte und nicht über Dortmund. Es waren viele, das Gebrumm der Flugzeugmotoren war laut bis in den Keller zu hören. Dann urplötzlich die Einschläge, das Haus hüpfte, die Kellerfensterflügel aus gelochtem Stahlblech flogen in den Keller, Glassplitter trafen wie Schrapnells Gesichter und freie Haut. Die Kellertür zum Flur wurde aus ihren Angeln gerissen und landete auf der anderen Seite vor der Zwischenmauer. Der Staub wurde mit dem Druck weiterer Explosionen von draußen durch die offenen Fensterhöhlen in den Keller gepresst.

Der Boden hüpfte und wir mit ihm. Seit dem hat sich eine Vorstellung davon ausgebildet wie es bei einem schweren Erdbeben zugehen muss. Zwischen den Ziegeln, mit denen der Kellerfußboden gepflastert war, taten sich Risse auf. Steinbrocken und Holzsplitter flogen wie Geschosse durch die Öffnungen. Instinktiv lagen die Arme über dem Kopf.
Es hörte nicht auf, Schlag auf Schlag mal seitlich daneben dann davor und dahinter, diese unbeschreiblichen Einschläge. Zu hören waren sie nicht mehr, sie waren nur mit allen Fasern des Leibes zu erspüren. Sie hatten die Ohren betäubt, dass Registrieren der Einschläge erfolgte nur über ein entsetzliche Beben des eigenen Körpers und durch das Rütteln und Wanken des Hauses. Jeder dachte für sich sein Ende und Omas Haus sei von einem Volltreffer erwischt worden, aber warum stand der Keller trotz wankender bebender Mauern immer noch?

Dann die Ruhe, keine Einschläge mehr, es war wohl die Taubheit die diese Ruhe vorgaukelte. Es müssen mehrere Minuten gewesen sein, bis sich das Begreifen durchsetzte, es ist noch Leben in uns. Der Staub senkte sich langsam und schemenhaft erschienen Gesichter.

Gesichter weißgrau mit Staub überzogen, mit Blutspuren vom Einschlag der Glassplitter, mit tränenden Augen, die Haare grau eingepudert. Jetzt erst kam die Angst, brennt das Haus, ist aus diesem Keller noch heraus zu kommen? Soweit man es ausmachen konnte, lagen Omas Einmachgläser zerplatzt auf dem Boden und der Schrank in dem sie standen, lag zerlegt quer vor dem Türloch. Beherzt räumten die Tanten den Ausgang frei und einer nach dem anderen wagte sich vorsichtig tastend aus dem Keller in das Treppenhaus.

Von oben waren Fenster- und Geländerteile der Holztreppe nach unten gestürzt, aber ein Vorbeiquetschen war möglich. Oben ein Chaos, die Haustür hing schräg in den Angeln, die Fensterscheiben waren aus den Rahmen gedrückt und in der Küche lag Zentimeter hoch das Glas, Gesteinsbrocken und der Staub.
Noch heute löst es Erstaunen aus, das Wasser aus dem Wasserhahn lief noch, oder war es nur das Restwasser in der Leitung? Über die Augen und das Gesicht spülte das Wasser und die Sicht kam wieder, alles andere war jetzt gleichgültig. Obwohl Mittag, es war fast dunkel, nur schemenhaft war das Ausmaß des Angriffs zu erkennen.
Das Nachbarhaus stand nicht mehr, das große Laborgebäude wenige Meter rechts neben Omas Haus, war hohl wie eine geknackte Nuss. Rauchschwaden, oder waren es giftige Dämpfe die durch die Hitze beim Verdampfen der Laborchemikalien entstanden waren, zogen wabernd gelblich aus dem Loch unmittelbar über und an dem Haus der Oma vorbei.

Die Werkhalle nebenan war halbiert und gegenüber das stattliche Gebäude der Haupteinfahrt mit der Portiersloge hatte seinen Erker verloren. Das lange Hauptverwaltungsgebäude schräg gegenüber hatte sein breites Mittelteil eingebüßt. Mehr war durch den Staubnebel noch nicht zu erkennen, aber die Schäden waren wie später zu sehen, noch wesentlich größer.

Plötzlich ein Schreien und Kreischen auf der Straße. Dutzende Frauen kamen den Rosenweg, zum Teil mit zerfetzten Kleidern herunter gerannt. Sie rissen sich , um sich schlagend, die wirren grau verstaubten Haare aus. Tante Lotti und die Oma fingen einige der Frauen regelrecht ein und brachten sie in die Küche, ihr Schreien und Umsichschlagen wollte nicht aufhören. Blut war, auch aus ihren eigenen Wunden, an ihren Kleidern, an den Strümpfen und Schuhen, es tropfte auf den Boden in der Küche.

Erst lange danach, als ihre Gesichter gewaschen waren und etwas Wasser durch ihre staubverstopften ausgetrockneten Kehlen rann, beruhigten sich einige der Frauen und ihre Körper sackten in sich zusammen. Es schien so als seien sie in ein Wachkoma gefallen, sie wirkten wie tot. Bei Anderen ging das Umsichschlagen in rüttelndes Zittern, wie bei epileptischen Anfällen über.

Das Wissen über die minutenlange Erstarrung ohne sich regen zu können, wie betäubt von diesem schaurigen Schauspiel, ist noch vorhanden. Es war in der Küche als sich die Beine wieder als vorhanden meldeten. Wollte der Körper den Bildern in der Küche entfliehen, weil er plötzlich auf der Straße stand? Die Bilder die hier auf der Straße warteten, sind mit Worten kaum mehr zu beschreiben.

Auf den Straßen war Bewegung aufgekommen. Sanitätsautos heulten und Lkws fuhren mit einer unmenschlichen „Fracht", die ein unerklärbares Grauen auslöste, das man unwiederbringlich aus dem Gedächtnis ausbrennen möchte, in Richtung Bahnhof. Auf der offenen Pritsche des LKW lagen zerfetzte Leiber und Teile von Menschen.

Ein Bein ohne Fuß hing baumelnd von der Pritsche. Ob damals der ganz Umfang des Grauens zu begreifen war? Konnte überhaupt von Kindern das volle Ausmaß dieser Vorbeifahrt des Unmenschlichen verstanden werden?
Die überlebenden Frauen kamen aus dem zerbombten Zwangsarbeitslager an der Halde des Kesselhauses und mussten sich über die verstümmelten Leiber der Toten, die später vorbeigefahren wurden, ins Freie trampeln.

Später saßen sie lange noch, einige halb ohnmächtig andere wimmernd und schluchzend, auf der Steintreppe vor Omas Haus und auf dem Randstein davor, bis endlich einige Autos kamen. Es waren keine Krankenwagen mit denen sie abtransportiert wurden. Was mit ihnen geschah?, sie waren ja immer noch zum überwiegenden Teil verschleppte Zwangsarbeiterinnen, wollte man für diese Frauen keine „deutschen Krankenfahrzeuge" einsetzen?

Der Stiefopa erzählte später von den noch identifizierbaren Körpern, die in der Turnhalle bei Tiemesmann aufgereiht lagen. In aller Nüchternheit liest sich das damalige Geschehen in den Berichten der USA Force: Vor Sonnenaufgang am 31.Mai 1944 starteten die US Kampfgeschwader vom Flughafen bei Norwich/England zu ihrer Operation 382. Von der dritten Bomberdivision kam das 45.Geschwader für den Angriff auf den Schwerter Verschiebebahnhof zum Einsatz. Um 11.18 Uhr erreichten 54 der viermotorigen Bomber ihr vorgesehenes Ziel in Schwerte.
Die Leitmaschine markierte das Ziel mit einer Rauchbombe. Die ersten Bomber belegten den westlichen Bahnhofsbereich mit einem konzentrierten Bombardement. Die nachfolgenden Maschinen warfen ihre Bomben ungezielt in die nach Nordosten abdriftenden Rauch- und Staubwolken, weil das

eigentliche Ziel nicht mehr auszumachen war. Die Bomben explodierten über dem Nickelwerk, der Fleitmannstraße, Theodorstraße, dem Rosenweg, der Richardstraße und dem Holzener Weg.
Auf das Terrain der Nickelwerke wurden 156 Tonnen Bomben abgeworfen. Die alliierten Fotoauswerter der Luftbilder bewerteten die Wirkung des Angriffs mit sehr gut. In der Totenliste des Angriffs stehen 276 Menschen und 23 sind als vermisst eingetragen.

Im Archiv der Stadt Schwerte steht unter der Liste mit den Namen der Vermissten in bürokratischer Schlichtheit folgender Satz: „Von diesen Vermissten wurden sterbliche Überreste nach dem Angriff auf die Vereinigten Deutschen Nickelwerke am 31.5.1944 nicht mehr gefunden. Inwieweit von diesen aufgeführten Vermissten sterbliche Überreste in dem Sammelgrab des evangelischen Friedhofs bestattet sind, konnte 1944 nicht mehr festgestellt werden, da in dem Sammelgrab nicht identifizierbare sterbliche Reste bestattet wurden. In dem Sammelgrab befinden sich nur die Überreste von Toten des Angriffs vom 31.5.1944 auf die Vereinigten Deutschen Nickelwerke" Schlichter ist das archaische Grauen dieses 31. Mai 1944 nicht zu beschreiben.

Um diesem jenseits aller Sprache liegenden Grauen entgehen zu können, gab es nach zwei Tagen nur noch die Flucht zurück nach Nack am Oberrhein, von wo uns Mutters Heimweh am 29.5.1944 in das Schwerter Entsetzen geführt hatte. Bis zum 26.08.1944 blieb dieser beschauliche Bauernsprengel am Oberrhein bei Schaffhausen weiter Zuflucht und gab die Zeit zur Verarbeitung des erlebten Schrecklichen.

Dieser Ort Nack war uns jetzt ein absoluter Gegensatz zu den erlebten Gräueln. All das was wir schon kannten erschien jetzt wundersam. Das Grün der Wiesen, die brummenden Bienen, die gackernden Hühner und der sanft strömende Fluss. Warum wir am 2.09.1944 nach Dortmund-Brakel in die Enge der mit Restmöbeln dürftig ausgestatteten Einzimmer-Behausung fuhren, entzieht sich den Erinnerungen.

Es sollte aber nicht für lange sein. Eine neue Abreisebescheinigung zur vorsorglichen Umquartierung lag für den 5.09.1944 schon vor. Eine geradezu prosaische Eintragung auf dieser Bescheinigung wirft ein Licht auf die vielen Umstände, Schwierigkeiten und Zumutungen mit denen sich eine damalige verwitwete Volksgenossin herumschlagen musste: „Gilt an Stelle der Umzugsabmeldung: aus der Lebensmittelkartenversorgung des E.A. Dortmund (vergl. Erlass v. 12.11.1943) Falls zur Behebung eines Notstandes in Dortmund Lebensmittelkarten ausgegeben sind, befindet sich eine Eintragung auf dem Fliegergeschädigten-Ausweis!" Wie schon angemerkt, die deutsche Ordnung war mit ihrer peniblen, oft kleinlichen ins letzte Detail gehenden Gründlichkeit, immer und überall präsent.

3.4 Die letzte Etappe der „Deutschlandfahrt"

Als Unterbringungsort steht auf dieser „Abreisebescheinigung" etwas wolkig „Sauerland". Wer das Sauerland südlich der Ruhr kennt, weiß es ist nicht klein. Aber der Zug der uns in unser neues Fluchtquartier bringen sollte, konnte und durfte ja nur ins „Sauerland" fahren. Es war ein Sonderzug vom Dortmunder Südbahnhof, der Hauptbahnhof war zu stark beschädigt und er fuhr wer weiß wohin. Dann plötzlich waren wir im Schwerter Bahnhof. Die Gleisanlagen waren nach dem Angriff vom 31.Mai, zumindest für den Hauptverkehr wieder hergerichtet.

Über Hagen bog der Zug ab ins Lennetal und fuhr weiter über Altena, Werdohl, Finnentrop und Kreuztal nach Siegen. Hier am Siegener-Bahnhof wurde nach Rudersdorf umgestiegen und dort vom Bahnhof lag ein noch fast vier Kilometer langer Fußmarsch in das Dorf unseres zukünftigen Daseins vor uns. Dieses letzte Dorf in unserem Kriegsdasein hieß Wilgersdorf, 25 Kilometer südöstlich von Siegen gelegen. Es befindet sich nicht mehr im Sauerland, es gehört schon zum Siegerland!

Die Frage wie es abgelaufen ist und wer es organisiert hat, kann nicht konkret beantwortet werden. In jedem Fall wusste der Onkel Werner wohl von unserer neuerlichen „Evakuierung" nach Wilgersdorf, weil unser „Fliegenschrank" schon im ersten Stock in einem unserer zwei zugewiesenen Zimmer stand. Ein alter „Osterflüs" Küchenherd stand dem Aussehen nach schon immer in dem anderen Zimmer. Onkel Werner hatte zur Freude einiges organisiert, es war etwas zu Essen aus „Gödenroth" da.

Seine Schwester hatte in diesem Ort bei Simmern im Hunsrück, einen kleinen Bauernhof und der Onkel Werner hat da etwas Mehl und Eier und auch eine schmale Scheibe Speck mitgehen lassen. Es gab Mehlpfannkuchen, nicht mit Milch sondern mit Wasser gerührt, in die Speckstreifen eingebacken waren.
Die Erinnerung an die derartig guten Pfannkuchen ohne Milch, ohne Marmelade und ohne Zucker, sie später jemals in dieser Köstlichkeit wieder gegessen zu haben, ist nicht

auszulöschen. Oder übertraf am Abend das wunderbar duftende Eieromelette diese Pfannkuchen noch? Zu schnell waren diese Herrlichkeiten dahin geschmolzen und danach gab es alles wie sonst immer, entweder hartes oder „klitschig-feuchtes" Maisbrot, wenn es das gab und gebratene Steckrüben als Kartoffelersatz.

Zwar von Bauern rundum eingekreist, war aber von diesen „Landwirten" so gut wie nichts zu holen. Unsere Hausbesitzer waren auch nicht gerade die Freundlichsten, weil ihnen das „Bombenweib" mit ihren zwei Kindern, ein wenig Wohnfläche durch „Zwangsbelegung" genommen hatte. Diese „Zwangsbelegung" war von oben befohlen und organisiert.

Bei jeder Ankunft in den angeordneten Evakuierungsorten, mussten sich die Verschickten beim jeweiligen Bürgermeisteramt anmelden und die Abreisebescheinigung vorlegen. Dort wurde ihnen die Adresse der zugeteilten Behausung mitgeteilt, sie war auf einem behördlich abgestempelten Formular vermerkt und dieses Papier musste in der Unterkunft vorgelegt werden.

Wilgersdorf, dieses stille Dorf an den südwestlichen Ausläufern des Rothaar Gebirges, eingebettet in ein breites Bachtal und umrahmt von Wäldern, kam naturgemäß uns Kindern nach den erlebten Bombardierungen, wie ein Paradies auf Erden vor. Ungestört und ungehindert war es möglich durch Wiesen zu streunen oder mit dem zwangsentliehenen Dreirad des kleinen Nachbarjungen den Hangweg runter zu sausen. Sein größerer Bruder war nicht so abweisend gegen Bombenweiber und Kinder wie zunächst sein Vater. Nach nur wenigen Tagen kam es schon, ganz und gar nicht zur Freude dieses Vaters, zu einer wilden Springerei vom oberen Heuboden in das für die Kühe nach unten geworfene Futterheu.

Ein besonderer Tag im Dorf war immer der Freitag. An diesem Tag kamen viele Dörfler mit ihren Kuchenplatten und Teigkörben gefüllt mit Brotleibern, zum Backhaus am unteren Ende unseres Weges zum Dorf, um dort ihre Köstlichkeiten zu backen. Bauern hatten auch in diesen Zeiten immer noch fast alles und konnten das was sie hatten gegen das was sie nicht hatten tauschen. Mit Reisigbündeln wurde dem Backofen so lange eingeheizt bis genügend Backwärme gespeichert war.

Man musste es nicht wissen wann gebacken wurde. Ein unbeschreiblicher Duft nach frischem Brot und Gebackenem zog durch das ganze Dorf. Leider bekamen die Habenichtse nur den Duft davon ab. Aber manchmal gab es auch für uns etwas; immer dann wenn der Onkel Werner nach Wochen wieder einmal in Gödenroth war, blieb auch den sonst Darbenden der besondere Genuss von frischem Brot und Streuselkuchen nicht mehr vorenthalten.

Der Weg von der Hauptstraße zog am Backhaus und an unserem Quartier vorbei, ziemlich steil den Hang hinauf und war oberhalb von zwei Bauernhöfen gesäumt. Oberhalb der Höfe lagen links und rechts die eingezäunten Wiesen, die sich bis zur Bergkuppe hinaufzogen.

In dem quer gegenüberliegenden Hof lag alles unter einem Dach. Ein breiter Weg führte direkt vor ein zweiflügeliges Tor mit Schlupftür, hinter dem sich die Tenne öffnete. Gleich links und rechts von der Tenne lagen die Wohnräume. Mit Fuhrwerken war die Tenne befahrbar und ein Zwischentor führte in die Stallräume, über denen sich ein hoher Raum mit Zwischenboden bis zum Dachfirst öffnete.

Es war schon November und das Heu für die Kühe staute sich auf dem Zwischenboden bis fast unter das Dach. Wenn es regnete waren wir hier die mutigen „Heuspringer".

Diesem fest gepackten Heu unter diesem Dach sollten später noch besondere „bombige" Eigenschaften zugetraut werden.

Der Winter kam schnell, der frühe Raureif überzog die Wiesen und der erste dünne Schnee in dem rund 450 Meter hoch liegenden Ort war schon gefallen. Der Vater des Nachbarjungen wollte in seinem Waldstück an der Kreisstraße in Richtung Rudersdorf, Holz für den Winter machen und wir durften mit.

Mit dem Pferdefuhrwerk zur Hauptstraße abwärts und in die mit schönen Alleebäumen bestandene Alleestraße Richtung Rudersdorf, sollte es in den Wald gehen. Der Vater saß mit der Schwester unseres Spielkameraden auf einem provisorischen Holzbohlen-Bock vorne auf dem Wagen und wir Jungs hingen an den hölzernen Querholmen des Leiterwagen.
Urplötzlich erschienen rechts vom Wald, entlang des Bachlaufs von den Bergen kommend, zwei Jagdflugzeuge. Offensichtlich hatten sie uns ausgemacht und zogen in einer Schleife geradeaus von vorne über die Bäume, der hier eine lange Gerade bildenden Alleestraße auf uns zu.

Der Vater des Spielkameraden schrie laut „runter" und ohne zu zögern gelang der Sprung vom Wagen und alle fanden sich flach auf dem Bauch liegend im feuchten Graben neben der Straße wieder. Die Piloten hatten Pferd und Wagen von der Seite im Durchblick zwischen den Stämmen erkannt. Das dichtere Astwerk der Alleebäume mit den noch wenigen gelben Blättern in den Baumkronen, gab uns etwas Deckung. Geschosssalven nagelten eine spritzende Bahn über die Straße und das zersplitternde Holz der Äste mit dem Rest verbliebener Blätter verstreute sich. Das Pferd wieherte und scheute wohl, es zerrte den Wagen einige Meter weiter, weil er später nicht mehr dort stand wo unser Absprung war.

Die Piloten zogen vor dem gegenüber liegenden Berg ihre Maschinen wieder hoch und verschwanden. Noch durfte man dem Frieden nicht trauen, alle blieben einige Minuten unten im Graben, aber sie kamen nicht zurück.

Der Schreck saß tief in den Gliedern und der Nachbar sagte, das wäre jetzt schon der dritte Jagdfliegerangriff den er erlebt hätte und daher rührte wohl auch seine schnelle Reaktion auf die Motorengeräusche der Maschinen. Zwei Geschosse hatten den oberen linken Holm des Leiterwagens getroffen und ihn gespalten.
Ob Derartiges schon in Kindern steckt? Dieses Verdrängen der Gedanken an das was hätte sein können und sich dann plötzlich unmittelbar Wichtiges, Fühlbares in den Vordergrund drängt. Es war das „abgeschossene" Holz das jetzt wichtig war, denn wir kannten das Frieren wenn kein Holz oder sonst Brennbares vorhanden ist. Schnell waren die Äste auf dem Wagen und der Bauer verzichtete großzügig darauf, eventuell auch sein Dank für den glücklichen Ausgang dieser gefährlichen Situation.

Zum Holzmachen war allen die Lust vergangen, aber schon bald ging es los mit der Prahlerei über dieses Erlebnis. War nur der Rand der Gefahr erahnt der wir entronnen waren.? Das immer noch im Magen liegende, geheimgehaltene flaue Gefühl, blieb aber lange noch nach diesem Erlebnis.

Sogar hier in diesem abgeschiedenen Ort im Siegerland war der Friede nur scheinbar und nicht weit entfernt sollte ein Großangriff auf die Stadt Siegen zeigen, dass es in keinem Ort in Deutschland bis zur Entscheidung über und zum Ende dieses Krieges, keinen Frieden und keine Ruhe mehr geben wird. Wer diesen Krieg verlieren würde, darüber gab es in Deutschland und auch bei den Bauern in Wilgersdorf, außer in den Propagandareden des Joseph Goebbels, kaum noch Zweifel.

Auch Wilgersdorf hatte Sirenen; am 16. Dezember gab es Fliegeralarm und der Rundfunk meldete gegen 14.3o Uhr feindliche Bomber von Nordwesten im Anflug Richtung Siegen. Am Ende der Alleestraße war so etwas wie ein Bunker, der in den Fels des Berges hinter einem Haus , wo die Kreisstraße scharf östlich abknickt gesprengt war. Der „Bunker" bot, weil er nur ein Holztor hatte, nur Schutz nach oben und der Weg bis dorthin war gut 1 1/2 Kilometer lang und schien uns zu weit.

Der Vater des Spielkameraden hatte besagte „bombige" Vorstellungen und meinte auch im Stall seines Hauses unter dem Heu wären wir sicherer als in dem Felsenbunker, weil die Bomben, von dem Heu elastisch aufgefangen, nicht durchschlagen würden. Es brauchte nicht viel Überredungskunst - auch aus Faulheit in Anbetracht des langen Weges zu dem Felsenstollen - um sich von diesem, dem Heu zu getrauten „Bombenfang" überzeugen zu lassen.

Wir Kinder machten es uns - umweht vom Duft der angehäuften Kuhfladen die den angenehmeren Geruch des Heu überdeckten - zwischen den Rindviechern unter dem Stadel bequem, während sich die Erwachsenen in der Tenne auf eine lange Holzbohle setzten. Nachdenklich, dabei den Fleckviechern in die braunen Augen schauend, aber ungetrübt vom Wissen über die Kinetik (Wirkung der Kräfte von beschleunigten Körpern), kamen dann doch, in Anbetracht der durchschlagenden Wirkung der Bomben bei dem erlebten Angriff in Omas Haus, leichte Zweifel hoch ob es unter dem Heu tatsächlich so sicher war.

Es war früher Nachmittag so gegen 15 Uhr, als aus Richtung der Stadt Siegen ein Geräusch, ein Grummeln wie bei einem noch weit
entfernten Gewitter herüber getragen wurde und nach einiger Zeit nicht mehr zu hören war. Gegen Abend, mit der Dunkelheit zunehmend, glühte der Himmel in nordwestlicher Richtung. Die Wolken schienen wie von unten rötlich angestrahlt und sie leuchteten für uns so lange bis die Mutter uns, trotz der Kälte draußen, auf unser Matratzenlager treiben musste.

Die Menschen standen vor den Häusern und staunten über diesen nicht zu deutenden unbegreiflichen Lichtschein, weil sie von einem Feuersturm nichts wussten und seine Gewalt nicht kannten. Am Vormittag des nächsten Tages war dann die Nachricht über den verheerenden Angriff auf Siegen bis nach Wilgersdorf gelangt.
Im Bericht der US Fliegerstaffel liest sich das Ereignis wie folgt: Abgeworfen wurden 474 Tonnen Sprengbomben und Luftminen, darunter 76 Luftminen mit dem sinnigen Namen „Cookie" jede 1814 Kg schwer, vier überschwere je 5443 Kg wiegende „Tallboys" und 55.3373 Brandbomben.

Die tonnenschweren „Wohnblockknacker" hatten die Dächer der Häuser durchschlagen und für die danach abgeworfenen über 55 Tausend Brandbomben geöffnet. In den offenen von ihren Dächern „befreiten" Häusern fand sich genügend Brandlast für einen gewaltigen Feuersturm, der in dem Holz der Fachwerkhäuser in der Altstadt immer neue Nahrung fand. Danach existierten diese Häuser nicht mehr und in ihrer Asche fand man später 348 verkohlte Gestalten. Nur die verbrannten Kinder waren noch kleiner als die auf

Kindesgröße geschrumpften erwachsenen Menschen. Sie verbrannten zum größten Teil, ähnlich wie in Hamburg und später in Dresden, nur in einem etwas „kleineren" Feuersturm. Die Engländer nannten diesen Angriff auf Siegen „Gomorrha".

Der Grund für den Angriff auf Siegen, war einmal der Leitstab der V2 (Vauzwei). Eine Raketenwaffe, deren Abschüssevon hier aus gesteuert, London und Antwerpen trafen. Zum anderen war es die Metallindustrie und dazu war Siegen die Versorgungsbasis für das westliche deutsche Heer an den Grenzen Frankreichs und ein wichtiger Eisenbahnknotenpunkt. Eine der von Siegen aus gesteuerten V2 Raketen traf ein vollbesetztes Kino in Antwerpen und forderte 576 Menschenleben.

Diese Geheimwaffe oder Vergeltungswaffe (= V Waffe) wie Goebbels sie nannte, sollte nach den Vorstellungen der Nazis das „Kriegsglück" noch einmal zu Gunsten Deutschlands wenden. Die erste Entwicklung, die „V1" war keine Rakete im üblichen Sinn, sondern eine Flügelbombe mit einem aufgesetzten Staustrahl-Triebwerk. die unter aerodynamischen Bedingungen wie ein Flugzeug flog.

Die US-Weiterentwicklung nach diesem deutschen „Vorbild" sind die als „Cruise Misseles" bekannt gewordenen Marschflugkörper. Diese „V2" des Wernher von Braun, war dann 1944 die erste Großrakete die als anerkannte „Weltraumrakete" eine Flughöhe von über 100 Kilometern erreichte.

Diese deutsche „Kriegsrakete", von der die Amerikaner einige in Peenemünde erbeuteten, brachten sie gemeinsam mit dem Deutschen Raketenforscher Wernher von Braun, samt seiner gesamten Entwicklungsmannschaft, in die USA.

Das war der Beginn, mit einer „abgekupferten" und weiter entwickelten V2 Rakete, der Amerikanischen Reise zum Mond.

Die psychologische Wirkung der V2 auf die Menschen in England war größer als ihre physikalische. Die Rakete flog mit Überschallgeschwindigkeit und deshalb vor ihrem Einschlag nicht zu hören. Zudem war sie, wegen ihrer großen Flughöhe und dieser hohen Geschwindigkeit, für Flugzeuge unerreichbar.

Obwohl auch ca. 8 Tausend Menschen dieser letzten „Wunderwaffe" der Nazis, zum größten Teil in London und Antwerpen, zum Opfer fielen, so war sie die erste Waffe bei deren Produktion mehr Menschen (~12000) als durch ihren Einsatz zu Tode kamen. Es waren Juden, Kriegsgefangene, und Zwangsarbeiter die in mehreren unterirdischen Produktionsstätten, nachdem sie die Kavernen in die Felsen „gehauen" hatten, diese Raketen zusammenbauen mussten. Die meisten von ihnen starben dort unter den unmenschlichsten Bedingungen.

3.5 Die letzten Kriegstage im Siegerland

Der letzte Kriegswinter 44/45 hatte uns fest im Griff. Der Onkel Werner war noch einmal nach Gödenroth zur Schwester gefahren und hatte für Weihnachten etwas Mehl, Honig, Kartoffeln und ein kleines Stück Schinken mitgebracht. Brot, Mehl und Zucker gab es sonst kaum noch und an Fleisch war überhaupt nicht zu denken.
Doch ja, er hatte noch einen halben Ring Blutwurst, die Hunsrücker sagen, vom „Kölschen" her abgeleitet, „Flönz" zu dieser fast nur aus geronnenem Blut und mikroskopisch klein verteilten Speckstückchen bestehenden Wurst, vom Nachbarbauern der Schwester organisiert.

Sie bekam den Namen „Uzenwurst" weil es von ihr nur ein Scheibchen gab, wenn wir auch das kleinste übersehene Stückchen an trockenem hartem Brot - eben die besagte vom Onkel so benannte „Uze"- aus den Ecken des Fliegenschrank geräumt hatten, um sie dann gemeinsam mit der Wurst, krachend zwischen den Zähnen zu zermalmen.

Es war jetzt wirklich Winter und ein sehr kalter dazu. Unsere einzige Wärmequelle der Küchenherd Marke Osterflüs, brauchte Holz um uns zu wärmen, aber die Wälder um Wilgersdorf waren von Alt- und Windbruchholz wie leergefegt. Viele ältere Menschen haben sich so an diese damals so ausgeräumten Wälder gewöhnt. Sie ärgern sich darum heute über die „Unordnung" und über jeden morschen Ast und Baum, der in unseren naturnahen Wäldern zum Nutzen von Käfern und Insekten liegen bleibt.

Ohne dieses Bruchholz war es uns aber, unter Ausnutzung der inzwischen für kleinere Bäume ausreichenden Kletterkünste, möglich und natürlich unerlaubt, „grünes" Holz von den Bäumen zu brechen. Die Strafe dafür war ein stinkender in den Augen beißender Qualm und Rauch des feuchten Holzes, der für die Lieferung der Wärme zu erdulden war.

Die Mutter dachte immer praktisch und hatte, überall da wo „Hölzernes" in irgendeiner Form zu sehen, zu finden oder zu erwarten war, eine kleine Säge (Fuchsschwanz) dabei. Sie ermöglichte es, Holz in handliche, in ihrer großräumigen Tasche unauffällig zu verschwindende „Portionen" zu zerteilen. Lustig sah sie dabei aus, mit ihrem Kopftuch gebunden wie ein Turban aus einem Schal mit einem vor der Stirn sitzenden Knoten, so wie die Trümmerfrauen später zu Hunderttausenden mit dieser Kopfbedeckung zum Symbol des Auferstehens aus den Ruinen wurden.

Mit den Händen, bestenfalls mit Schaufel und Spitzhacke, schafften sie, für etwas Suppe von den Amerikanern, den Schutt der zerbombten Häuser von den Straßen. Zu viert oder fünft schoben sie die schweren Eisenloren über die Straßen zu den Sammelhaufen von wo sie mit Lkws in die Außenbezirke der Städte gefahren wurden.

In und um viele Großstädte finden sich auch noch heute diese begrünten Trümmerberge die aus diesem Schutt der zerstörten Häuser bestehen. Sie sind in der Regel auch heute, die höchsten Erhebungen in der Umgebung. Sie tragen sinnige Namen wie der Teufelsberg, heute Berlins höchster „Berg". Andere heißen Monte Klamotte, oder Monte Scherbelino in Frankfurt am Main.

Etwa 25 richtige hohe Berge und eine Unzahl kleinerer sind um die deutschen Großstädte entstanden, in denen 600 Millionen Kubikmeter Trümmerschutt aufgetürmt sind. Umgerechnet auf eine Säule mit einer Basis von 100x100 Meter, würde man mit dieser Menge 10 Säulen so hoch wie die Zugspitze, mit je 3000 Meter Höhe auftürmen können. Auf 150.000 dicht an dicht fahrende 40Tonner-Lastwagen geladen, ergäbe das eine Kolonne mit einer Länge von über 3000 Kilometer.

Diese ungeheuren kaum vorstellbaren Mengen mussten von den Trümmer-Frauen und den anderen Helfern aus den zerstörten deutschen Städten geräumt werden. Alle Frauen und Mädchen, zwischen 15 und 55 Jahren, waren nach dem bindenden Kontrollratsgesetz Nr.32 vom 10.07. 1946, hierzu verpflichtet.

Für die Kälte gab es immer dann eine Entschädigung, wenn Freitags im Wilgersdorfer-Backhaus die Wärme in die unterkühlten Glieder zog. Hinter der gusseisernen Tür brannten die Reisigbündel zur Aufheizung des Backtunnels. Die Mutter hatte zwei kleine Brote und vier „Stutenkerle" (Teigmännchen) geformt und es musste beim Backen zugeschaut werden damit sich niemand an den Stutenkerlen vergriff.
Rosinen gab es keine, darum hatte die Mutter die Knöpfe auf Bauch und Brust dieser Backmännlein durch Haselnüsse ersetzt, die sie vor uns in irgend einem Versteck gehütet, oder auch von den Haselbüschen die an den Waldrainen wuchsen, gepflückt hatte. Zum süßen nahm sie den Honig aus Gödenroth und weil Weihnachten war, hat sie davon etwas mehr genommen.

So ohne weiteres konnte aber im Backhaus nicht gebacken werden, jeder musste seinen Anteil an Feuerholz, diesem gebündelten Feuerungsreisig beisteuern. So musste zuerst ein Kompensationsgeschäft mit dem Besitzer der Reisigbündel ausgehandelt werden, weil wie man weiß ohne Holz und ohne Feuer das Backen nicht gelingt Der Reisigbündelbesitzer und das war auch noch der Heunachbar gegenüber, wusste das auch.

Mit dem Wissen über diesen Bedarf für die Weihnachtsbäckerei, hat er fleißig das Schwachholz aus seinem Wald geschlagen, gebündelt und gehortet. Kompensiert wurde mit einem aus unserer Sicht beträchtlichen Anteil aus unserem Mehlvorrat. Aber die Mutter feilschte noch einen Liter Milch dabei heraus, weil der Nachbar ohne ausreichend Mehl nur mit Milch nun auch nicht backen konnte und wir an Weihnachten lieber Stutenkerle mit Milch als mit Wasser gerührt haben wollten.

Die Stutenkerle werden eigentlich aus Hefeteig gemacht, wo aber die Mutter die Hefe her genommen oder überhaupt gehabt hat, darüber fehlt heute jegliche Kenntnis. Aber sie waren eine unerwartete süße Köstlichkeit mit dem übergroßen Nachteil schnell gegessen zu sein.

Um Dreikönig lag der Schnee mindestens 30 Zentimeter hoch, wir hatten keinen Schlitten und standen Schlange um einmal mit dem Schlitten des Nachbarjungen den abschüssigen Weg von der Bergkuppe an unserem Haus vorbei bis zur Dorfstraße sausen zu können. Lange dauerte es nicht, mit „Kniestrümpfen" an „Leibchen" angeknöpft, einer ungefütterten Jacke, mit so etwas wie einem Schal um den Hals und einer hinten zusammengenähten Wehrmacht-Skimütze - weil der Kopf noch zu klein für sie war - und nur mit Halbschuhen deren Sohlen schon durchgelaufen waren, konnte der Kälte nicht sehr lange getrotzt werden.

Obwohl der Weg, zudem in dem hohen Schnee, an den Bahnhof nach Rudersdorf fast vier Kilometer lang war, wollte die Mutter wieder einmal nach Schwerte zur Oma. Auf einen alten Kinderwagen den sie zum Bahnhof mitnahm, hatte sie etwas gepackt und mit einer schmutzigen Wehrmachtzeltplane abgedeckt.
Unterwegs gab einer der besagten Halbschuh seinen Geist, sprich seine Sohle auf. Sie hatte sich abgelöst und der kalte Schnee verflüssigte sich schnell und das Wasser versaugte in der aus „Ribbelwolle" selbst gestrickten Socke.
Ribbelwolle? In diesen Zeiten wurde alles an zerrissenen oder durchlöcherten Wollsachen „aufgeribbelt" und zu wieder verwendbaren gemischt buntfarbigen Dingen umgestrickt. Die Mutter hievte den Fußnassen auf den Kinderwagen mit seinen kleinen Rädern und wühlte sich, mit der zusätzliche Last oben auf und dem Bruder an der Seite

hängend, keuchend durch den Schnee zum Bahnhof. Wir blieben mehrere Tage in Schwerte bis man dort lieber wieder Abreisende als Kommende sah und fuhren zurück nach Wilgersdorf um dort dem Ende des Krieges entgegen zu harren.

An der Ostfront haben die Sowjet Armeen Mitte Januar 1945 inzwischen Warschau umzingelt. Warum sie so lange mit der Einnahme Warschaus warteten und dadurch ein weiteres Morden der Nazis an den Juden im Warschauer Getto nicht verhinderten, bleibt für immer Stalins Geheimnis. Oder sollte er über eine dann von den Deutschen gelöste Frage selbst nachgedacht haben?

Ende Januar stehen die russischen Armeen schon auf der Oder-Neiße Linie und treiben die aus den deutschen Gebieten östlich davon Vertriebenen und aus Angst Geflohenen nach Westen vor sich her. Mitte Februar 1945 ist Breslau eingeschlossen und wird zur Festung ausgebaut. Bis zum 9.Mai 1945, noch einen Tag nach der deutschen Kapitulation, kann es sich mit dem Opfern von tausenden Zivilisten und Soldaten und dem Verlust von mehr als 80% seiner Bausubstanz halten.
Unerwartet schnell, am 25. April ist Berlin eingekesselt und Hitler begeht im Führerbunker unter der Neuen Reichskanzlei Selbstmord nicht ohne noch vorher zu verkünden „Das deutsche Volk war schwach und nicht tapfer genug und es hat mich (Hitler) nicht verdient"!!
Auch Joseph Goebbels begeht mit seiner Frau durch Einnahme von Zyankalikapseln im Führerbunker Selbstmord, nachdem diese zuvor ohne jeden vernünftigen Grund, auch ihre sechs Kinder mit einer starken Dosis Schlaftabletten in den Tod geschickt, ja im Prinzip ermordet

hat. Noch verbohrt bis in den Tod und bis zum Mord an ihren eigenen Kindern, wirft dieses Verhalten ein Schlaglicht auf den Charakter und den psychischen Zustand geistig, sittlich und moralisch zerstörter Menschen.

Obwohl im Westen schon Aachen, als westlichste deutsche Stadt, am 21 Oktober 1944 von den Amerikanern erobert war, begannen die Deutschen am 16. Dezember 1944, wider aller Vernunft ihr erkennbar letztes sinnloses Aufbäumen. Unter Einsatz aller ihrer Reserven, beginnen sie an der vermuteten Schwachstelle der Amerikaner, mit der Ardennen Offensive. Die Amerikaner wurden überrascht von dieser nicht mehr erwarteten Gegenwehr und hatten sich nicht, wie auch 1941 die Deutschen in Russland, in Erwartung eines schnellen Sieges auf den kalten schneereichen Winter in den Ardennen eingestellt. Sie wurden fast 100 Kilometer zurückgeworfen, damit waren aber auch alle Kräfte der deutschen Soldaten erschöpft, alle Reserven verbraucht und Nachschub gab es nicht mehr.

Die Amerikaner ersetzten ihre Verluste schnell und trieben die Deutschen in einer Gegenoffensive bis Anfang Februar 1945 wieder bis dahin zurück von wo diese letzte Schlacht ihren Ausgang nahm. Die Verluste auf beiden Seiten waren erheblich. Die Amerikaner verloren in den Ardennen über 40.000 Mann und damit mehr Soldaten als in allen Schlachten auf Europäischem Boden zuvor. Bei der Invasion an der Normandie hatten sie „nur" 11.000 verloren. Die Deutschen verloren 33.000 Soldaten und hatten nun endgültig nicht mehr die Kraft zu irgend einer Art von Gegenwehr.

Bevor sie Berlin erreichten, hatten die Russen im Osten, oberhalb Frankfurt/Oder vom Oderbruch kommend, die Geest, die Seelower Höhen westlich der Oder, in einem verlustreichen Gemetzel mit den letzten deutschen Verteidigern erobert und Berlin war jetzt nicht mehr weit. Am 16. April um 5.00 Uhr früh begann an der Oder unter Marschall Schukow der letzte tödliche Schlag der Roten Armee gegen den „Rest" der deutschen Soldaten.

Über 40.000 russische Geschütze zermalmten, in etwas mehr als 25 Minuten mit dem stärksten Trommelfeuer der Kriegsgeschichte, die deutschen Verteidigungslinien westlich der Oder. Fast 2 Millionen russische Soldaten und 3150 Panzer machten sich dann auf den Weg nach Berlin.

Was die unbelehrbaren Fanatiker der Deutschen zur Verteidigung von Berlin jetzt noch aufbieten konnten, waren rund Hunderttausend Soldaten, dazu unerfahrene Kinder zwischen 13 und 16 Jahren und alte Männer die sie zu einem letzten „Aufgebot" zusammen zwangen. Ihnen gegenüber stand die mehr als fünfzehnfache Übermacht der Russen. Diese Soldaten, Kinder und alten Männer und die immer noch in den Bomben der weiter geflogenen Angriffe sterbenden Menschen, waren Adolfs letzte „Helden".

Stalin hatte, aus unerfindlichen Gründen seiner Heeresführung schon im Februar - obwohl Marschall Schukow nur noch 54 Kilometer mit dieser gewaltigen Übermacht vor Berlin stand - einen schnellen Vorstoß nach Berlin untersagt.
Sie warteten mit der Einkesselung von Berlin bis zum 25. April 1945. Diese Entscheidung verlängerte den Krieg und das Leiden der Berliner um mehr als 10 Wochen. In diesen Wochen vielen noch einmal 450.000 Tonnen - mehr als ein

Drittel aller Bomben des gesamten Krieges auf Berlin - und es starben dabei 110.000 Menschen.

Noch kurz vor seinem Selbstmord in der Reichskanzlei streichelt Hitler einigen dieser 13-16 jährigen „Kinderhelden" die er dann in das unbekannte Stahlgewitter von Granaten und Geschossen schickt, die Wangen. Ihre Mütter, besonders jene die ihre Kinder, nachdem diese bisher lebend durch den Krieg kamen, dann doch noch verloren, müssen diesem verblendeten Unmenschen wohl alles nur Vorstellbare an den Hals gewünscht haben.

Auch im Westen ging es nach der letzten Schlacht in den Ardennen für die Deutschen nur noch rückwärts. Schon am 7. März standen die US Soldaten am Rhein, an der Brücke von Remagen, die bei der von den Deutschen versuchten Sprengung nicht zusammengebrochen war.
Ein Brückenkopf auf der anderen Rheinseite war schnell gebildet. Nach drei Tagen brach die angeschlagene beschädigte Brücke, möglicherweise durch die starke Belastung mit Panzern und Militärfahrzeugen, dann doch zusammen. Für die Amerikaner war es ein Leichtes, in diesen drei Tagen gegen eine geringe Gegenwehr, ihren Brückenkopf rechtsrheinisch zu halten und auszubauen. Mit einer Zangenbewegung sollte das Ruhrgebiet, von den Amerikanern südlich und von den Briten und Kanadiern nördlich umfasst werden. Von Siegen aus über das Lennetal und Rothaargebirge verlief dann die Hauptstoßrichtung der Amerikaner nach Norden ins Ruhrgebiet. Bald ging die Kunde, die Amerikaner kommen, wie ein Lauffeuer durch das Dorf.

4.Kapitel: Der Anfang nach dem Ende.

4.1 Die Amerikaner sind im Siegerland

Am Nachmittag des 15..März 1945 wippte über dem Grashügel oberhalb des Wiesenwegs in Wilgersdorf, zwischen den Zäunen links und rechts, eine Panzerkanone. Das laute Brummen der schweren Panzermotoren war hinunter bis zum Dorf hörbar. Neugierig und vorsichtig die Haustür öffnend, mussten die Vorgänge draußen beobachtet werden.

Der Panzer schien oben am Hügel stehengeblieben zu sein, weil sein Kanonenrohr dort wie angewachsen, mehr zum Himmel als drohend zum Dorf zeigend verharrte. Minuten lang geschah nichts, dann ein Rütteln und der breite Bug des Panzers erschien auf der Bergkuppe.

Der Panzer kippte mit seinem Rohr nach unten und fuhr kettenrasselnd zwischen den Zäunen den Wiesenweg hinunter auf das Dorf zu. So schnell es ging war die Haustür geschlossen und das Brummen und Knirschen der Ketten beim Eindrehen auf dem Basaltpflaster der Hauptstraße im Dorf, war durch die geschlossene Tür zu hören.

Es brummelte noch aus verschiedenen Richtungen, es müssen mehrere Panzer unterwegs gewesen sein, dann war danach weder ein Laut noch ein Schuss zu hören. Erst am nächsten Morgen wagten wir uns aus der Haustür. Nichts war zu sehen außer das was schon bekannt war, aber diesmal „geschmückt" mit weißen Fahnen auf Hausdächern und an Fenstern und wenige Menschen huschten schneller als sonst üblich um die Häuser.

Wilgersdorf lag eigentlich am Rande des Operationsfeldes der Amerikaner, es wurde nur zur Absicherung der Truppe und eventuellen Säuberung angefahren und besetzt. Im Ort gab es keine Gegenwehr eines Volkssturms aus älteren Männern und auch keine fanatisierte Hitlerjugend die sich kamikazegleich mit Panzerfäusten auf die amerikanischen Panzer stürzten. Es war schnell in Erfahrung zu bringen wo die Amerikaner ihr Hauptquartier eingerichtet hatten. Es war an und in der Volksschule, damals lag sie noch am Rande des Dorfes.

Der größere Nachbarjunge war schon dort gewesen und fand, dass es an der Schule - nach seiner vorsichtigen Umschau - friedlich zuging. Also trauten wir uns hin. Auf dem Schulhof standen in jedem Fall drei Panzer und so weit die Erinnerung auch zwei Jeep. Hinter einer Baumgruppe die den Platz umrahmte war vorsichtig zu beäugen was da alles vor sich ging. Zum großen Erstaunen, waren mehr als die Hälfte der dort an einer Gulaschkanone herum sitzenden Soldaten „Neger". Wir nannten sie so, weil Kinder von der Abfälligkeit einer solchen Bezeichnung noch nichts wissen konnten.

Zu mehr fehlte an diesem Tag - auch wegen der Unsicherheit weil diese Menschen so ganz anders aussahen als wir - der Mut. Aber der ältere Spielkamerad war am nächsten Tag schon wieder dort und erzählte von Schokolade und von kaubarem Gummi das er bekommen hatte und dieses zu kauende Gummi wäre sogar aufblasbar. Die „Amis" machten das immer so sagte er. Das Wort Ami hatte er bei seinem Vater aufgefangen.

Jetzt gab es kein Halten mehr, obwohl die Mutter zu Anfang ein solches Unterfangen nicht zulassen wollte. Vom ersten Besuch des Amilagers hatte der Spielkamerad, unabsichtlich ohne von unserer Verschwiegenheit etwas zu wissen, erzählt und es setzte Hiebe. Dann schmolz der Widerstand der

Mutter, weil im Dorf inzwischen bekannt war, dass die Amis durchaus keine unfreundlichen Menschen waren. Bald standen wir - doch mit noch gehörigem Abstand - bei den Panzern.

Es roch nach Öl, Benzin und Schmierfett vermischt mit unbekannten Gerüchen die aus einer Gulaschkanone stiegen. Oben auf einem der näher stehenden Panzer hockte ein großer Schwarzer mit dunklen weiß unterlegten kullernden Augen und grinste zu uns runter. Dabei blies er immer wieder einen rosafarbenen Ballon aus seinem Mund auf, der dann mit einem „Peng" zerplatzte.
Er sprach tief in einer uns unbekannten guttural rollenden Sprache auf uns ein, merkte aber dann dass er uns doch etwas Angst machte. Eigentlich verständlich, bis zu diesem Zeitpunkt auf diesem Schulhof, war uns noch kein farbiger Mensch leibhaftig über den Weg gelaufen und wir kannten alle die Angst machende Geschichte vom „Schwarzen Mann".
Und nun thronten auch noch mehrere davon über uns auf den Panzern. Vor dem Wegdrehen aus der Sichtrichtung unserer Gruppe, warf dieser große Schwarze glucksend lachend eine Handvoll kleiner grüner länglicher Streifen herunter. Bei uns festigte sich die Vermutung, das muss das Kaugummi sein. Erst später wurde es deutlicher, diese Freundlichkeit der „Schwarzen" hätten wir eigentlich von den uns „ähnlicheren" Weißen erwartet.

Erleichtert diese erste Begegnung gemeistert und heil überstanden zu haben, dazu jeder mit einem Schatz in der Tasche, rannten wir zurück ins Dorf an die Ecke der Scheune des Heunachbarn. Erst die grünliche Hülle entfernt und darunter war eine zweite silbrige Hülle mit gezahnten Kanten. Eine weißlich bestäubte steife Masse kam zum Vorschein und es war beim besten Willen nicht vorstellbar so etwas aufblasen zu können. Eine kleine abgebrochene Ecke diente dem ersten Versuch und das dieser „Gummi" gekaut werden musste war uns inzwischen geläufig.

Und tatsächlich die Masse wurde weich und es entwickelte sich im Mund ein eigenartiger Geschmack, dem Pfefferminztee ähnlich wie wir es von diesem, aus wild vor der Scheunenmauer wachsenden und getrockneten Blättern gekochten kannten. Aber doch nicht ganz so, in dem zu Gummi zerkauten Abbruch war noch mehr enthalten, soweit waren wir. Der ganze Streifen musste jetzt her, um hinter den Trick der Mundballons zu kommen. Man kann es glauben oder nicht, den ganzen Nachmittag lang wurde gekaut und Ballons geblasen bis der Mund und die Kaumuskeln erlahmten und es bald genug mit der Blaserei war.
Genug war es uns auch darum, weil der zunächst süßliche Minzegeschmack immer mehr nachließ und schließlich - was sehr lange ignoriert wurde - zuerst die Süße und dann der Minzegeschmack vollständig verschwand. Nachschub hatten wir keinen mehr weil alles zerkaut und ausgespuckt war. Aber der Entschluss am nächsten Tag wieder die Amis zu besuchen, um an Nachschub zu kommen war gefasst und die Schokolade war ein zusätzliches Lockmittel diese Entscheidung zu festigen.

Unsere „Zwangsbleibe" hier in Wilgersdorf, mit den zwei von uns anweisungsbelegten Zimmern, war ein schmuckes Fachwerkhaus mit weiß gestrichenen ausgefachten Feldern zwischen dem schwarz gestrichenen Fachwerk. Vorgelagert war eine doppelläufige Treppe aus rötlichem Sandstein, die nach etwa 6-8 Stufen in einem Podest vor der Haustür endete. Der Sockel des Hauses war genau so hoch wie die Treppe und mit dem gleichen Sandstein wie diese gemauert. Durch die Steigung des Weges war der Sockel an der Bergseite natürlich niedriger.

Eine steile Stiege aus Holz führte von der Haustür nach oben in unsere Zimmer. Gleich vorne stand der „Fliegenschrank" in dem wir - eine unserer Hauptbeschäftigungen - wenn möglich und die Mutter es nicht merkte, nach irgend etwas Essbarem suchten. Diese Suche war mehr als oft vergeblich und es war etwas zu verspüren, von dem heute kaum jemand etwas weiß, richtiger einfacher ordinärer Hunger.

Es war kein Hunger auf Süßes, nicht auf Schokolade oder Pralinen, auf nichts Extravagantes wie Hummer oder Austern, dies alles uns damals ohnehin unbekannt war. Es war kein Hunger auf heute selbstverständliches wie Käse, Fleisch, Wurst oder Obst, es war ein Hunger bei dem sich der Magen umdreht wenn die Magensäure nach etwas sucht um es zu verdauen!

Apropos Fleisch: Hinter dem Haus unseres Heunachbarn, von der Straße nicht einsehbar, hing sehr gut versteckt eine „schwarze" Sau über einem Holzzuber. Aber das Fleisch dieser heimlich geschlachteten, darum schwarzen Sau, war für uns so unerreichbar weit entfernt wie die Milchstraße die oft am klaren unbeleuchteten Himmel über Wilgersdorf zu bewundern war.

Wenn eine seiner Mutterkühe kalbte, ging dieser Bauer nicht zum Tierarzt sondern mit Stiefeln in die „Geburtsbox" und zog, mit Stricken den „Kälberstricken", die er an die hinten schon heraus schauenden Hinterfüße des Kalbes gebunden hatte, das Kalb aus der Kuh. Der Nachbarjunge bugsierte uns heimlich zur Stalltür zu diesem Schauspiel.

Der Tierarzt hätte das frisch geworfene Kalb melden müssen, aber ohne Tierarzt gab es keine Meldung und der Bauer hatte ein „schwarzes" Kalb mehr. Und was eventuell noch wichtiger war, dieses Kalb gab als ausgewachsene Kuh später nicht anzumeldende „schwarze" Milch.

Wilgersdorf gehörte damals zur Pfarrei Wilnsdorf und als der Hunger wieder einmal an den Magenwänden nagte, lief die Mutter in das 3 Kilometer entfernte Wilnsdorf, um von dem Pfarrer etwas Essbares zu bekommen oder seine Fürsprache bei unseren Ortsbauern in Wilgersdorf zu erbitten. Außer mit schönen und Trost spendenden Worten, die der wohl gerundete Pfarrer ihr aus rosigen Wangen mit nach Wilgersdorf auf den Weg gab, kam sie ansonsten erfolglos zurück. Von seinen Rundungen, den tröstenden Worten und den roten Bäckchen erzählte die Mutter.

Fast wäre es wegen seiner Nichtigkeit untergegangen, auf dem Wohnzimmertisch im Pfarrhaus stand eine Schale mit Äpfeln, von denen gab ihr der Pfarrer einen mit auf den Weg und sie hat diesen Apfel für uns mitgebracht.

Zugegeben geklautes Obst stand auch auf unserem Speiseplan, wenn man nicht anders an solches herankommen kann. Im Sommer und Herbst ging von den vom Dorf weiter entfernten und weniger einsehbaren Streuobstwiesen, so mancher Apfel und manche Birne in tiefe Hosentaschen, aber es war nicht immer Sommer.

Die aufgedruckten Zuteilungen auf den Lebensmittelkarten oder Marken, von denen man sich angeblich ausreichend ernähren sollte, waren nicht einmal das Papier wert auf dem sie gedruckt waren. Die Mengen in Gramm an Lebensmitteln auf den Karten, zum Leben zu wenig zum Sterben gerade zu viel, waren in der meisten Zeit, wenn überhaupt nur zur Hälfte zu bekommen.

Wenn der Zeitrahmen überschritten, für den diese Karten gültig waren, verfiel der Anspruch auf die nicht erhaltenen Nahrungsmittel. Die Neurotransmitter - von denen wir damals noch keine Vorstellung hatten - im Hypothalamus kümmerten sich aber nicht um den Verfall von Ansprüchen, sie meldeten den Mangel an Nahrung unbeirrt weiter.

Die Tagesrationen für den bald schulpflichtigen Bruder waren noch geringer als die eines Erwachsenen. Für ein Schulkind gab es am Tag nur drei Scheiben Brot, 1 Teelöffel Marmelade, 6,6 Gramm Kunsthonig, 5,7 Gramm Rohrzucker (nicht raffiniert darum rötlich), 8,3 Gramm Grießmehl und 8,2 Gramm Fett. Mit dieser „Menge" umgerechnet in Kalorien, kommt man noch nicht einmal auf die Hälfte des heute als notwendig erachteten Wertes.

Ob dem Kleineren, noch nicht Schulpflichtigen weniger zustand als dem größeren Bruder? Es war darum mehr als nur eine Freude, wenn Onkel Werner von Gödenroth mit seinen Schätzen kam, kann man das nachvollziehen?
Und kann man nachvollziehen wenn all die heute mehr als selbstverständlichen Lebensmittel des „Täglichen Bedarfs" im wahrsten Sinne des Wortes in wenigen Tagen, oder manchmal auch Stunden „gefressen" waren? Das Sammeln und Einteilen der spätsteinzeitlichen Menschen war vergessen, verloren und man war in den Zustand des Neandertalerlebens „Von der Hand in den Mund" zurückgekehrt.

Noch heute kommt immer dann die ehrliche Wut hoch, wenn auf den Schulhöfen - der „Leseopa" verhilft Erst- und Zweitklässlern zum besseren Lesen - in den Papierkörben, alles Mögliche an unverdorbenem Essbaren, - für uns damals „Köstlichkeiten"- zu finden ist. Können das nur noch die „Dabeigewesenen" nachvollziehen? Soll man, kann man oder darf man sich freuen, wenn unsere Kinder und Enkel - es tun nicht alle - Nahrungsmittel heute in den Müll werfen können?
Von dem im Februar 2011 verstorbene Entertainer Peter Alexander - ebenfalls ein Kriegskind - stammt folgender Satz: „Unsere Kinder sollten eigentlich auch die bitteren

Erfahrungen der Nachkriegszeit gemacht haben um Demut und Bescheidenheit zu lernen". Aber verstehen heute die Jüngeren unter uns überhaupt noch den wirklichen Sinn dieses Satzes? Hoffen und wünschen darf man, dass eine derartige Zeit unseren Kindern und Enkeln für immer erspart bleibt.

Kann man sich auf Unbekanntes freuen, so wie auf die Schokolade von den Amerikanern ohne zu wissen was Schokolade eigentlich ist? Wir wollten es nun endlich wissen wie diese so gerühmte Sache schmeckt! Vom Hören und Sagen war bekannt, sie sollte etwas wunderbares aromatisch Süßes sein. Ein weiterer „Besuch" bei den Amis musste die Sache klären. Es war gemeinsam abgesprochen, nicht mehr auf die grünen Plättchen des Kaugummi das Augenmerk der Amis zu lenken.

Es war als Fehler erkannt, weil das englische Wort für Kaugummi nicht geläufig oder wahrscheinlich für uns nicht aussprechbar war, den Amis immer die Papierhüllen dieser Plättchen vorzuzeigen. Natürlich war jetzt klar, warum nur diese Plättchen zu uns geworfen wurden, weil die Frage nach Schokolade nicht gestellt war. An den kleinen grünen Plättchen war unser Interesse doch langsam geschwunden.

Heute wollten und mussten wir uns auf die Schokolade der Amis konzentrieren. Es wurde eine Überraschung, die Amis verstanden die Bettelei nach „Schokolade" weil ihre Aussprache für diese herrliche Sache phonetisch nicht so weit von unserer entfernt liegt.
Aber so ohne weiteres sollten wir nicht in den Genuss dieser so hoch gelobten Köstlichkeit kommen. Immer wieder wurde dieses eine Wort „Schokolit" zur andauernden Wiederholung abverlangt und die Amis hatten ihren Riesenspaß. Sogar einen ganzen Satz wollten sie dann hören, der dann im ersten

englischen Satz eines Kinderlebens seine Vollendung fand: „Häv juu vor mie Schokolit". Und dieser Satz zeigte seine Wirkung, eine ganze Tafel Schokolade segelte vom Panzer herunter, der große schwarze „Neger", genau der mit den rollenden Augen, hat sie geworfen.

Das fast erschreckende Erstaunen über diese zwar - aber nicht in solcher Menge - erhoffte Tat entlockte ihm ein Lachen das noch bis heute in den Ohren klingt. Eine derartige Bettelei wollten wir am nächsten Tag noch einmal zu einem Erfolg bringen und es gelang.

Kinder sind unersättlich und wir waren es ohne jeden Zweifel. Ein dritter Bettelgang sollte noch gewagt werden, obwohl die Mutter meinte - aber von der Schokolade wollte sie immer auch etwas ab - es wäre jetzt genug mit der Bettelei.

Der Weg abwärts zur Hauptstraße und ihr entlang bis zum Ende des Dorfes wo die Schule stand, wurde nicht weit. Doch der Schreck durchfuhr uns beim Einbiegen von der Straße auf den Schulhof, denn er war fast leer. Nach dieser bösen Überraschung machte sich große Traurigkeit breit, die Panzer und mit ihnen die „Schwarzen" samt Kaugummi und Schokolade waren nach mehrfachen ach so erfolgreichen Sprachlehrgängen nicht mehr da.

Jeeps standen zwar noch auf dem Schulhof und man munkelte im Dorf, die noch verbliebenen und meist weißen Amerikaner würden nach Antinazis oder mindestens Parteilosen suchen, um ihnen einen Teil der Dorfverwaltung zu übergeben.

Die Hauptstoßrichtung der Amerikaner verlief jetzt nach Norden, das Lennetal aufwärts, um das kriegswichtige Stahl- und Kohlerevier an der Ruhr - das Ruhrgebiet - in einer Zangenbewegung mit den von Norden vorstoßenden britischen und kanadischen Armeen einzukesseln. Den überwiegenden Abzug der Amerikaner aus Wilgersdorf, sollten wir bald auch noch auf andere Weise spüren.

Die Deutschen kapitulierten am 8.Mai 1945. Für das „Tausendjährige-Reich" hat es nur zu einer kurzen um so erbärmlicheren mörderischen Zeit von 12 Jahren, aber für über 53 Million Tote gereicht. Das Volk der Dichter und Denker war seiner Ehre beraubt. Das Land war seiner stolzen Industrie, seiner mittelalterlichen Städte, seiner Kultur, seiner Museen und Kirchen verlustig, auf den Status eines Agrarstaates zurückgefallen und noch nicht einmal das!

Niemand glaubte zu dieser Zeit dass sich dieses Land aus dem Schutt seiner Städte Berlin, München Dresden, Hamburg, Leipzig, Köln, Frankfurt, Stuttgart, Bremen, Essen, Dortmund, Lübeck und allen anderen ungenannten jemals wieder erheben würde.

Eine lähmende apokalyptische Endzeitstimmung lag über allem. Diese Stimmung erfasste jetzt jeden, nachdem die Suche nach Schutz und Sicherheit des eigenen Lebens zu Ende war und Analogien für die Zukunft unsichtbar blieben.

Diese Erkenntnis über die Ausweglosigkeit, die Zukunftslosigkeit und das Nichtwissen wohin, hatte ganz besonders die Mutter erfasst. Ihr Mann der Vater gefallen, die Wohnung zerstört, was wird aus den Kindern? Wo finden wir Unterkunft? Was wird aus mir? All dies ist aus der Perspektive einer jungen Frau die mit 22 Jahren - noch nicht sehr lange dem jugendlichen Alter selbst entwachsen - Witwe wurde und sich mit 25 jungen Jahren mit uns in einer grausamen Umwelt behaupten muss, zu sehen.

Die Zwangseinweisung in die zwei Zimmer in Wilgersdorf, verordnet durch den zusammen gebrochenen NS-Staat, hatte ihre Rechtskraft verloren. Der Hauseigentümer, er wollte uns wohl schneller als wir dachten loswerden, intervenierte schon bald im Bürgermeisteramt, bei dem durch die US Streitkräfte eingesetzten vorläufigen Bürgermeister. Auch dieser Ersatzbürgermeister zeigte keine Milde und setzte uns nur eine kurze Frist bis zum 25. Juni 1945 zur Räumung der Zimmer.

Die Zeiten waren für eine junge alleinstehende Frau ohne männlichen Schutz damals durchaus unsicher. Der Onkel Werner war, aus uns immer noch unerklärlichen Gründen, in Abständen und immer nur an wenigen Tagen in Wilgersdorf.

An einem schönen Frühsommertag sollte im Wald an der Kreisstraße nach Rudersdorf, noch einmal nach Brennholz zum Kochen gesucht werden. Auf einem Baumstamm - es durften wieder Bäume gefällt werden - hatten wir uns zu einer spärlichen Brotzeit niedergelassen.

Lautes Geschrei drang vom Schonungswald zu uns herüber. Bald waren etwa zehn männliche Personen in zerrissenen Kleidern die mehr Lumpen waren, schreiend gestikulierend hinter einem Mann herlaufend zu sehen. Dieser Mann schleppte einen unansehnlichen größeren Pappkoffer mit sich.

Der Koffer schlug bei der heftigen Verfolgungsjagd gegen einen Baum und sprang auf. Aus dem Koffer viel deutlich erkennbar ein Schafskopf und die Männer rauften sich, unweit von unserem Baumstamm, um diesen für sie erstrebenswerten Hunger stillenden Schafskopf. Die Mutter verharrte angstschlotternd beim Anblick dieser für sie, vermeintlich oder nicht, gefährlichen Männergruppe.

Wer am Ende den Schafskopf für sich erobern konnte, verlor sich im Weitertoben der Männer. Sie hatten ihre Zuschauer, bei ihrem Kampf um das Wenige an Fleisch an diesem Schafskopf, nicht bemerkt. Die Anspannung löste sich langsam und mit ängstlicher Eile, war der Weg aus dem Wald zur Straße gefunden.

Die Mutter hatte von freigelassenen Zwangsarbeitern, die plündernd durch die Gegend zögen, im Dorf erzählen gehört und daher rührte ihre erklärbare Angst. Tausende dieser zwar befreiten, aber von niemanden betreuten oder versorgten Männer und Frauen, zogen durch das Land und suchten sich verständlicherweise Nahrung gleich woher und vom wem.

Wenn auch so gut wie alles in Schutt und Asche lag, die ach so gepriesene deutsche Gründlichkeit, Ordnung und Bürokratie kam wieder in die Gänge. Der ältere Bruder bekam einen "Gestellungsbefehl" zur Meldung an der Dorfschule. Er war bald sieben und in der Liste im Bürgermeisteramt musste er einem der dort tätigen „neuen" und entnazifizierten Schreiberlinge mit seinen Geburtsdaten aufgefallen sein.
Die Mutter kam der Aufforderung zur Vorstellung ihres schulpflichtigen Kindes nach und befreite diesen durch das Vorzeigen der bürgermeisterlich verfügten Räumungsaufforderung, wenn auch nur vorüber gehend von der Schulpflicht.

Mit der Hälfte der ohnehin geringen Lebensmittel die Onkel Werner seiner Schwester in Gödenroth nur noch mit den größten Überredungskünsten wieder einmal abschwatzen konnte, musste schon gleich der „Heunachbar" überredet werden unsere geringen Habseligkeiten mit seinem

Pferdefuhrwerk zum Bahnhof nach Rudersdorf zu fahren. Am 26. Juni 1945 sollte der Zug nach Dortmund, in die „Heimatstadt" fahren, wenn es auch schier unmöglich schien dort in einer derart malträtierten Stadt eine Wohnmöglichkeit zu finden.

Das Pferdefuhrwerk mit den Möbel kam nach einer guten Stunde und der Nachbar mit einer Hiobsbotschaft zurück: Die Züge über Siegen fuhren nicht, weil irgendein verbohrter fanatischer Endsieggläubiger die Sprengung einiger Brücken dieser Strecke kurz vor dem Erscheinen der Amerikanern veranlasst hatte.

Die Sprengung der Brücken auf der Lennestrecke war zum Glück nicht mehr gelungen, so sagte er und die nächstliegenden Bahnhöfe, über die man diese Strecke erreichen könnte, wären die in den Städtchen Kreuztal und Erndtebrück. Der Nachbar riet uns dringend die zwar nähere Straßenverbindung über Siegen nach Kreuztal nicht zu nehmen, weil sie wegen der vielen freigelassenen Zwangsarbeiter und Kriegsgefangenen im Raum Siegen zu unsicher wäre und so blieben nur noch die Straßen nach Erndtebrück.

Mit seinem Angebot die Habseligkeiten doch gleich auf dem Fuhrwerk zu lassen, weil er in den nächsten Tagen eine Besorgung in Siegen machen müsste und er ja dann auch nach Kreuztal weiterfahren könnte. Umsonst machte er das nicht und so war die noch verbliebene Hälfte der Gödenrother Lebensmittel noch einmal halbiert und auch beim Nachbarn gelandet. Dafür musste er als Zusatzleistung unsere Habe bahnlagernd Dortmund Hauptbahnhof aufgeben.

Die verhaltene Freude wenigstens dieses oft gehasste und doch wiederum liebgewonnene Wilgersdorf auf diesem Umweg verlassen zu können, zerrann am nächsten Tag vollständig. Der Kinderwagen mit dem Aufsatz aus einem schmutzig weißen Korbgeflecht und den kleinen Rädern war noch da und sollte bald ungeahnte Dienste leisten. Was an Nahrungsmittel und Wegzehrung noch vorhanden war, unsere wenigen Kleidungsstücke und Decken und der geringe Hausrat, wurde in dem Kinderwagen verstaut. Der Nachbar der keine Straßenkarte besaß und er der Geographie ohnehin nicht all zu nahe stand, antwortete auf die Frage wie lang denn die Wegstrecke nach Erndtebrück sei, schlicht und ergreifend mit „weit".

So weit und so lang wie uns der Weg dann wirklich wurde, davon hatten wir zum Glück nicht die geringste Ahnung. Kurvig und an vielen Stellen mit ansehnlichen Steigungen, zog sich die Straße schon bis zum Dorf Deuz. Diese ersten 10 Kilometern zehrten dem Jüngsten schon an den Kräften, aber es sollte weit schlimmer kommen. Von Deuz aus stieg die Straße, immer mit der neben ihr fließenden kleiner werdenden Sieg, kurvig steil und steiler bis auf 630 Meter Höhe zur Siegquelle hinauf. Nach diesen 13 Kilometern, die abgelaufene Strecke betrug bis hierher schon 23 Kilometer, waren die Kräfte des Jüngeren am tatsächlichen Ende.

Der Mutter und dem Bruder ging es nicht viel besser. Zum großen Glück ging es jetzt bergab entlang des Bentebaches auf Erndtebrück zu und die Mutter setzte den Kleineren auf das „Gerümpel" oben auf den Kinderwagen. Es waren aber immer noch weitere 9 Kilometer zu bewältigen, auch der Bruder wurde bergab einige Kilometer auf dem Wagen gefahren, während der Kleinere heulend mit Blasen an den Füßen neben dem Wagen mehr mitgeschleift als laufe konnte.

Am Bahnhof in Erndtebrück war die Mutter wirklich am absoluten Ende ihrer Kräfte. War es die Bahnhofsmission die auf unsere Dreiergruppe aufmerksam wurde? Erstaunlich Nächstenliebe war auch im Krieg nicht gänzlich ausgestorben, es gab heißen Tee und Schmalzbrot.

Alle drei hatten wir, auch wegen des unzureichenden Schuhwerk, zum Teil blutende Blasen an den Füßen. Die noch geschlossenen Blasen an den Füßen wurden aufgestochen und an den blutenden offenen die fetzige Haut abgeschnitten, mit einer braunen stinkenden Salbe eingestrichen und verpflastert. Während der „Behandlung" wurde nicht gejammert, weil das was hinter uns lag nun nicht mehr zu übertreffen war.

Der Marterweg, vom Nachbarn als „weit" bezeichnet, war 32 Kilometer lang und es ist bis heute immer noch ein Rätsel wie diese Tortur zu meistern war. An die Zugfahrt nach Dortmund fehlt jede Erinnerung, weil sie erschöpft verschlafen wurde.

Wir waren angekommen; es muss der 28.Juni 1945 gewesen sein, auf einem Bahnhof der nur noch so hieß, weil sich Schienen auf ihm trafen. In eine zermalmte Heimat, in eine Stadt die keine mehr war, die zu einer über drei Jahre andauernden Odyssee verlassen wurde. Nach der Völkerwanderung, war aus diesen Bombenfluchten durch das „noch" Großdeutschland, die bis dato größte Binnenwanderung in der deutschen Geschichte geworden. Sechs Millionen Frauen und ihre Kinder flohen vor den Bomben des „Bomber Harris" aus den Städten aufs Land. Nur der Vertriebenenstrom - diese Völkerwanderung der Neuzeit - aus den verlorenen Landesteilen des Ostens, übertraf dann mit fast 14 Millionen Menschen den kleineren Bomben Exodus.

Ein Liedtext kommt in den Sinn: „Wir sind durch Deutschland gefahren, vom Meer bis zum Alpenschnee..." nur die vierte Himmelsrichtung Norden fehlt, am Meer waren wir nicht.

Das „Bahnlagernde", vom Nachbarn in Wilgersdorf abgeschickt, war nicht auffindbar, wo sollte es auch gefunden werden? Ziemlich naiv erschien jetzt die Vorstellung in Wilgersdorf, auf dem total zerbombten Dortmunder Hauptbahnhof noch etwas bahnlagernd deponieren zu können.

Nach Osten, weit hinter dem Burgtor, fuhr die Straßenbahn noch und die Mutter hoffte auf die Möglichkeit, wenn sie auch nicht wusste auf was wir schlafen und womit wir uns zudecken sollten, das Zimmer in Dortmund-Brakel als provisorische Unterkunft zu bekommen. Aber andere Ausgebombte hatten das Zimmer schon belegt. Wohin jetzt mit Kindern, Kegel und Kinderwagen, die Oma in Schwerte kann und muss die letzte Rettung sein.

Die ausgebombten Menschen wohnten zum Teil lebensgefährlich auf offenen Geschossflächen denen die Wände heraus gesprengt waren. Oder nur noch in den Kellern die von Erd- und Obergeschossen frei gebombt waren. In stehen gebliebenen Holzbaracken der Flakabwehr, in Bunkern, in Gartenhäuschen, in Ställen, in Nissenhütten die ehemals Heeresgut beherbergten.

Nach wenigen Wochen kamen noch einige Millionen Vertriebene aus dem verlorenen Osten, die überwiegend nach Westdeutschland zu den Amerikanern wollten und suchten eine Unterkunft. Die Wohnungsnot verschärfte sich ins Dramatische. Sechs bis achtköpfige Familien hausten in einem Zimmer, wenn sie denn eins bekamen. Aus dem unverbrannten Ruinenholz und den Restblechen von den Dächern, entstanden primitive Hütten oder „Anbauten" an den stehen gebliebenen Brandwänden und Außenmauern der Häuser.

Die vier Siegermächte hatten Deutschland in vier Zonen aufgeteilt. Noch waren es vier, aber nach 1946, der wirtschaftlichen Zusammenlegung der Westzonen, waren es nur noch drei. Wir waren von da an die „Eingeborenen von Tri-Zo-Nesien" Zum Glück kam der Morgenthau-Plan, der Deutschland aller Industrie berauben und zu einem reinen Agrarland machen sollte, nicht zur Durchsetzung.

Dennoch wurde in der britischen Besatzungszone alles was der Krieg in den Betrieben an Maschinen und Anlagen noch übriggelassen hatte, demontiert und nach England verfrachtet. Man zog sogar in Erwägung, Deutschland in zwei Länder zu teilen, eine südliche Hälfte mit Wien als Zentrum und der nördliche Teil mit Berlin als Regierungssitz.

Es siegte die Einsicht, man könne nicht einerseits für das Recht auf Freiheit, Demokratie und freie Persönlichkeitsentfaltung kämpfen und andererseits den geschlagenen Deutschen diese Rechte nicht zubilligen wollen. So kam es: Das geschundene Europa sollte mit Hilfe der Amerikaner wieder wirtschaftlich aufgerichtet werden.

Mit dem Marshallplan wurden 14 Milliarden Dollar, nach heutigen Wert rund 80 Milliarden Euro, auf die Länder Europas verteilt. Deutschland erhielt davon 1,4 Milliarden Dollar (heutiger Wert ca. 8 Milliarden Euro). In Anbetracht der ungeheuren Zerstörungen in Deutschland nicht unbedingt eine überwältigende Summe, aber wir waren ja die Kriegsbeginner und nicht die Kriegsgewinner.

4.2 Die Aufnahme bei der Oma in Schwerte/Ruhr

Nach der Tortur des langen Marsches zum Bahnhof in Erndtebrück, hatten wir uns auch auf der Bahnfahrt kaum erholt. Nach der fehlgeschlagenen Wohnungssuche in Dortmund-Brakel lag schon wieder ein langer Weg zur Haltestelle an der Rennbahn in Wambel vor uns.
Die Tram zuckelte der Wittbräucke in Berghofen zu und nach dem Umsteigen brachte uns die Schmalspurbahn bis zum Schwerter Bahnhof. Zum Glück war der Weg zur Oma nicht mehr weit das wussten wir. Das Haus auf der Ecke am Rosenweg wird sichtbar, wenn die erste der Werkhallen umrundet ist. Nun noch den Kinderwagen auf dem von Werkhallen eingemauerten Rosenweg hochgeschoben , dann standen wir endlich vor Omas Haus.

Ein eigenartiger Geruch der diesem Haus schon immer eigen war, stieg jetzt besonders deutlich in die Nase. Ein Geruch nach alten Ziegelsteinen, nach feuchtem Holz, nach muffigem Keller, nach Terpentin aus billigem Bohnerwachs, nach Linoleum, Balatum oder Stragula. Ein wenig Heimatgefühl umgab uns, wo sollte Heimat denn sonst sein oder wo war sie? Hat es sie in der bisherigen Kinderzeit jemals gegeben?

Die Oma war überrascht und der Stiefopa noch mehr, als die Mutter ihm eröffnen musste, nur hier am Rosenweg in der Fleitmannstraße als letzte Möglichkeit eine Unterkunft zu finden. Wir waren müde, im hinteren Zimmer wurden Decken ausgelegt und von der längeren Diskussion mit dem Stiefopa hat uns die Mutter erst einige Tage später erzählt.

Es hatte sich etwas geändert, wir waren nicht auf kurze, sondern auf unabsehbare Zeit hier in Schwerte angekommen. Sie weinte und erzählte von ihrem Gefühl von ihrem

Stiefvater nie richtig geliebt und anerkannt worden zu sein. Dieses Gefühl deutete sie mit dem später erst verstandenen Wort „gelitten" an, wir sind hier nur gelitten so nannte sie unsere Gegenwart. Auch zu uns hatte der Stiefopa nicht eigentlich einen Bezug, er war schweigsam, nicht gerade abweisend, aber ihm fehlte ganz und gar jede Andeutung einer Zuneigung wenn wir in seiner Nähe waren.

Auch die Oma erging sich nicht in einem Überschwang der Gefühle zu uns. Möglicherweise traute sie sich auch nicht in Gegenwart des Stiefopa irgendeine Regung von Gefühl uns gegenüber zu zeigen. An eine liebevolle Berührung durch die Oma fehlt jede Erinnerung. Das Leben war hart und es sollte noch härter werden, hat das Erlebte, die Schwere dieses Lebens auch die Menschen verhärtet?

4.3 Über Schuld und Sühne

Eine Deutsche jüdischen Glaubens, war durch eine gelungene Flucht in die Schweiz dem Holocaust (griech.: vollständig verbrannt) entkommen und musste, um persönliche Dinge zu klären, nach der Kapitulation in das zerschlagene Deutschland zurück.
Ganz bewusst sind die Worte *„Deutsche jüdischen Glaubens"* gesetzt, umgangssprachlich benutzen wir ja auch nicht ein substantivisches Abstraktum Katholik oder Protestant, wenn wir von einem Deutschen oder Österreicher reden.
Sie schildert ihren Eindruck den die Menschen hier auf sie machten subjektiv aus ihrer Sicht: „In Anbetracht der Geschehnisse die das Nazi-Deutschland zu verantworten hat, sind die Menschen erstaunlich unberührt, ja fast gleichgültig und abgestumpft gegenüber den Verbrechen und millionenfachen Morden."

Vorausgesetzt es hat in Deutschland - wie Historiker annehmen - rund 300.000 Menschen gegeben, die organisatorisch, logistisch oder unmittelbar als die Täter an den Verbrechen des Nazi-Regimes beteiligt und schuldig wurden. So darf man daraus folgern, dass die große Mehrheit der Deutschen nicht daran beteiligt war. Verbrechen und Menschenrechts-Verletzungen gab und gibt es immer wieder und überall. So in Libyen, Syrien, Vietnam, Serbien, Ruanda, Sudan, Guantanamo, Afghanistan. oder sonst wo auf der Welt.

Nur allein die historisch einmalige Größenordnung der Naziverbrechen, macht den einzelnen unbeteiligten Deutschen nicht schuldiger als jeden anderen unbeteiligten Menschen einer Nation in deren Namen Verbrechen begangen werden.

Schuld ist keine Erbsünde, sie ist nicht erblich, wie Gene die an die Nachkommen weiter gegeben werden. Nur wer die Verbrechen der Nazis leugnet oder klein redet, der ist es nicht der macht sich schuldig. Schätzungsweise ein Fünftel aller Deutschen wussten oder ahnten von den Verbrechen der Nazis. Ist Wissen oder Ahnen schon Schuld wenn ein Dagegensein oder Dagegenreden mit Freiheit oder gar mit dem Leben bezahlt werden musste, wie Viele es tatsächlich bezahlen mussten?

Sind oder wären alle jene welche allen Deutschen eine Mitschuld an den Verbrechen zuweisen wollen mutiger gewesen als diese es waren? Die Mehrheit wusste und ahnte nichts von den Verbrechen an Juden, Sinti, Roma, und an Gegnern des Regimes.

Auch in unserer Familie wusste man zwar von der „Reichskristallnacht" die mit Recht als Verbrechen gilt, war aber nicht an ihr beteiligt. Durch den Stiefopa, der als SPD-ler Hitler nicht gewählt hat, ja selbst kurze Zeit

verhaftet war, wusste die Familie von den Verhaftungen politischer Gegner und Kritiker der NSDAP. Von Morden, von KZs, und Vergasungen wusste und ahnte man - bis zu den Morden in Dortmund-Brünninghausen- in der Familie aber nichts.
Und doch kann man dem vorgenannten Zitat insofern zustimmen, als die geschilderte Gleichgültigkeit, das Unberührtsein und die Abstumpfung, auf die meisten Deutschen nach den Schrecknissen des Krieges durchaus zutraf. Nur die Gründe dafür lagen wo anders, ohne das Leid der Verfolgten und Überlebenden des NS Regimes in irgendeiner Weise kleiner zu machen.

Die geschlagenen Deutschen standen allem Leid scheinbar unberührter gegenüber, weil durch Anrührung auch ihr Leid nicht mehr zu ertragen gewesen wäre. Sie haben das Morden der Nazis in den KZs nicht gesehen, aber sie haben Aberhunderte in den Feuerstürmen von Hamburg und Dresden verbrennen sehen. Sie haben vor dem aus Eisenbahnschwellen errichteten Scheiterhaufen auf dem hunderte von Leichen in Dresden verbrannten gestanden.

Sie haben ihre Angehörigen als verkohlte oder zerfetzte Leichen nicht mehr erkennen können. Sie haben gekochte Menschen in dem durch den Feuersturm aufgeheizten Wasser der Brunnen gesehen. Sie sahen zu wie Frauen, Kinder und Alte auf ihrer Flucht von den schnell vorrückenden russischen Panzern bei lebendigem Leib samt Pferd und Wagen überrollt wurden. Wie ihre wenige letzte Habe von Panzerketten zermalmt wurde. Sie haben mit der Angst um ihr Leben dutzende mal in den Kellern gesessen.
Sie haben am Nickelwerk die hysterischen, sich Haare ausreißenden Frauen und auf den LKW Pritschen zerfetzte Leichen gesehen. Sie haben ihre Männer, Frauen, Väter, Mütter, Eltern, Kinder, Brüder, und Schwestern verloren. Sie

haben auf den Flüchtlingstrecks Hunderte ermordet, sterbend und tot in den Straßengräben gesehen. Sie mussten mit ansehen wie ihre Habe verbrannte.
Sie sahen hunderte Kinder, Frauen und Alte samt Pferden und Wagen bei ihrer Flucht unter das zerschossene Eis im frischen Haff bei Königsberg versinken. Sie sahen oder erlitten Vergewaltigungen und Misshandlungen in Serie. Mehr als 14 Millionen haben ihre Heimat verloren. Sie haben ihre Häuser, ihre Wohnungen, ihr Hab und Gut und viele ihr Leben verloren.

Die Davongekommenen waren demoralisiert, sie waren abgestumpft, ihr Leben hatte jeden Bezugspunkt verloren. Sie standen gegenüber allem was war und was kommt gleichgültig gegenüber, weil alles seine Gültigkeit verloren hatte. Ihr Verhalten war Selbsterhalt, war Selbstschutz um mit all dem was war zu leben und dieses Leben noch ertragen zu können.
Hier verliert auch das von Churchill, im Zusammenhang mit den deutschen Bomben auf England, benutzte Zitat: "Wer Wind sät wird Sturm ernten" seine absolute Gültigkeit. Denn die Meisten die diesen Sturm ernten mussten, besonders die Kinder, Frauen und Alten, hatten den Wind nicht gesät aber den Sturm mussten sie über sich ergehen lassen.

Wer weiß denn von den nicht erlebenden, nicht betroffenen Deutschen jüngerer Jahrgänge, heute noch etwas von dem Bombenterror auf die Zivilisten, den Vertreibungen von Millionen Deutschen aus den ehemaligen Ostgebieten und aus ihren weiteren Ansiedlungen im heutigen Ausland, außerhalb dieses ehemaligen Großdeutschland? Den Vertriebenen aus Polen, Russland, der Tschechoslowakei, aus Rumänien, Ungarn und Jugoslawien.

Von den heute über 30 jährigen Befragten, konnten nur 10% aus den vorgegebenen Zahlen die Menge der Vertriebenen zwischen 10 und 20 Millionen annähernd einschätzen. Bei den unter 30 Jährigen lag diese richtige Einschätzung nur noch bei 4%. Die Gründe für diese Unwissenheit sind vielfältig.

Grundsätzlich wurde selbst in Deutschland über fast sieben Jahrzehnte jedem Diskurs, jeglicher Diskussionen, und Informationen über die Schuld der Deutschen und den Menschenrechts-Verletzungen der „Guten" in diesem Krieg, durch eine kollektive Verdrängungs- und Vermeidungsstrategie die Basis entzogen.
Dieses lange Schweigen unserer Väter und Großväter, das Verdrängen der beteiligten Kriegsgeneration, nahm ihren Kindern auch jede Möglichkeit den Anteil ihrer Väter an der Schuld für die Verbrechen dieses Krieges zu beurteilen.
Eben darum war die Schuld ihrer Väter an den grausamen Erlebnissen in ihrer Kindheit nicht zu bewerten. Schlimmer noch betroffen waren die 2,5 Millionen Kinder gefallener Väter, die Vermutungen anheim fielen, weil sie ihre Väter nicht befragen konnten.
Schuld war auch dieses Schweigen der Väter an den Vorstellungen vieler „Achtundsechziger" die alle zu Mördern abstempelten, die in diesem Krieg Soldat waren. Wie sollten sie die Schuld der Parteibuchbesitzer, der Beamten und der Polizisten und der Sonstigen am Krieg Beteiligten einschätzen?. Inquisitorisch forderten sie Rechenschaft von ihren Vätern über deren Verstrickung in diesem „Mörderischen Krieg".

Wir, die Kriegskinder erfuhren später, nach diesem langen Schweigen inzwischen aus vielen Veröffentlichungen, dass 1941 in Russland unmittelbar hinter der anfangs vorpreschenden Front die Einsatzgruppen der SS ihr mörderisches Werk begannen. Wie zum Beispiel Himmlers „SS Einsatzgruppe D", deren Opfer allein in der Ukraine 90.000 Kommunisten, Juden, Intellektuelle, Politoffiziere, Sinti und Roma wurden, ohne dabei die Frauen und Kinder auszunehmen.

Es gab von „A bis D" allein vier, neben anderen dieser „Sondertruppen" Himmlers, die in Russland eigens für das Morden aufgestellt waren. Schon hierin liegt eine gewisse Schuld der kämpfenden Wehrmacht, insbesondere ihres wissenden Führungspersonals, das von diesen Verbrechen gegen die Menschlichkeit gewusst, und sie prinzipiell erst möglich gemacht haben.

Im Zusammenhang mit den Morden dieser Einsatzgruppen des Reichsführers-SS Heinrich Himmler, ist in einigen Veröffentlichungen zu lesen: Adolf Hitler hätte von all dem nichts oder kaum etwas gewusst. Gegen diese Feststellung spricht das minutiös handschriftlich von Heinrich Himmler selbst geschriebene Tagebuch.

Mehr als hundert Eintragungen in nur einem Jahr belegen über 100 mehr oder weniger private Besuche und gemeinsame Essen bei oder mit Adolf Hitler. Es ist kaum vorstellbar, dass Himmler sich seiner „Leistungen" bei der Vernichtung von Juden und anderen, bei diesen intimen Treffen nicht gerühmt und gezielte „Wünsche" Hitlers hierzu überhört haben soll.

Erich Fromm stellt zu der Persönlichkeit Himmlers sinngemäß fest: Im Gegensatz zu Hitler brauchte Himmler einen Halt eine Führung, eine Führungsfigur der er sich in einer Art idealisierter sklavischer Hörigkeit unterwerfen konnte.

Im Grunde war Himmler zur Vorgabe einer Richtung, zur Selbstentscheidung unfähig. Hitler hatte diese Ideen und hatte seine Vorgaben, um sich dieses unterwürfigen

Vollzugsbeamten des Todes bewusst zu bedienen, der dann seine Ausrottungsideen Wirklichkeit werden ließ. In ihrer Skrupellosigkeit waren beide sich sehr ähnlich, aber es gab natürlich Unterschiede zwischen dem „Führer" und dem von ihm geführten Himmler. Andererseits liegt in einer ungünstig prägenden vergleichbaren Kindheit beider, der passende Schlüssel für die Ähnlichkeit in ihrer Persönlichkeits-Konstellation.

Eine Konstellation des Hasses, des Verteufelns von Menschen und Rassen und auf der anderen Seite das fast romantisch anmutende symbiotische Idealisieren einer Sache, einer „reinen Rasse", eines besonderen Volkes in einer „reinrassigen" Volksgemeinschaft. Hierzu geht auch die schon wahnhafte und größenwahnsinnige Bauwut Hitlers zu immer gewaltigeren Vorhaben, die Albert Speer zum Glück nur zum geringen Teil realisieren konnte, konform.

Jahrzehnte haben die damals führenden und überlebenden Generale und später Teile der Bundeswehr, an der Unschuld der Wehrmacht an diesen Verbrechen gestrickt. Die teilweise wegen handwerklicher Fehler, falschen Unterschriften und Zuordnungen umstrittene Wehrmachtsausstellung hatte in den neunziger Jahren dennoch das Verdienst, mit dem Mythos der „Sauberen Wehrmacht" endgültig aufgeräumt zu haben.

Dennoch darf gefragt werden: Wie viele waren es von den insgesamt acht Millionen Soldaten, die sich bei ihrem Einsatz in Russland schuldig machten? Waren sind und bleiben alle Deutschen ein Volk von Tätern, gefangen in unentrinnbarer Schuld? Ein historisch und genetisch begründbarer pathologischer Grundzustand aller Deutschen mit dem nationalen Ziel die Juden zu vernichten, wie es der Amerikaner Daniel Goldhagen 1996 behauptete? Mit dieser unhaltbaren These einer genetischen Manifestierung, unterstellt Goldhagen generell allen Deutschen die Präferenz eines unveränderbaren Handelns und gerät damit selbst in die Nähe der Rassentheorie der Nazis.

Die anderen an den Morden unbeteiligten Deutschen und auch die Unschuldigen, es gab mehr Unschuldige als man es außerhalb Deutschlands wahr haben will, werden nicht ausgenommen. Dieses Gift der ewigen Verdammnis ist prinzipiell, mal mehr oder weniger erkennbar, in fast jeder europäischen Nation ausgestreut. Kann Schuld durch Sühne vergeben werden? Oder ist das Maß der Vergebung, oder grundsätzlich eine Vergebung, von der Zahl der Schuldigen, von der Größe der Schuld oder der Schuld einer bestimmten Nation abhängig?

Fjodor Dostojewsky eröffnet seinem Täter Raskolnikow in seinem Roman „Schuld und Sühne" die Möglichkeit zum Wandel durch Sühne. Für Deutschland ist dies scheinbar nicht möglich, obwohl es übersät ist mit Erinnerungsorten und Gedenkstätten. Sein Kalender mehr gefüllt ist mit runden und unrunden Jahrestagen als mit anderen Feiertagen im Gedenken an das schreckliche Grauen. Sollte Günter Grass doch recht behalten wenn er in seiner Novelle „Krebsgang" schreibt: „Die Geschichte, genauer die von uns angerichtete Geschichte ist ein verstopftes Klo. Wir spülen und spülen, die Scheiße kommt dennoch immer wieder hoch".

Wir Kriegskinder, wissen auch von den „Helden", von den Guten, von den Fluchthelfern, den Versteck gebenden, den Verweigerern des Mordens. Wir wollen in diesem Abort des Schreckens nicht immer weiter spülen und rühren, wir stellen aber immer noch die Frage: Warum habt ihr nicht so gehandelt, warum haben nicht mehr Deutsche so gehandelt wenn es doch möglich war? Es gab darauf bisher in jetzt über sieben Jahrzehnten zu wenige, zu unbefriedigende und manchmal keine Antworten.

Was die Jüngeren, Unbelasteten, versehen mit der „Gnade der späten Geburt" (Helmut Kohl) darum umtreibt, ist diese unerklärbare Schuld der wirklichen Täter, der opportunen Mitläufer, Schreibtischtäter, Organisatoren der Morde, der Judendeportationen „Gewusst zu haben". Diese bedenkenlose Offenbarung einer schier unfassbaren Mitleidlosigkeit des Handelns.

Das Böse, das Furchtbare wurde zur Banalität., die sich in einer undenkbaren Grausamkeit und außergewöhnlichen Beflissenheit für das eigene Fortkommen zeigt. Diese Täter und Beteiligten haben alles getan und alles in Kauf genommen, obwohl es dafür eigentlich keine eigenen Motive gab. Ein Tun und Handeln gleich jämmerlich wie teuflisch in seiner Alltäglichkeit.

Lange können wir Kriegskinder unsere Fragen an unsere Väter nicht mehr stellen. Nicht an die Gefallenen, nicht an die Gestorbenen oder Dementen, nur noch an die wenigen Überlebenden. Mit dem und für das Recht unserer Kinder und Enkel sollten wir so lange weiter fragen bis auch der Letzte nicht mehr antworten kann.

Aber wir die Kriegskinder nehmen uns auch das Recht Fragen an die andere Seite zu stellen, an die sogenannten Guten, oder an Jene welche sich noch immer dafür halten. Weil wir dabei waren, zusehen mussten, es spürten, erdulden mussten.

Wenn man schon in Deutschland heute über die Verbrechen während der Vertreibungen an sich so wenig weiß, herrscht in der Welt und in Europa ein geradezu unglaubliches Nichtwissen über eine der schlimmsten Katastrophen die am Ende des II.Weltkrieg Europa heimsuchte. Der Holocaust dagegen ist heute jedem Kind in Amerika und Europa geläufig.

Warum hat die Welt daraus keine Lehren gezogen? Weil sie davon zu wenig weiß. Weil sie sich für die neue Katastrophe nicht interessiert? Schon wieder sind über sieben Millionen auf der Flucht, vor Terror Mord und Bomben. Über Hunderttausend Menschen sind diesem neuen Wahn und seinen Verbrechen schon zum Opfer gefallen.

Ist Machterhalt, Machtstreben, Machtgewinn, Geld oder eine Religion, immer noch und schon wieder mehr wert als ein Menschenleben? Kann die Verteidigung von „Auserwählten", die meinen einen besonderen Glauben an einen Gott für sich beanspruchen zu können für den sie bedenkenlos Menschen morden, im Sinne dieses Gottes sein? Wenn es diesen einen allmächtigen Gott gibt, dann wird und kann es diesen Gott nur einmal geben. Hier stellt sich zwangsläufig die Frage: Wer sind eigentlich die Ungläubigen?

Auch bei uns haben viele Deutsche in den vergangenen Jahrzehnten über die Taten der sogenannten „Guten", über den Sinn und die Notwendigkeit des Vorgehens im Bombenkrieg, den Verbrechen während der Vertreibungen und der Vertreibung selbst, eine Decke des Schweigens gelegt, weil ihre Erwähnung neben dem Ausmaß der NS-Verbrechen keinen Bestand haben könnte.

Den Vertriebenen-Verbänden selbst wurde von verschiedenen Seiten eine gewisse Rückwärtsgewandt und Verhinderung der Entspannung mit den Vertreiberländern unterstellt.

Nicht zuletzt wurde fast jeder Äußerung eines Deutschen über die Unrechtmäßigkeit manchen Vorgehens der Alliierten, den Vertreibungen, den Menschenrechts-Verletzungen, eine revanchistische, reinwaschende oder von eigenen NS-Verbrechen ablenkende Tendenz unterstellt.

Die Gräueltaten des Nazi-Regimes als Argument und Vorwand zu benutzen, diese Menschenrechts-Verletzungen und Vertreibungen nicht als solche benennen zu dürfen, bleibt darum fragwürdig.

Es geht dabei nicht um Aufrechnung, bei der die Deutschen ohnehin schon mit der Ungeheuerlichkeit der Zahlen ins Hintertreffen geraten.

Es sind ja bei weitem nicht nur die Fragen zur Notwendigkeit des bewussten Bombenterrors auf Zivilisten und der Vertreibung von 13 Millionen Menschen allein, es sind auch Eine Millionen überwiegend unschuldige Menschen, die diesem Terror und den Vertreibungen zum Opfer fielen.

Historiker schätzen die Zahl der Toten des Bombenterrors auf ca. 500.000 und die Zahl der Todesopfer während der Vertreibungen auf mindestens 200.000. Die meisten dieser Toten waren an den Verbrechen der Nazis unschuldige Frauen und Kinder, die nur das Pech hatten deutsche Frauen und Kinder zu sein.

Um nicht in den Verdacht zu geraten alle Deutschen zu unschuldigen Opfern machen zu wollen, sei ein 2012 heraus gekommenes Buch eines wahrlich Unverdächtigen zur Lektüre empfohlen: „Die Vertreibung der Deutschen nach dem II. Weltkrieg" 3.Auflage 2012 von R.M. Douglas, Professor für Geschichte an der Colgate University in Hamilton, New York.

Es war für Kriegskinder damals nicht die Zeit für das Wissen und das Erkennen um zu Erfahren und zu beurteilen was vorher war, aber das was die meistens Unschuldigen und wir Kriegskinder erfuhren und erlitten und noch erleiden mussten, war in der Zeit.

War alles das für die Nichttäter. die Vorbeisehenden, Naiven und Unschuldigen nicht Strafe genug für das Stillhalten, für das ängstliche Schweigen und für das Kreuzchen auf den Wahlzetteln im Kästchen für die NSDAP nur weil sie von einem Demagogen und potentiellen Verbrecher belogen und betrogen wurden? Aber von den tatsächlichen Verbrechern die man hätte bestrafen müssen, sind zu Viele davon gekommen.

Wie viele Deutsche haben denn bis vor der Machtergreifung Hitlers ihr Kreuzchen bei der NSDAP für Hitler gemacht?: Es waren zunächst nur 36,4 Prozent! Umgekehrt wollten also fast 64 Prozent aller Deutschen diesen Hitler nicht! Die Demokratie, des Volkes Wille war bis Ende 1932 und zum Anfang 1933 tatsächlich noch immer der Souverän. Ob diejenigen die ihn dann letztendlich unter fragwürdigen Umständen undemokratisch an die Macht brachten schuldig wurden?

Und für jene die dieses Kreuzchen an der besagten Stelle nicht gemacht haben, oder für die Abgeordneten der SPD, KPD und alle anderen die diesen „Reichskanzler Hitler" nicht wollten, wurde und war es dann noch zusätzlich unfreundlich, bedrohlich, lebensgefährlich und sehr oft tödlich. Macht bitte die Deutschen, bis auf die wirklich Beteiligten die Täter und verantwortlichen Verbrecher, insgesamt nicht schlechter als sie es waren, wenn Ihr nicht wissen könnt bis zu wie viel Mut und wie weit Euer Widerstand gereicht hätte!

Es gibt keinen Zweifel, der Sieg der „Guten und Gerechten" über das Hitler-Deutschland war notwendig und unabänderlich. Aber der Heiligenschein der „Sieger" und auch bei denen die sich zu den Siegern rechnen, hat durch historische Erkenntnisse und in Folge der Ereignisse in den bald sieben vergangenen Jahrzehnten, sehr viel von seinem einstigen Glanz verloren. Es war und ist nicht alles edel noch gerecht und den Menschenrechten entsprechend. Es war nicht alles Gold was noch immer.....

4.4 Leben um des Lebens willen.

Und dieses von den Kriegskindern und ihren Müttern unverschuldete Leben musste auch in Schwerte an der Ruhr ertragen und gemeistert werden. Zunächst mussten wir unsere Schlafstellen herrichten. Die geretteten Betten und Matratzen waren aus Dortmund immer noch nicht da.
Woher die Mutter oder Oma die zwei Matratzen organisiert hatten, die dann in unserem Zimmer lagen, war nicht auszumachen. Unser Zimmer war übrigens das Kinderzimmer in dem die Mutter, der Onkel und die Tanten einmal gemeinsam als Kinder schliefen. Auch Decken waren von der Oma gebracht oder organisiert worden. Im Organisieren lag der wesentlichste Zeitaufwand in dieser Zeit. Es war eine Zeit in der man nicht in irgendeinen Laden gehen konnte um die Bedürfnisse der verschiedensten Lebensbereiche zu decken. Zunächst wurden die Lebensmittelkarten oder Marken zerschnitten. Auf jeder einzelnen Marke oder jedem Abschnitt, war eine bestimmte Menge in Gramm für Margarine, Mehl oder Fett oder eine Zahl, wie zum Beispiel für ein Ei aufgedruckt.

Nun wurden Häufchen für jeden Tag oder die Woche gemacht, um die ohnehin geringen Mengen auf den Monat für den die Lebensmittelkarten galten zu verteilen. Wir mussten uns organisieren, wer wann sich waschen durfte, wann jede Partei kochen konnte. Wer wann seine Wäsche waschen durfte. Wer kümmert sich um Brennmaterial? Wer wird jeweils für das Anstellen an den verschiedenen Geschäften eingeteilt.

Eine der zeitraubenden Tätigkeiten, aber Zeit hatten wir mehr als alles Andere, lag im Herumhorchen um in Erfahrung zu bringen, wo denn nun die einzelnen Lebensmittel zu bekommen waren, wenn sie es waren. Wo gibt es Brot oder Fett oder Marmelade und wann. Für Brennmaterial gab es „Zuteilungsscheine", aber wo gab es Brennbares? Kohlen gab es nur als wabbeligen schwarzen „Kuchen" der ab und an zu haben war. Es war jene Schlammkohle, die sich bei der Kohlenwäsche auf der Zeche aus dem Kohlenstaub der „echten Kohle" absetzt und dann wie Torf gestochen werden muss. Ihr Brennwert war im Vergleich mit richtiger Steinkohle miserabel. Aber in jedem Fall besser als frieren. Als bedrückend dazu kamen die entsetzlichen „ Wohnverhältnisse", die räumliche Enge, das Eingepferchtsein auf engstem Raum. Dieses „Wohnen" ist für diese Zeit nur durch den Begriff „Hausen" zu ersetzen.

Wie und wo wir alle in der kleinen Wohnung untergebracht waren und darin leben konnten, bleibt immer noch ein Rätsel. Zwei Tanten, der Onkel, Oma und Stiefopa und wir drei. Es gab nur ein Waschbecken und das war auch noch das Spülbecken, ein Spülstein in der Küche und für das größere Geschäft mussten wir, auch in der Nacht den weiten Weg zum Plumpsklo über den Hof nehmen.

Für die kleineren Geschäfte waren in jedem Zimmer, in denen übernachtet wurde, Nachttöpfe aufgestellt. Am frühen Morgen wurden sie in einen Sammeleimer geleert und in den Hof gebracht. Wer in den dunklen oft nebligen Nächten nach Draußen auf den Hof musste, rannte sich nicht selten schlaftrunken die Stirn an einem Pfosten der dort einbetonierten Teppich- und Wäschestangen blutig.

Der Bruder wurde jetzt tatsächlich eingeschult und die notwendigen Utensilien wie Schiefertafel, Auswischlappen, Griffel und Tornister mussten beschafft werden. Onkel

Günter besorgte, wer weiß woher, einen Affen. Das braune Ziegenfell, an ein Affenfell erinnernd, auf seiner Abdeckklappe, gab diesem Tornister aus Wehrmachtbeständen seinen Namen. Dieser „Affen" diente noch lange, bei allen unseren späteren Aktivitäten als unverzichtbares Transportmittel.

Weil mehr Menschen auch mehr Essbares benötigen, hat sich der Stiefopa aus zusammengesuchten Brettern und abgehobenen Dielen aus den umliegenden Ruinen einen zweiten Hasenstall, oder wie man es im Ruhrgebiet nannte, einen Karnickelstall gezimmert. Jungtiere bekam er von einem Arbeitskollegen aus den „Rosen" und nun war er und wir stundenlang unterwegs auf der Suche nach Futter für die Tiere. Löwenzahn und Sauerampfer gab es nur den Sommer über.

Für den Herbst und Winter hatte der Stiefopa in seinem Garten hinter der Brotfabrik Klee gesät und trocknete ihn neben seinem Tabak auf dem Dachboden. Die Ställe für die „Stallhasen" waren vom Stiefopa nicht an der langen Mauer hinter den Stallgebäuden aufgestellt, wo auch die Nachbarn ihre Ställe hatten. Aus Angst vor dem „Hasenklau" hatte er sie direkt unter das Küchenfenster der Wohnung gestellt. Der Hasenklau war genau so geächtet und schwerwiegend wie der Pferdediebstahl damals im wilden Westen, aber er geschah immer wieder.

Wenn auch Schlösser die Stalltürchen zuhalten sollten, so war deren Qualität kaum einem Schlossknacker-Angriff gewachsen. Unerklärlicherweise hängte der Stiefopa auch noch ein Schloss an das große nicht zweckdienliche schmiedeeiserne Tor zum Hinterhof, obgleich dieser zwischen den Häusern ungehindert zu betreten war.

Motorfahrzeuge fuhren nicht weil es kaum noch welche gab und für die Wenigen fehlte Benzin oder Dieseltreibstoff. Aber die Pferde, soweit sie nicht für den Krieg Verwendung gefunden hatten, waren mehr denn je auch wegen ihrer Hinterlassenschaften gefragt. Sie hinterließen auf den Straßen mit ihren „Äpfeln" begehrtes und kostbares Düngegut.

Stiefopa hatte sich durch Herstellung eines Schubers aus Ruinenholz, auf das Aufnehmen und die Rettung dieser kostbaren Pferdeäpfel vorbereitet. Sobald er Pferdehufe auf dem Rosenweg oder der Fleitmannstraße hörte, oder die Pferde aus dem Küchenfenster sah, war er mit seinem Holzschuber und einem Handbesen draußen auf der Straße. Dort warteten - nicht nur die Spatzen - auch noch andere Apfeljäger und Gartenbesitzer um an den wertvollen Dünger zu gelangen. Jeder rannte so schnell er konnte zu dem unvorhersehbaren Geschäft des Pferdes, wenn es denn passierte. Einige machten sich sogar die Mühe die Pferde zu begleiten um dem Zufall zuvor zu kommen.

Auf Grund seines Einsatzes gehörte der Stiefopa dann öfter zu den Glücklichen die etwas abbekommen hatten. Er stopfte die „Äpfel" dann in eine Blechtrommel mit Deckel. Nach jeder seiner „Sammlungen" brachte er aus Angst vor „Apfeldieben" diese Blechtrommel in den Keller.
Wenn die Trommel voll war, das dauerte meist nur eine Woche, dann fuhr er mit einem von uns Kindern, nicht bevor er seinen obligatorischen Satz los wurde wenn er etwas in Angriff nahm: „Dann man tau" (Dann man zu oder los) und der Trommel auf der alten Holzschubkarre in den Garten und verteilte akkurat seine wertvolle Fracht.

Wenn aus den Güllegruben hinter den wenigen noch stehenden Häusern, die von Mensch und Tier gemeinsam erbrachten Hinterlassenschaften mit den so genannten „Jauchescheppern" in die Holzzuber und Fässer geschöpft wurden, verbreitete sich immer ein unerträglicher Gestank. Einige der Nachbarn fuhren diese Jauche oder Gülle in ihre Gärten und dünkten damit Kartoffel- und Gemüsebeete. Die Oma wollte das nicht und wir haben - nur mit Pferdemist gedüngt - weniger gehabt und dafür mehr Hunger in Kauf genommen, als dieses Gemüse gedüngt mit dieser stinkenden Jauche essen zu wollen.

Unsere Spielplätze waren die Ruinen um Omas Haus. Immer wenn in dokumentarischen Filmen aus dieser Zeit spielende Kinder zu sehen sind, wie zum Beispiel in dem Film „Der Hungerwinter", kommt das Erstaunen hoch wie wir trotz des Hungers spielen konnten. Gleich neben Omas Haus standen nur noch die Außenmauern der „geknackten" Nuss" das Labor und unten in dem Loch, wo einmal ein Keller war, hatte sich eine gelbrote Brühe, aus ausgelaufener Säure gesammelt.
Diese Säure war wahrscheinlich einmal in den beim Bombenangriff zerplatzten Glasballons enthalten, die für viele metallurgische Zwecke im Labor des Metallwerkes benötigt wurden. Mit einem Heidenrespekt näherten wir uns über eine weggebrochene Mauer und einem Stück Treppe diesem Loch, weil der Stiefopa gesagt hatte: „Wenn ihr dort hinein tretet oder fallt, werden eure Füße oder sogar ihr selbst vollständig von der Säure zerfressen".

In der Fleitmannstraße war jedes dritte Haus bei dem schweren Angriff zur Ruine geworden. Aber in einigen dieser „Resthäuser" war vieles von Interesse. Wir übten Zielwerfen in eines der noch in den Küchen hängenden Steinspülbecken, oder machten uns an das Demontierten und

Zerschlagen von allerlei elektrisches Zeug wie Stromzähler, Schalter und Steckdosen an den Wänden. Dieses ungehinderte und nicht verbotene Herumstrolchen in den Ruinen hätte noch mehr Spaß gemacht, wenn sich nur nicht so oft der Hunger gemeldet hätte.

Durch den Mangel an Vitaminen, Mineralien und anderen lebenswichtigen Inhaltsstoffen, bildeten sich an unseren Hälsen Taubeneiergroße eitrige Furunkel die Dr. Hannemann mehrfach aufschneiden musste.

Die regelrechte Jagd nach Lebensmitteln nahm auch uns in Anspruch. Wegen der Vielzahl der Örtlichkeiten, wo man in einer Schlange anstehen musste um etwas zu ergattern, wurden wir auf bestimmte Läden verteilt. Die Schlange an der Brotfabrik war immer die längste und hier standen wir Kinder meistens an, weil die Oma sagte „ihr habt junge Beine" und wir sollten deshalb angeblich länger Stehen können.

Aber diese Auffassung vermittelte sich uns , wenn die Knie weich wurden, ganz und gar nicht. Das Anstellen erfolgte oft im „fliegenden Wechsel", weil man hier für Brot schon am frühen Morgen anstand und sich gegenseitig abwechselte um von dem niemals für alle reichenden Brotkontingent, an der vordersten Front die größeren Chancen hatte etwas zu bekommen.

Oft wurden wir dünnen Zwerge von den Erwachsenen einfach weg- und abgedrängt. Aber wir hatten es schnell begriffen, lautes Geschrei rief die Menschen in der Reihe hinter uns auf den Plan, denn die mochten eine derartige Vorteilsverschaffung auch nicht.

Die Anstellung in der Schlange vor dem Tante Emma Laden Hatting direkt schräg gegenüber, übernahmen die Oma oder die Mutter weil sie dann schneller wieder bei ihren Kochtöpfen waren, falls überhaupt etwas zu kaufen oder zum Kochen zu kaufen war.

Vor dem Metzgerladen in den Rosen mussten wir nur wenig anstehen. Es wurde schon durch Mitteilung von Mund zu Mund bekannt gemacht, dass dort nichts zu holen wäre. Aber wenn tatsächlich einmal alle 6-8 Wochen das Gerücht umging es gäbe etwas, dann war die Schlange länger als vor jedem anderen Laden.
Wie ist es heute noch zu begreifen, wenn dieses Gerücht durch das Viertel ging, die Menschen sich für die Nacht mit Wolldecken vor den Metzgerladen legten und in der Kälte ausharrten, um am nächsten Morgen die ersten in der Schlange zu sein! Rangeleien in der Schlange arteten auch in Raufereien aus, wenn besonders Rabiate sich Vorteile verschaffen wollten.

Onkel Günter, der im Krieg seine Lehre als Gürtler (Metalldrücker Metallformer) von der Zeit her noch abschließen konnte und nur kurze Zeit zur Marine eingezogen war, bekam im Herbst 1945 wieder Arbeit im Nickelwerk. Aus den übrig gebliebenen "kriegsdienstverwendungsunnützen" Stahlhelmen, die im Werk noch gestapelt standen, machte er mit anderen Arbeitskollegen Durchschläge.
Eine simple aus Beständen umgebaute Stanze, drückte Löcher in die Helme und der überstehende Stirnrand am Helm wurde einfach abgeschliffen und fertig war das Küchengerät. In diesem umfunktionierten Stahlhelm konnte man dann den gewaschenen Salat abtropfen lassen, falls man welchen hatte.
Vieles nun sinnlos gewordene Kriegsmaterial wurde mangels anderer Rohstoffe, so weit es machbar war, zu nützlichen friedvollen Gegenständen. Aus dieser Suche nach Möglichkeiten des Umfunktionierens von nun sinnlos

gewordenen Gegenständen, entwickelten sich äusserts kreative Ideen. Aus dieser Kreativität heraus entstanden viele bekannte Großunternehmen, so wie die Firmen Grundig, Otto, Quelle oder auch Neckermann.

4.5 Die große Hamsterfahrt

Um unsere karge Kost auf ein ausreichendes Niveau zu bringen, blieben uns eigentlich nur drei Möglichkeiten: Der Schwarzhandel, der Tausch oder das Hamstern. Schon aus dem Wort „Handel" wird erkennbar, dass zum Handel auch ein entsprechendes Handelsgut gehört, aber „Handelsgüter" besaßen wir nicht.
Mit dem Tausch war es ebenso, Tauschgegenstände an die hohe Ansprüche gestellt wurden um überhaupt Nahrungsmittel dafür zu bekommen, besaßen wir nicht und der Schwarzhandel setzte den Besitz von Zigaretten oder Alkohol gepaart mit etwas krimineller Energie oder eine große Menge Geld voraus.
Für all das fehlten am Rosenweg Ecke Fleitmannstraße, bis auf den Schnaps den der Onkel Günter in geringen Mengen unerlaubt brannte, alle Voraussetzungen. Diese Schnapsbrennerei des Onkels führte immer zu heftigem Streit, weil es ohne die dafür erforderlichen Kartoffel, aus denen der Alkohol gebrannt wurde, keinen Schnaps gab. Meistens hinderte die Familie den Onkel an seiner Brennerei, weil sich fast alle darüber einig waren lieber die ohnehin wenigen Kartoffel zu essen als diese in Schnaps zu verwandeln.
Der Onkel war dann irgendwann des Streites überdrüssig und tauschte seine „Brennanlage", die er aus einem im Werk „überflüssigen" Druckausgleichsbehälter und auf gleiche Art flüssig gemachten Kupferrohren gebaut hatte, gegen einige Päckchen Amizigaretten. War das nun höhere Einsicht oder nur Frust?

Aber das Hamstern sollte möglich sein so dachte der Onkel. Als durchaus gewiefter junger Mann fand er in einem Lager, im Nickelwerk kleine aus Chrom-Molybdän-Stahl (VA-Edelstahl) geformte säurebeständige, nichtrostende 100 ml Becher und hatte eine Idee mit diesen Dingern. Zunächst wusste er nur wo diese Becher zu holen waren, aber er musste auch wissen wie man sie „ungefilzt" aus dem Werk schaffen konnte. Wegen des hohen Wertes - für wen sie auch immer wertvoll gewesen sein mochten - des Metalls dieser Becher, waren sie ständig in Gefahr gestohlen zu werden.

Die Lösung für Onkel Günter, dieser „Filzung" an den Werkausgängen und Toren zu entgehen, bot ein Sack mit Reiß- oder Putzwolle. Alte gereinigte klein gerissene Woll- und Kleiderlumpen standen im Werk in Säcken herum und fanden zum Putzen der Maschinen Verwendung.

Diese Säcke hatten für das Vorhaben des Onkels drei große Vorteile: Man fiel nicht auf wenn man mit solch einem überall verwendeten Sack durch die Werkshallen lief und man konnte eine Menge Becher in diesem Sack verstauen. Aber sein größter Vorteil war, ein „richtig" gefüllter Sack verursachte auf der anderen Seite kaum scheppernde Geräusche wenn man ihn über den Werkszaun warf.

Der Sack war nun geflogen, aber doch an eine Stelle wo hohes Gras ein zufälliges Auffinden verhinderte. In der Nacht holte der Onkel den Sack aus dem Grasgewusel außen am Werkszaun. Er war also partout der Auffassung seine VA-Becher wären es wert, sie gegen Nahrungsmittel bei den Münsterländer Bauern nördlich von Dortmund einzutauschen.

Diese Idee war der Treibsatz für den Hinauswurf der Becher über den Werkszaun. Die kleinen Becherchen wurden dann, um sie noch „wertvoller" zu machen, mit kindlicher Mühe und Intensität geputzt, gerieben und bis zum Spiegeln der Gesichter in ihnen poliert.

Mit diesen „wertvollen" Bechern sind wir - den Jüngsten nahm er mit um das Mitleidpotential bei den Bauern zu erhöhen - drei Tage später über Dortmund und Lünen nach Lörenghausen* zu den Münsterländer Bauern gefahren. Die Bezeichnung „fahren" passt nicht so recht zu der Art wie wir befördert wurden.

In Schwerte am Bahnhof war das Gedränge noch zu ertragen und wir konnten uns und den Rucksack ins Abteil quetschen, aber sitzen konnten wir nicht. Am Dortmunder Hauptbahnhof wurde der Onkel dann zum Trittbrettfahrer. Seinem Begleiter, weil noch zu klein und für ihn die Gefahr bestand vom Fahrtwind verweht zu werden, wurde nach langem Bitten, ein Standplatz im Abteil eingeräumt.

Viele andere mussten, wenn sie mutig genug waren, auf den Dächern der Waggons, auf die man Sitzflächen geschraubt hatte, auf ihre Hamsterfahrt gehen. In Filmen aus Indien oder anderswo, wird man noch heute durch Bilder von Menschen, die wie Trauben außen an den Zügen auf den Trittbrettern hängen, oder auf den Dächern sitzen, an die damaligen Zustände erinnert.

Den Ölsardinen in ihren Dosen wird ein größerer Freiraum eingeräumt, als jedem in diesem Abteil zugestanden wurde. Aber Ölsardinen werden wahrscheinlich gewaschen bevor sie in die Dose kommen, diese Wahrscheinlichkeit bei den Mitfahrern war aber nur ein Schein von Wahrheit.

Jeder Waggon wäre mindestens mit fünfmal so viel Menschen besetzt als auf dem Schild „Zugelassene Fahrgastzahl" im Waggon zu lesen stand, hörte man von irgendwoher über die Köpfe der Mitsardinen. Nach dieser Tour de' Münsterland kamen wir am Bahnhof in Lörenghausen* an. (* Name geändert)

Der Onkel hatte von ausgefuchsten Hamsterern erfahren, wir sollten nach Nordosten nach Bentrup* gehen dort ständen große Höfe die auf Reichtum und Überfluss an Nahrung ihrer Besitzer hinwiesen. Mehr als vier Kilometer lang war der Weg durch die Äcker dort hin, dann tauchten einige unsere Hoffnung steigernde prächtige breit gelagerte Bauernhöfe vor uns auf. Wir nahmen zuerst den rechts liegenden Hof mit einem schönen Teich vor dem ausladenden Fachwerkgiebel mit dem großen Tennentor.

Aber es gab einen Hund der wie wild geworden an seiner Kette zerrte, die in einer Öse an einem Stahlseil hing, quer den ganzen Hof bestrich. Sein Gebell brachte einen Mann auf Trab, der aus der Schlupftür des Tennentores kam und uns etwas münsterländisch derb anfuhr „ Wat gif denn" (Was gibst denn). Es gab nur unsere Becher und „Wir wollen diese Becher gegen Kartoffel, Mehl, Eier, und Speck eintauschen", war die etwas kleinlaut geratene Antwort des Onkel.

Es war doch der Knecht, weil er im reinsten Plattdeutsch sagte „eik mauk man blouß den Buar froagn", nahm dann einen der Becher drehte sich um und zog ab. Der Bauer hatte alle Zeit der Welt, vielleicht war er beim Kaffeetrinken, denn es war schon Nachmittag. Dann endlich kam er mit einem weiteren Hund, der war aber gepflegter und gehörte wohl auch einer reinen Rasse an.

Ein Riesenkerl dieser Bauer, unser Becher verschwand fast in den Pranken dieses Wikingers. „Wat mak ik met dat Gekrös" war seine unumwundene Frage auf die der Onkel auch keine Antwort wusste. Drückte dem Onkel den Becher wieder in die Hand und schlug uns die grüne Tür wirklich direkt vor der Nase zu. Stinkbauern hörte ich den Onkel murmeln.
Der Hund den der Knecht angebunden oder sonst wo zurückgehalten hatte, hing wieder an seiner Kette am Stahlseil und machte uns deutlich, an einem weiteren Versuch würde er uns hindern. Der zweite Versuch sollte bei dem gegenüberliegenden Bauern gestartet werden. Schon im Ansatz verhinderte ein anderer Hofhund, diesmal ungehindert im Freilauf, den Versuch den Hof hinter dem Holztor überhaupt zu betreten. Es gab eine Glocke an einer Strippe im Bogen über dem Tor hängend, aber auf den Misston der scheinbar gesprungenen Glocke meldete sich niemand, nicht einmal das sprichwörtliche Schwein.

Der dritte Bauer auf der anderen Seite dieser freundlichen Gemeinde, war durch das Gebell und Gebimmel schon vorgewarnt und weil sein Hof keinen Zaun hatte, hetzte er seinen grauen Schäferhund als Reinkarnation des bösen Wolfes auf uns. Auf seinen lauten Befehl - der Kleinere und der Langsamere von uns, hätte ihn zuerst auf dem Rücken oder am Bein gespürt - ließ der Köter von uns ab. Diesen Rest von Mitleid ließ uns der Bauer dann doch angedeihen.

Weitere Lust, zutreffender weiteren Mut verspürten wir nicht und trotteten die Landstraße entlang in Richtung Lörenghausen* zurück. Am Bahnhof angekommen zeigte sich, dass einige doch erfolgreicher als wir es waren. Hatten nur wir die Münsterländer Hunde getroffen, war unser Tauschgut nichts wert oder nicht zu gebrauchen?

Es wird das Letztere gewesen sein, denn einer der Erfolgreichen erzählte von den Schätzen die auf der Tenne seines „Tauschpartners" lagen. Perserteppiche, wertvolle Standuhren und Schmuck, Ölgemälde, kleine Intarsien-Schränkchen und in einer Holzkiste hätte er Schmuck, Taschenuhren und Goldmünzen gesehen. In diese „Schatzkiste" hätte er nur deshalb hineinsehen können, weil der Bauer seine eingetauschten silbernen Maria-Theresia-Taler in die Kiste warf.

Durch die Menge an Schmuck, Silber und Gold und was sonst noch alles, die den Münsterländer Bauern von den Habenichts aus dem Ruhrpott täglich vor die Tür geschleppt wurde, war bei denen eine Sättigung mit inflationären Tendenzen erreicht. Die Bauern horteten und boten für die eingeheimste „Ware" der Hamsternden einen immer geringer werdenden Gegenwert. Ein Gegenwert der für die Hungernden einen immer höheren Einsatz bedeutete, wenn sie ihn denn einsetzen konnten.

Omas oft benutzter frommer Spruch vom „Nadelöhr" „Eher geht ein Kamel durch ein Nadelöhr, als dass ein Reicher".....) kam auf dem langen Rückweg zum Bahnhof Lörenghausen* in den Sinn. Aber das kleinere Nadelöhr für die Kamele musste dann doch erheblich größer geworden sein, weil diese reichen und dem Anschein nach frommen Münsterländer Bauern, von ihrer Frömmigkeit durfte man ausgehen weil so viele Kreuze auf ihren Feldern standen, wohl immer noch dafür beteten doch noch durch dieses Nadelöhr zu kommen.

Wen wundert's, unsere ach so hoch polierten und wertvoll eingeschätzten Chrom-Molybdän-Stahl Becherchen waren den Bauern nicht mal ein Ei wert, die tauschten auf einem viel höheren Niveau und in einer ganz anderen „Währung".

Auf eine Hamsterfahrt haben wir uns nach diesem Desaster nicht mehr eingelassen. Mit den VA-Bechern spielten wir noch eine ganze Weile und möglicherweise gibt es davon irgendwo noch welche.

4.6 Auf der Suche nach allem was brennt

Es war Spätherbst, es wurde kälter und zu den Mühen und Sorgen um Nahrung kam bald auch noch das kaum lösbare Problem der Brennstoffbeschaffung hinzu. Zu einem Kohlenhändler zu gehen um dort nach Kohlen zu fragen war aus zweierlei Gründen oft sinnlos. Erstens bekam man in der Regel nur Kohlen zu einem Gegenwert an Nahrungsmitteln die wir ja nicht hatten und zweitens hatte er auch keine Kohlen und wenn dann die qualmende nasse Schlammkohle.

Für unsere Beschaffungsmöglichkeiten, um an das durchaus lebenswichtige Brennmaterial zukommen, gab es wieder drei Möglichkeiten. Es waren die Asche- und Schlackenhalde am Kesselhaus des Nickelwerkes, die Ruinen rundum und es war der Verschiebebahnhof ganz in der Nähe.

Kommen wir zunächst zu der fast alltäglich stattfindenden Beschaffungsmöglichkeit. In der Früh nach sechs kurz nach Schichtbeginn, wurde die Asche aus dem Ofen unter dem Kessel des Kesselhauses geschart und am Abhang der Halde abgeschüttet. Hier standen aber vorher schon Dutzende und warteten auf den staubigen Segen von oben.
Mit Hacken, Schaufeln und Rechen ging es der Asche zu Leibe um aus ihr auch noch das letzte Bröckchen an nicht verbranntem Koks heraus zu klauben. Wie besessen gingen alle zu Werke, ohne dem Wühler nebenan auch nur einen Krümel Koks zu gönnen.

Der Vorteil von uns Kleinen war unser geringes Gewicht, wir konnten uns schneller auf der weichen nachgebenden Asche bewegen, derweil die Großen tiefer einsanken und auch immer wieder abrutschten. Der Nachteil war unsere geringe Masse, mit der wir nicht die geringste Chance hatten die Großen zu verdrängen.

Immer wieder wurden wir, besonders von einer dicken Frau aus der Theodorstraße, mit dem ganzen Einsatz ihrer breiten Hüften und gewaltiger Leibesfülle abgedrängt. Schon damals und heute immer noch stellt sich die Frage, wie kam diese Frau an ihren Speck.
Wut kam in uns auf und nach einem Zeichen des Bruders, er zeichnete mit dem Finger einen Kreis in die Luft, robbten wir um sie herum nach oben auf den Aschenhang und rutschten von dort auf dem Hosenboden, mächtig Asche und Staub aufwirbelnd, der dicken Frau fast bis vor die Nase.

Gerne hätte sie uns geohrfeigt, aber bevor sie sich den Staub aus Nase und Augen geputzt hatte, waren wir schon verschwunden. Die Beschwerde der Frau ließ nicht lange auf sich warten. Am nächsten Tag war sie bei uns, zum Glück waren wir anderswo beschäftigt. Bitter beklagte sie ihr erlittenes Leid. Selbstredend natürlich, ohne von ihrer egoistischen und unfairen Abdrängungstat etwas zu erwähnen. Zur Rede gestellt, benutzten wir die Notlüge von einem unabsichtlichen Ausrutscher, den wahren Sachverhalt zu schildern dazu trauten wir uns nicht, fühlten uns aber durchaus im Recht.

Unsere anderweitige Beschäftigung war das Ausräumen der Ruinen von Holz in allen Variationen. Natürlich war das leicht erreichbare Holz wie Türblätter, Fenster- und Türrahmen und Balken, wenn nicht bei den Bombenangriffen

verbrannt, längst aus den Ruinen geräumt. Sogar die nicht verbrannten festsitzenden Holztreppen waren der Sammelwut zum Opfer gefallen.
Hier in diesen, über Treppen nicht mehr zu begehenden Ruinen, kam unsere, von der Mutter oft beschimpfte bei der Bäumekletterei und Balanciererei erworbene Schwindelfreiheit zu einem spürbaren Nutzen. Es gab nämlich noch Holz und das saß zum Teil versteckt und fest sitzend, in den noch hängenden Resten der Hauszwischendecken.

In diese Decken waren Holzlatten als Putzträger auf die Deckenbalken genagelt. Heran an die Latten kam man ohne Treppen nur über die stehen gebliebenen Brand- und Außenmauern. Mit Händen und Füßen, Halt an jedem noch festsitzenden Stein suchend, kraxelten wir die nicht einmal 30 cm breiten Mauern bis zu den Decken hoch.
Es war aber gar nicht so einfach die Latten aus den überwiegend noch umhüllenden Putzschichten zu ziehen. Man musste den Putz zertrümmern. Von den unsicheren Standplätzen auf den Mauern ging das fast nicht, aber mit einem Steinbombardement von oben und unten war es möglich den Putz zu zerbrechen.

Das „Fast nicht" steht für den besser kletternden, mutigeren oder verrückteren Bruder. Der kraxelte die Brandmauer bis zu ihrem Ende, wo einmal die Dachbalken lagen, weiter hoch und brach lockere Ziegelsteine dort oben aus der Mauer. Diese Steine, im freien Fall von oben geworfen, trafen die Putzschichten mit ihren Holzlatten wirkungsvoller, wenn sie denn trafen.
Der unterschiedlichen Dicke des Putzes und seinem Widerstand entsprechend, war das Gewicht und Volumen der von unten benutzten Zertrümmerung-Steine selbstredend anzupassen. Und ungefährlich waren die oft gewichtigen

Wurfsteine, wenn sie wieder runter kamen, auch nicht. Unbestritten eine mühevolle staubige harte Arbeit für uns.

Die zu Hause freuten sich über den unerwarteten Holzsegen, wir verschwiegen aber die Art und Weise wie und mit welchen Methoden wir an das Holz gelangt waren. Niemand mehr hätte uns in die Ruinen zum „Holzmachen" gehen lassen und was für uns viel schlimmer war, für uns wäre es auch kälter geworden.

In Erstaunen setzte uns dann doch folgendes Verhalten: Von der Holzbombardierung kamen wir jedes mal verstaubt und verdreckt, manchmal mit zerrissenen Hosen und mit filzigen zu Berge stehenden Haaren nach hause. Wenn wir aber vom kreativen uns Freude machenden, jedoch nichts einbringenden Spielen verdreckt nach hause kamen, setzte es Hiebe.
Gab es da zwei Waagschalen und lag bei der Abwägung nach Schaden und Nutzen das Holz auf der nützlicheren Seite? Das Holz hat alle Schäden, alle Mühe mit der Näherei und Flickerei an unseren Hosen aufgewogen.

Auch diese gefährliche Holzlatten hatten nach einigen Wochen ihr sprichwörtliches Ende und das was noch an Latten im Putz der Ruinen hing und steckte, war an derart fragwürdigen Stellen, die sogar wir für zu gefährlich erachteten. Tatsächlich hatten wir erwogen mit Omas Wäscheleine ein dreifach geflochtenes Spannseil zu fertigen, um daran entlang hangelnd in die Mauerecken zu kommen, aus denen das Holz selbst mit den dicksten Steinbrocken nicht zu lösen war.
Zum Glück im Nachhinein, Omas Wäscheleine war an vielen Stellen zerschlissen und wir gaben das Flechten enttäuscht auf. Schon möglich, dass uns diese Schwachstellen in Omas Wäscheleine vor einem Absturz bewahrt haben.

4.7 Der Kohlenklau

Von zwei größeren Jungs aus der oberen Fleitmannstraße, die mit uns auch noch weitläufig verwandt waren, wussten wir von den Kohlewaggons die auf dem Verschiebebahnhof, von Omas Haus nur einige hundert Meter entfernt, hin und her rangiert wurden. So ganz einig und mutig hier den Kohlenklau zu versuchen waren wir uns nicht. Es war die Rede von Bahnpolizei, von kontrollierenden englischen Soldaten und von Bahnpersonal, die diese Kohlezüge und Waggons bewachten.

Aber wir wussten von der Mittagspause in der provisorisch wieder aufgebauten Bahnkantine, weil wir auch dort schon unverrichteter Dinge versucht hatten an Essbares zu gelangen. Für uns war es kaum vorstellbar, dass in dieser hungrigen Zeit jemand die Gelegenheit auslassen würde an ein kostenloses Essen zu kommen nur um die Kohle zu bewachen. Diese eine Stunde Mittagspause war unsere Zeit für den Kohlenklau.

Durch den Rosenweg zwischen den Mauern entlang, war es noch harmlos und unproblematisch. Das erste Problem kam an der für uns kleinen Pimpfe recht hohen Bruchsteinmauer zum Bahngelände. Auf dieser Mauer war noch ein Ziegelmauerwerk mit Schlitzen aufgesetzt, das zwar den Vorteil eines bedingten Sichtschutzes hatte, aber den Nachteil eines späteren Hindurchzwängens durch die Schlitze, nachher mit den Kohlen.

Die Bruchsteine der unteren Mauer hatten dann doch gute Trittstellen und so waren wir schnell an der Schlitzmauer. Eine Weile beobachteten wir die Vorgänge auf dem Verschiebebahnhof und stellten bald fest, dass es die falsche Stelle war an der wir hoch geklettert waren. Die Richtige lag etwas westwärts, dort wo sich der Ablaufberg über das normale Schienenniveau erhob. Die Dampflok schob von weit hinten, gut zweihundert Meter entfernt, die Waggons einzeln ganz langsam auf den Ablaufberg. Es sollte nicht zu schwer sein, hier an diesem Berg die Waggons zu erklimmen.

Der Lokführer war auf seiner Lok zu weit entfernt als dass er uns ausmachen konnte. Also noch einmal runter von der Mauer und das gleiche Spiel von neuem etwa 100 Meter weiter rechts. Ein Spion blieb unten zur Beobachtung der Straße und der andere der zwei Größeren blieb hinter der Schlitzmauer wegen der erhöhten Position und seines besseren Überblicks. Die kleinen Säckchen waren unter der Jacke verstaut und gerade wir Kleinsten, mit noch nicht sieben und gut acht Jahren, sollten das Hauptwerk vollenden.

Die zwei Größeren waren entweder zu feige oder sehr klug. Klug wären sie nur gewesen, wenn sie die eventuell größere Nachsicht mit uns kleineren Dieben in Erwägung gezogen hätten. Es kam kein anderer Zug zwischen Ablaufberg und unserem Standort und so stürmten wir auf das Bahngelände zu den ganz langsam bergauf rollenden Kohlewaggons. Der größere Bruder war tatsächlich schnell, über die Bügel und Gestänge am Bremserhäuschen kletternd, auf einem der Waggons und warf langsam mitfahrend die Briketts nach unten.
An die 20 Brikett waren nach unten geworfen , als uns dann doch die Angst überkam. Der Waggon war auch schon fast auf der Höhe des Ablaufberges und würde immer schneller werden. Die Abschätzung der kritischen Entfernung bis zum schnellen Ablauf der Waggons, war von der Schlitzmauer besser möglich. Auf Zuruf von dort kletterte der Bruder schnell vom Waggon und verstaute unten die restlichen geworfenen Brikett in sein Säckchen und dann nichts wie

runter vom Gelände. Wie wir durch die Schlitze der Mauer auf die Straße kamen, ist nicht mehr nachvollziehbar. Es war die Angst erwischt zu werden die alles rationale Denken und Empfinden verdrängte. Aber stolz waren wir doch und gelogen haben wir auch, „Die Kohlen haben wir nicht vom Waggon sondern vom Bahndamm aufgeklaubt".

Die Oma war tief gläubig erzogen, so ist ihre voreheliche Schwangerschaft immer noch ein Rätsel und meinte, dass es eine schwere Sünde wäre wenn wir die Kohlen gestohlen hätten. Sie nannte das siebte Gebot: Du sollst nicht stehlen und dann hörten wir wieder einen ihrer Lieblingssprüche aus ihrer gut gefüllten „Spruchkammer". Diesen Spruch hatte sie im Zusammenhang mit dem Stehlen, immer auf den Lippen: „Unrechtgut gedeihet nicht". Das hinterließ natürlich einen nachhaltigen Eindruck auf uns.

Der Stiefopa hielt sich aus der Sache raus und nahm es von der praktischen Seite, er hatte gerne einen warmen Hintern und das „Unrechtgut" gedieh, es brannte. Erst viel später kam die Angst, was wäre geschehen wenn man uns erwischt hätte. Auch Gewissensbisse quälten uns, waren wir doch Schüler in einer katholischen Schule.

Zum Kohlenklau sind wir nicht mehr aufgebrochen, auch nicht als die große Befreiung von der Sünde des Stehlens verkündet wurde. Denn wenig später, aber doch unerwartet von einer Seite, von der man es am wenigsten erwarten durfte, wurde sie wie ein Ablass verkündet.
Der Kölner Kardinal Josef Frings befreite Hunderttausende - nicht nur die Kohlenklauer - auch alle anderen aus der Not geborenen Mundräuber in Deutschland mit seiner Generalabsolution von der Sünde des Stehlens: „Der Einzelne darf sich nehmen was er zur Erhaltung seines Lebens und seiner Gesundheit notwendig hat, wenn er es

anders nicht erlangen kann" so predigte er von der Kanzel. Seit dieser Zeit nannten wir die nun von höchster Stelle sanktionierte Entwendung „Fringsen". Ja dieser Frings, war er einer von den wenigen wahren Christen?

4.8 Der Tod eines Kindes

Die Gefahr für die Gesundheit und das Leben war wirklich und immer präsent. Die Tante Lotti hatte ihren Verlobten geheiratet, geheirateten müssen, weil sie von ihm schwanger war. Nun kam mit dem Angeheirateten noch ein weiterer Mitbewohner in die kleine enge Wohnung dazu und bald sollte das Kind auch noch kommen. Das unser aller „Wohnzimmer", wurde dann die Bleibe des jungen Paares mit dem Kind. Die räumlichen und hygienischen Verhältnisse wurden noch katastrophaler.

Bis in den späten Herbst hinein wuschen wir Kinder uns in einer Zinkwanne auf dem Hof, aber es war jetzt tiefster Winter und alle Wascherei fand am Spülbecken und einmal in der Woche in einer in der Küche aufgestellten Zinkwanne statt. Die Mutter zog es vor sich in unserem Zimmer in oder an der Wanne zu waschen. Auch die Kleidung und die Leibwäsche wurde auf einem „Waschbrett" bis die Haut sich vom Reiben auf dem „Wellblech" von den Fingerknöchelchen löste, in dieser Wanne geschrubbt.

Wir hatten Glück, das Nickelwerk lieferte wieder Gas, aber nur bis zu Omas Haus direkt gegenüber des Werkes, alle anderen Leitungen waren wegen der Schäden in den Straßen und Ruinen noch gekappt. Stundenlang stand, besonders Samstags ein riesiger Aluminiumtopf auf dem Gasherd, bis jeder sein Wasser zum Baden und zum Waschen hatte.

Die Wäsche wurde in der Eiseskälte draußen auf den Wäscheleinen zu Eisbrettern. Die Kinderwäsche musste aber, weil sie ständig gewechselt und es von ihr zu wenig gab, in der Wohnung getrocknet werden. Die Wände wurden feucht und das verdunstende Wasser rann literweise innen an den Fensterscheiben herunter. In der Nacht bildeten sich Millimeter dicke „Eisblumen" nicht nur allein an den Fensterscheiben, die erst gegen Mittag wieder durchsichtig wurden. Die damals noch unbekannte Wärmeschutz-Verordnung war Schuld daran. Auch die nur rund 25 cm starke aus Ziegeln gemauerte Außenwand, überzog sich in den sehr kalten Nächten im Innern mit Eis.

Die kleine wenige Monate alte Tochter Roswitha der Tante, erkrankte in diesem feuchten und kalten Klima und unter den schlechten hygienischen Verhältnissen auch bald ernsthaft. Auch die zu geringe Nahrung, die wenige Muttermilch der Tante reichte nicht aus und „Hipp"-Gläser gab es nicht, war Schuld an der zunehmenden Schwächung des Kindes.
Es war zunächst ein starker Husten wie der Dr. Hannemann diagnostizierte. Hinzu kam aber bald eine Lungenentzündung mit hohem Fieber und das kleine dünne Würmchen wurde in das Marien-Krankenhaus überwiesen, wo es nach wenigen Tagen verstarb. Penizillin hätte geholfen, sagte Dr. Hannemann, aber dazu brauchte man auf dem Schwarzmarkt sehr viel Geld oder wertvolles Tauschgut und beides konnten wir als Gegenwert für dieses kleine kurze Leben nicht bieten.

Ein kleiner einfacher weiß lackierter Sarg verschwand mit diesem für dieses Leben noch zu wenig robusten kleinen Körper auf dem Friedhof in der kalten Erde. Beim Zusehen wie diese weiße Kiste mit der schon lieb gewonnenen Winzigkeit in dem dunklen Loch verschwand, liefen auch Tränen und es verkrampfte sich etwas in dem Körper eines sonst eigentlich tapferen Jungen.

Der Versuch den Sinn der Grabrede des Pfarrers zu verstehen misslang. Bei dieser kindlichen Sinnsuche erregte doch eines an seiner Gestalt die Aufmerksamkeit: Wie konnte es sein, dass der alte Pfarrer - sein Name muss nicht genannt werden weil er ohnehin wegen mancher späterer Ereignisse so negativ im Gedächtnis bleibt - einen so dicken runden Bauch hatte, wo doch alle anderen als abgemagerte Hungerhaken daher kamen und kleine Kinder wegen des Mangels an Nahrung sterben mussten.

Der Stiefopa als Walzer - den Onkel, als gelernter Gürtler, hatte man wie erwähnt schon vorher wieder eingestellt - war plötzlich auch wieder gefragt und bekam seine Arbeit an der Walze. Einige der bei dem Bombenangriff nicht zerstörten Anlagen im Werk waren von den englischen Besatzern auf ihre Insel gebracht worden und mussten durch neue ersetzt werden.
Es war nicht „die alte Walze", es war eine neue Tandemwalze die an der alten Stelle wieder aufgebaut wurde und der Stiefopa dort seine Arbeit wieder aufnehmen konnte. Schon Tage vorher kamen diese neuen, mit rotem Schutzlack überzogenen Stahlwalzen mit ihren abgesetzten Lagerenden, auf Flachwaggons von der Werkslokomotive über die Straße geschoben, ins Werk. Das war immer ein Ereignis rund um die Werkseinfahrt, wenn sich die Dampflok - es war eine 98ziger Kraus-Maffei - unter lautem Dampfzischen und Gebimmel ankündigte und über die von zwei Männern mit roten Fahnen abgesperrte Straße fuhr. Der Rosenweg teilte das Werk in zwei Teile und jedes mal wenn Material, Kohle oder Neuteile für die im Krieg zerstörten Anlagen bewegt werden mussten, fuhr die Lok mit zwei drei Waggons von einem Teil zum anderen des Werkes.

Gegenüber der Fleitmannstraße lag das kleine wieder aufgebaute Pförtnerhaus und dahinter die Werksküche, in der jetzt für die Beschäftigten wieder gekocht wurde. Wenn wir, aber nur immer im Wechsel, mal der eine dann der andere, in der Mittagspause zum Pförtner kämen, so sagte der Stiefopa, würde er uns einen gefüllten Henkelmann übergeben. Das Essen aus dem Werk mit nach hause zu nehmen war strengstens untersagt, aber bei der Übergabe eines Henkelmann an uns kleine Pimpfe sah der Pförtner nicht hin oder tat so als ob er nicht wüsste was der enthielt.

Diese Zusatznahrung war für uns so etwas wie ein Geschenk des Himmels, auch wenn der Himmel sie nur an Werktagen und manchmal nur an jedem zweiten Tag schenkte. Einen Schlag Graupensuppe oder dicke Nudelsuppe, diese aber immer mit kleinen Fleischbröckchen. Diese Suppe war für uns mehr als nur Nahrung, sie war mehr als eine Delikatesse, sie hielt uns am leben.

Diese dicke Suppe ersetzte zu diesen Zeiten mehr als die Hälfte unseres täglichen Nahrungsbedarfs. Es war unter Brüdern abgemacht, so gerne und nötig man den ganzen Henkelmann für sich allein gehabt hätte um seinen Hunger zu stillen; diese andere in Gedanken schon gegessene Hälfte gehörte dem Bruder.

4.9 Der Schulanfang im April 1946

Es war Frühjahr des Jahres 1946 geworden, die Kälte wich nur langsam aus den unterkühlten, im Winter innen oft mit Eis überzogenen Außenwänden des Hauses. Für den Jüngeren stand der Schulanfang bevor. Die miserable Kleidung musste auf einen gerade noch erträglichen Zustand gebracht werden.

Die Kniestrümpfe, von der Mauerrutscherei bei der Holzbeschaffung an den Knien zerschlissen, wurden wenn auch mit dunklerem Garn als die Strumpffarbe, von der Mutter auf einem Holzpilz „gestopft". Wegen dieser Strümpfe , die immer noch angeknöpft an diesen unsäglichen Leibchen hingen, musste man sich, nicht nur wegen der Flickstopferei an ihnen einfach schämen.

Zunächst konnte nicht ausgemacht werden, welche der fünf Volksschulen wir die Erstklässler besuchen sollten. Es war dann die „Sedanschule" so nannte man sie noch aus der Zeit des I.Weltkriegs von 1914/18. Ein mächtiger roter Ziegelbau aus der Kaiserzeit mit hohen Fenstern und einem ummauerten Schulhof.

Um überhaupt einen Überblick zu bekommen, hatte die Schulleitung alphabetisch getrennt nach Geschlecht und Religion!!, für jede Klasse 60! Schüler aufgelistet. Diese jeweils Sechzig wurden nun aufgerufen und den einzelnen Lehrkräften zugeteilt. Den 59 neuen Mitschülern wurde eine ältere, kompakt und robust wirkende Lehrerin zugeordnet. Ihr Name war „Fräulein" Kuhlmann*, ein Fräulein war damals noch eine unverheiratete Frau.

Mit dem besagten „Affen", vom Bruder geerbt weil der eine alte abgenutzte Ledertasche geschenkt bekam, ging es mit diesem bewährten fellbespannten Tornister in eine hohe geräumige Klasse. Dort standen Pultbänke die man mit der Sitzbank und dem Schreibpult zu einer Einheit zusammen geschraubt hatte. Jeweils in der Mitte der Pulte befand sich ein Loch, eingerahmt von einem blauschwarzen Flecken aus ausgelaufener Tinte. Aber ein „Tintenfässchen" war nicht in diesem Loch und selbst wenn es dort gewesen wäre, es gab ja keine Tinte. Wir schrieben auf einfachen Schiefertafeln, die so aussahen als hätte man sie geradewegs von einem mit Schieferplatten gedeckten Hausdach gestohlen. Ihre Ränder waren rundum abgeknabbert und die Linie an der man entlang geknabbert hatte, war noch eingeritzt zu sehen.

Ein Schüler, es war der Hermann, besaß aber eine holzumrahmte Tafel, die sogar mit roten Linien für die großen und kleinen Buchstaben versehen war. An seiner Tafel hing zudem ein mit einem Holzschaft versehener Schiefergriffel. Sein Vater - an der Quelle saß der Knabe - besaß das damals einzige Schreibwarengeschäft in Schwerte.

Schon hier und viel früher war eine Unterteilung feststellbar, zwischen Denjenigen die es besaßen oder hatten und den Anderen die sich mit weniger begnügen mussten. Wir die meisten „Anderen" schrieben mit einem einfachen runden Schiefergriffel der so grausame Quitschgeräusche auf der abgeknabberten Tafel erzeugte, dass sich das Zwerchfell zusammenzog. Ein Quitschgeräusch nur noch übertroffen vom Quietschen des Ofenblechs beim Einschieben in den Osterflüs Herd damals in Wilgersdorf.

Auf dem Pult vorne bei der Lehrerin stand ein Glas mit Wasser und wenn man sich verschrieb, durfte man mit seinem darin getränkten Schwamm, der auch zur schulischen Erstausstattung gehörte, alles auswischen und neu beginnen.

Wir haben in der ersten Woche und länger sollten wir in dieser Schule auch nicht verweilen, nur die sogenannten „Auf - und Abstriche" geübt, wobei die Quitschgeräusche bei dem Rauf und Runter des Griffels besonders nervtötend waren.
In der folgenden Woche, war die Haselackschule am Nordwall unser nächstes Schulhaus. Als ein alter Bruchsteinbau mit noch älteren Schulmöbeln ausgerüstet,

stand er auf einem nicht eingezäunten Platz. Eine Heizung gab es in diesem alten Kasten natürlich nicht. Hinter der Tafel an der Wand stand ein gusseiserner „Kanonenofen".

Weil es bei dem langen Sitzen Anfang April immer noch zu kalt war, wurden wir mit einem genau so überzeugenden wie erpresserischen Argument: „Wenn ihr nicht frieren wollt, dann müsst ihr Kohlen oder Holz mitbringen", genötigt nicht zu frieren.

Holz konnte man bei uns zu Hause nicht ab zwacken, es gab zu viele Gegenstimmen. Zum Glück profitierten wir, die Mehrzahl der Holzlosen von den Wenigen in unserer Klasse die auch nicht frieren wollten und deren Eltern mehr Geld, mehr Beziehungen, mehr zu tauschen und somit auch mehr Holz hatten.

Unsere Lehrerin, es war immer noch das Fräulein Kuhlmann*, hatte eine deutliche aber auch sehr feuchte Aussprache. Die in der ersten Reihe waren mit Sicherheit die Betroffenen und Betropften, wenn sie aber energisch schimpfte und laut wurde, traf es auch uns in der zweiten Reihe.

Nach zwei Intermezzi in der alten Marktschule und kurz in der Eintrachtschule, war das nächste und letzte Volksschulziel die Feldschule am alten Friedrich Bährens Gymnasium, aber davon später mehr.

4.10 Eine „Luxuswohnung" mit zwei Zimmern

Ein lang ersehntes Ereignis stand bevor. Das „Wohnungsamt" hatte, „Auf Grund der beengten Verhältnisse", so formulierte diese damalige Behörde die unwirklichen Zustände in Omas Wohnung in der Fleitmann-Straße, ein Einsehen und hat uns auf die damals übliche Dringlichkeitsliste gesetzt.

Aber die Wohnungsnot war groß. Fast 60% aller Wohnungen in Dortmund waren durch die Bomben zerstört und ein Teil dieser Bewohner - so wie auch wir - drückten auf den Schwerter Wohnungsmarkt, der weniger zerstört war. Wir bekamen endlich zwei Zimmer in einer Wohnung ohne Bad und mit dem „Klo" auf dem Flur in der Kampstraße in der Altstadt von Schwerte.

Der Onkel Werner hatte, er war 15 Jahre in Amerika und wurde nach Kriegseintritt der USA nach Deutschland abgeschoben, einen Job, wie er es nannte, bei der amerikanischen Tochter NCR National Registrierkassen Augsburg erhalten.
Diese Firma begann Ende 1946 in Deutschland mit ihrem Neustart und suchte englisch sprechende Mitarbeiter. Das Geschäft blühte und der Onkel Werner war einer der ersten der in Schwerte und Dortmund - hier war der Vertretungssitz West - mit einem eigenen Auto einem DKW F8 unterwegs war. Sein Organisationstalent und seine Beziehungen halfen uns manchmal auch zur Beschaffung von Möbeln weiter.

So war die „neue" Wohnung, in Anbetracht der unbeschreiblichen Verhältnisse in dem einen Zimmer bei der Oma, für uns eine erhebliche Verbesserung. Vor dem Spülbecken wurde eine Küchenzone abgeteilt und so entstand ein kleines Wohn-Esszimmer. Das Schlafzimmer lag über dem Flur und die Toilette am Ende vor der Etagentür.

Die Familie mit der wir die Wohnung teilen mussten, war auch nicht gerade die Ausgesuchteste. Der jüngste Sohn war ein richtiger Dreckspatz und seine dicke aufgestumpte Mama mit ihren strähnigen fettigen glatt vom Kopf herunter hängenden Haaren, reagierte auf Beschwerden über die

Unsauberkeit ihres Knaben in der Toilette äußerst rüde. Der ältere Bruder war aus anderem Holz geschnitzt, umgänglich und kumpelhaft. Er hieß Alex aber alle Jungs in der Straße riefen ihn Ascheck. Das Haus unserer „Wohnung" war ein Anbau an eine Villa die gemeinsam mit den „Weinlaub-Garagen" einen Hinterhof einrahmte.

Im dem Keller dieser Villa hatte sich ein „Limonaden-Hersteller" seine Abfüllmaschinen aufgebaut und lieferte von hier aus über unseren Hinterhof seine „Limo" mit einem alten mit Holzgas betriebenen Opel P4 Pritschenwagen in das Umland. Aus dem Keller strömte über die Bruchsteintreppe ein süßlicher Geruch über diesen Hof der natürlich neugierig machte.
Der freundliche Mann mit seiner Lederschürze und Gummistiefeln kam zur Treppe, weil er die neugierige Betrachtung der Geschehnisse spürte und reichte eine grüne Flasche mit Limonade die Treppe hoch. Heute würde man das Geschmäckle aus der Flasche einer „Fanta" zuordnen. Unglaublich neu war dieser Geschmack. Schon fragte er ob er noch mehr von dem „Zeug" holen sollte, womit er mit dieser Abfälligkeit ganz eindeutig die Geschmacksknospen des Genießenden und er seine eigene Leistung beleidigte.

Natürlich gab es den Wunsch nach mehr von dem Zeug, aber es drängte sich die Vermutung auf, ein Mehr ohne eine Gegenleistung würde es wahrscheinlich nicht geben. Diese Vermutung bestätigte sich postwendend: Für drei Flaschen Limo pro Transportfahrt, sollte hinten auf der Pritsche des Opel P4 der Holzgasofen unter Feuer gehalten werden. Was sich erstens als ganz einfach durchführbar anhörte und zweites wurde für das Heizen neben der Limo zusätzlich der Genuss des Spazierenfahrens geboten.

Ohne Bedenken und ohne Erlaubnis der Mutter erhielt der Lederschürzenmann eine Zusage. Die Mutter hatte einen guten Eindruck von dem Limopanscher und am nächsten Tag waren die ersten drei Flaschen erarbeitet. Aber so ganz leicht ließ sich die Sache dann doch nicht an. Das Befeuern des Holzgasofen war das Geringste, aber die schweren durchfeuchteten Flaschenkisten aus Holz mussten auch wieder runter von der Pritsche.

Es bedurfte eines erheblichen Kraftaufwands diese von hinten nach vorne zu ziehen, damit sie von der Pritschenkante abgehoben werden konnten. Lästig war auch der beißende Qualm den das feuchte Holz bei seiner Verbrennung im Holzgasofen entwickelte. Manchmal war die Gasentwicklung, trotz ausreichender Holzbeschickung, zu gering und das Auto blieb einfach stehen, oder kam mangels Leistung einen Berg nicht hinauf.

Alles in allem waren die drei Flaschen Limo am Ende eines Tages immer redlich verdient. Inzwischen hatte sich mit der überzähligen Limo, nur zwei davon blieben für den Selbstgenuss, ein prächtiges Geschäft entwickelt. Mindestens drei farbige Glasmurmeln oder den Wert für drei Dauerlutscher aus dem Glas im Tante Emma Laden bei den Börstinghaus in der Nordstraße, zahlten die Straßenkumpel für jede Flasche.

Wenn der Onkel Werner mal wieder in Schwerte war und einen Nachdurst von seiner Schwerterwald-Kneipe mitbrachte, wurde die Lust auf den Lutscherkauf etwas gedämpft, weil vom Gasthaus „Nordstern" an der Ecke, von der neben dem Eingang angebrachten Außenklappe, zwei Liter Bier in einer Milchkanne mit zu schleppen waren. Aus Rache dafür kamen die zwei Liter nicht immer vollständig zu hause an.

Leider entwickelte sich das Geschäft mit der Limo - nicht für den „Juniorpartner" aber für den Mann mit der Lederschürze - prächtig. Die „Produktion" in dem engen Keller kam bald der steigenden Nachfrage nicht mehr nach. Die gesamte Abfüllanlage kam in eine leer stehende Halle in der Nähe des alten Rohrwerks in Richtung Wandhofen. Damit war die tägliche Limoration gestorben und den „Nebengeschäften" war die Basis entzogen.

Doch der Umzug des Limopanschers hatte auch seine gute Seite. Für den Umzug bat der Limomann noch einmal um Hilfe. Soweit es die Kräfte zuließen, wurde der Holzgas-Opel mit dem Abfüll- Kisten- und Flaschengelump bepackt und wir fuhren mit der damals wertvollen Fracht in die Hagener Straße zum Rohrwerk.

Fast direkt nebenan war eine Firma, die mit dem Zurändeln von Blechdosen gutes Geld machte. Weil Einmachgläser noch nicht ausreichend produziert wurden, war es möglich gekochtes Gemüse oder Früchte bei dieser Firma in „Züchner Dosen" - so auch der Name der Firma - durch „Zusammenrändeln" des Deckels mit der Dose haltbar zu machen. Die Mutter war froh als sie davon erfuhr und sie hier endlich eine Möglichkeit sah, wenn es auch wenig Gemüse und Früchte waren, diese für den Winter in diesen Dosen haltbar zu „bunkern"

4.11 Ein entweihter Friedhof

Draußen bei Spiel und Sport war „Ascheck" der Sohn der strähnigen dicken Nachbarin unser Anführer. Am Nordwall auf dem Judenfriedhof, wir wussten noch nichts von der Besonderheit eines solchen, für uns war das ein Friedhof wie

jeder andere, war unser Spielplatz. Dass dort niemand beerdigt wurde fiel uns auf, genau wie die für uns erfreuliche Tatsache hier von Niemanden gestört zu werden.
Wir sahen nur diese eine Seite der Medaille ohne von der anderen etwas zu wissen. Aber an einem der schönen Sommertage trieben wir es dann doch zu schlimm. Es war ein Straßenkampf der mit den Jungs von der Haselack-Straße auf diesem Friedhof ausgetragen wurde.

Diese Jungs hatten unseren Kumpel Gottfried, ein aus Schlesien Vertriebenen, mit dem Wort „Rucksackdeutscher" beschimpft und ihn mit Gummifletschen beschossen. Unsere Ehre ließ es nicht zu, dies so ohne weitere Reaktion unsererseits hinzunehmen. Ascheck unser Boss, beleidigte einen der Jungs aus der Bande mit den Worten Memme, Muttersöhnchen und ganz besonders schlimm mit Bettpisser schwer. Für diese Beschimpfung wollten sie Rache und forderten uns, genau wie wir es erhofften, zum Kampf.
Um den Heimvorteil zu nutzen schlugen wir den Judenfriedhof als Kampfstätte vor. Der Tag war festgelegt, nun musste die Bewaffnung verbessert und aufgerüstet werden. Alle Gummiringe, die man sonst für die Einmachgläser benötigt, wurden aus unserem Holzverschlag im Keller entwendet und aus dickem Draht die Fletschengabeln gebogen.

Der Ascheck war schon im zweiten Jahr in der Lehre bei der Fa. Waggonbau Brünninghaus in Westhofen und brachte den mindestens 5mm dicken Draht mit. An den Gabelaugen links und rechts wurden die Gummistrippen eingeknüpft und am anderen Ende ein Ledereiviereck zur Aufnahme der „Munition". Der Ascheck hatte immer ein Luftgewehr dabei, mit dem er eigentlich nur Angst machen wollte und jeder hoffte insgeheim er würde damit nicht schießen, was er tatsächlich auch nicht tat.

Das schwere schmiedeeiserne Tor zum Friedhof konnten wir zwar überklettern, aber es gab von einem Granaten-Beschuss ein Loch in der hohen Betoneinfriedung des Friedhofs. Durch dieses Loch gelangten wir dünnen Kleineren ohne Schwierigkeiten, während der Ascheck sich schon hindurch zwängen musste und sich dabei an einer heraus ragenden Stahlarmierung die Hosen aufriss. Hinter den Grabsteinen tarnten wir uns mit den Zweigen der Büsche die ringsherum standen und warteten auf unsere Gegnerbande aus der Haselack-Straße.

Und dann kamen sie mit Indianergeheul durch das Loch in der Mauer und über das Tor und stürmten über den Friedhof. Es waren viel mehr als wir es uns vorgestellt hatten, aber die ersten Schüsse mit unseren Fletschen (Steinschleuder), die sie an den Beinen und sonst wo trafen, nötigten den Burschen Respekt ab. Munition hatten wir von der Kieselstreuung auf den Wegen des Friedhof genug.
Bei einem unserer schnellen Stellungswechsel hatte Ascheck, um seinen Schwung abzubremsen, an einem Grabstein mit den Händen Halt gesucht und ihn dabei unabsichtlich umgerissen, was noch unerwartete Folgen nach sich ziehen sollte. Unsere Gegner kamen nicht an uns heran und als ein Fletschenschuss ihren Anführer erwischte, wir wussten nicht wo es ihn traf, schrie der fürchterlich auf und bot uns einen Waffenstillstand an den wir unumwunden, um heil aus der Sache herauszukommen, auch sofort annahmen.
Der Lärm, den wir auf dem Friedhof machten, musste wohl doch den einen oder anderen Nachbarn gewundert, irritiert oder gestört haben. Wir waren schon längst vom „Kriegsschauplatz" verschwunden, als der rothaarige Norbert, „Rotfuchs" genannt, er wohnte in dem nächst liegenden Fachwerkhaus mit der großen Tennentür, Meldung von der Anwesenheit der Polizei am Judenfriedhof machte.

Natürlich haben wir uns dort nicht sehen lassen. Die Schwerter Zeitung und die Westfälische Rundschau schrieben am nächsten Tag dreispaltig von einer derart vandalistischen Friedhofsschändung wie sie es jemals in Schwerte gegeben hätte. Wie immer übertrieben und aufgebauscht, im Stil eines Meinungs-Bildungsblattes und dazu noch in Plural: Grabsteine wären umgeworfen, Büsche ausgerissen, die Wege zerstört und man würde nach den Schuldigen suchen. Wir waren selbst überrascht über das was wir angeblich alles angestellt haben sollten.

Eine Lehre daraus wurde doch gezogen. Jüdische Friedhöfe, wie jeder andere Friedhof auch, sind keine Spielplätze für übermütige und leichtfertige Jungs. Beschämt hat uns später das Geschehen auf dem Friedhof umso tiefer, als wir 1954 im Konzentrationslager Bergen-Belsen auf einer Wanderung mit den Naturfreunden durch die Lüneburger Heide, mit den Verbrechen an den Juden konfrontiert wurden. Mit all der Menschenverachtung die den Juden in Deutschland widerfahren war, wie man sie behandelte und ermordete. Die vielen Massengräber mit den Aufschriften: 1000 Tote, 2500 Tote. Und besonders verstörend waren diese Räume angefüllt mit Brillen, Schuhen und Haaren, für uns das sichtbare Grauen.
Auch eine Sünde der Lehrer und Väter. Niemand hatte uns bis zu diesem Jahr 1954 aufgeklärt. Man hat uns in unserer dummen Ahnungslosigkeit belassen. Mit dem Wissen von heute, hätten wir nicht mit Steinschleudern geschossen, heute lägen nach jüdischem Brauch, diese Steine auf ihren Gräbern. Den Jüdischen Friedhof gibt es immer noch, man hat die alte Betonmauer entfernt. Eine Einfriedung die den Blick auf die heute gepflegte Grabstätte zulässt, hat die zerschossene Betonwand ersetzt.

4.12 Der erste richtige Ball

Die Bandenkriege waren vorbei und wir widmeten uns friedvolleren Beschäftigungen, wie das Rauchen von getrockneten Blättern des wilden Weines, der über und auf das Flachdach der Hofgarage hinauswuchs. Zerbröselt in der Hand und in Zeitungspapier eingerollt ergaben die Blätter eine Möglichkeit sich mannhaft zu zeigen, das Husten zu unterdrücken und den beißenden Rauch dieses grauseligen Tabakersatzes zu ignorieren. Den einzigen Vorteil den dieses schwarze Teerpappen-Flachdach bot, war die Wärme die es im Sommer abstrahlte und von uns wohlig genossen wurde.

Der vor unserer Wohnung liegende ummauerte Innenhof war eigentlich zu klein um auf ihm Fußball spielen zu können. Weil aber der größere Platz auf der Kampstraße genau in der Mitte eine große Platane beherbergte, war der für das Fußballspielen absolut ungeeignet. Und selbst wenn wir es versucht hätten, es stand an den meisten Tagen der Woche der LKW des Neuspediteurs aus dem Fachwerkhaus gegenüber auf dem Platz. Ein Büssing NAG mit mächtigen Kühlergrill an der Front und oben auf ein blauer Löwe auf goldenen Grund als Markenzeichen.

Die seitlichen Blechklappen der Motorhaube standen meistens hochgestellt und der mächtige Motorblock war sichtbar. Entweder war der Motor öfter kaputt oder sein Besitzer war in ihn derart vernarrt und wollte ihn andauernd betrachten. Natürlich gingen im engen Innenhof einige Scheiben zu Bruch und der Teppichklopfer kam einmal mehr zum Einsatz, weil neues Glas auch Geld kostete, aber wir ließen uns zum Bleibenlassen, auch durch Schläge nicht überzeugen.

Nicht nur diese Scheiben hatten ihr Dasein hinter sich, auch von den Dingern an den Füßen, die Bezeichnung Schuhe widersprach deutlich ihrem Aussehen, lösten sich Einzelteile. Die Absätze und Sohlen oder das was sonst noch vom Oberleder der Schäfte vorhanden war, zerriss in überlastungsbedingten Abständen. Wir haben dann tatsächlich mit Schuhen aus Holz, oder mit Gummisandalen deren Sohlen aus alten Autoreifen geschnitten und mit Befestigungsriemen, die wie bei den alten Römern aus hartem Leder geschnitten waren, Fußball gespielt.

Mit einer ete petete, älteren und fußballfeindlichen „Dame", wohnhaft in dem Haus hinter einem hohen Holzzaun zum Nachbargrundstücke, hatten wir ein besonderes Problem. Immer dann, wenn unsere „Stoffpocke", so nannten wir den selbst genähten mit Lumpen gestopften Ball, unabsichtlich über ihren Zaun flog, kam der nach wenigen Minuten zerschnitten über diesen zurück. Wütend darüber waren wir immer, auch weil die Dame glaubte und behauptete wir würden unsere „Pocke" mit Absicht über ihren Zaun treten. Und sie wollte oder konnte nicht begreifen, welche Mühe und Organisationstalent es jedes mal bedeutete, wieder neuen festen Stoff für die Ballhülle und Lumpen für deren Füllung zu finden oder zu organisieren. Von der Zeit für die für uns mühselige Näharbeit gar nicht zu reden.
Dann kam dieser besondere und denkwürdige Tag. Der Bruder hatte Geburtstag und bekam den ersten richtigen Ball seines Lebens. Ein großer roter Gummiball und auch noch mit Luft gefüllt, der das Fußballspielen so wirklich zu einem Spiel werden ließ. Er hatte nur einen fatalen Fehler, er sprang viel höher und flog weiter als unsere Stoffpocke. Unbedingt musste vermieden werden, dass dieser Ball den Schneidegelüsten der bösen Nachbarfrau zum Opfer fiel und darum hielten wir den Ball möglichst flach.

Das Schicksal wollte es anders, bei einem Prallschlag stieg der Ball, von entgeisterten Blicken verfolgt, in die Höhe über den Zaun und schlug auf der anderen Seite mehrfach noch mit einem Plom-Plom dotzend auf. Mit Hilfe des Handsteigbügels schauten die Größten der Bruder und Philipp unser Dreckspatz-Nachbar über den Zaun.

Sie hatte darauf gewartet, denn das Dotzen des Balles hatte ihre Aufmerksamkeit geweckt. Mit einem langen Messer kam sie aus ihrem Haus. Dann zerschnitt sie ohne jegliches Bedenken den Ball in zwei Hälften. Anschließend flogen die zwei Gummihälften des gewesenen Balles zu uns über den Zaun und fielen flatschend vor unsere Füße. Bei uns, nachdem der erste Schock überwunden war, gab es zunächst Heulen und Zähneknirschen, dann Schuldzuweisungen an die zwei Verursacher die „Prallspieler".

Aber es dauerte nicht sehr lange, dann überkam uns die große Wut über diese Ungeheuerlichkeit unseren kostbaren Ball so ohne Bedenken in zwei Hälften zu verwandeln in uns auf. Wer das nicht verstehen will oder kann, der ist nicht fähig sich in Kinderfußballer hineinzudenken, die gerade mit diesem Ball den kostbarsten Besitz auf Erden, halbiert vor die Füße geworfen bekamen.

Nun kam das große Nachdenken über eine Rache die man dieser boshaften Frau angedeihen lassen wollte und musste. Unbedingt sollte es etwas für die Zerstörerin spürbares sein, ohne uns die Beteiligung an dieser Tat nachweisen zu können. In dem hohen Zaun um das Haus dieser Ballschnitterin befand sich eine eisenoxidrot gestrichene Holztür als ihr einziger Ausgang ins Freie.
Wir warteten bis es dunkel wurde und begannen mit Handschaufeln, Schabern und Kratzern ein Loch vor dieser Tür zu buddeln. Dieses Loch musste mindestens 30 cm tief

sein um unserer Wut gerecht zu werden und unserem Gefühl für eine ausreichende Rache zu genügen.

In einem Eimer wurde Gartenerde aus dem Garten des Spediteurs geklaut, so lange bis wir meinten mit einer ausreichenden Menge das Loch vor ihrer Tür damit füllen zu können. Der zusammen getragene stattliche Haufen wurde gründlich mit Wasser durchmischt und dann der entstandene Matsch in einer nicht zu flüssigen Konsistenz in das Loch gefüllt. Zuletzt wurde die beiseite geschobene schotterige Erde der Originaloberfläche, geschickt zur Tarnung, schön gleichmäßig oben auf dem zähen Schlamm verteilt.

Den Genuss dieses erhofften „Schlammtretens" hatten wir an diesem Abend nicht mehr und auch am nächsten Morgen, wegen der Schule auch nicht. Aber als wir aus der Schule zurück kamen war es passiert. Der Hof war in Aufruhr und voller Nachbarn. Laut lamentierte unsere Ballschneiderin über ihre verschmutzten Schuhe und Strümpfe und über ihren langen Rock der ebenfalls mit in den Schlamm abgetaucht war. Sie hätte sich gerade noch an dem Türpfosten festhalten können, sonst wäre sie in gesamter Länge in den hoch quellenden Schlamm gefallen.

Innerlich bedauerten wir es sehr, dass diese ihre Bauchlandung nicht stattgefunden hatte. Denn sie behauptete gegenüber jedem der es hören wollte, diese Freveltat könnte nur von uns den Fußballjungs begangen worden sein. Dabei verschwieg sie aber den Anlass und die Begründung, die zu dieser Tat geführt haben könnte. So fehlte ihrer Behauptung die Logik und warum sollten die Jungs grundlos so etwas tun? Niemand glaubte ihr, wir hatten unsere Genugtuung und die Sache erledigte sich zu unserer Erleichterung von selbst.

Mit dem Fußballspielen war es aus unserer Sicht, für mindestens drei Wochen vorbei. Es lagen von der Mutter beschaffte Holzlatten auf dem Hof und wir wurden beauftragt in unserem kleinen Kellerverschlag ein „Kartoffelschoß" zusammen zu nageln. Dieses Schoß sollte eine viereckige Lagerstätte mit einer unteren halb verdeckt liegenden Öffnung werden. Die Mutter schleppte uns in den Keller des Nachbarn. Es war der Vater von Gottfried, der so ein Behältnis, aus dem die Kartoffeln bei der Entnahme immer wieder durch ihr Eigengewicht nachrutschten, gebaut hatte.

Drei oder viermal belästigten wir Gottfrieds Vater, um immer wieder nachzusehen wie der das Ding zusammengebaut hatte. Nach mehr als einer Woche Sägen und Nageln in mühevoller Arbeit mit blutigem Daumen und blauen Fingernägeln, stand in unserem Keller ein nur ungefähr viereckiger Kasten. Mit der Kartoffelkiste vom Nachbarn hatte er nur wenig gemein und die Kartoffeln rutschten auch nicht von selbst, wie wir später feststellten.

Die Kartoffeln aber, die in diesem „Meisterwerk" eingelagert werden sollten, steckten immer noch in eineinhalb „Sechzigern" Kartoffelacker zum Selbstausmachen, für den die Mutter bezahlt hatte. Der Zentner (50kg) selbst ausgebuddelter Kartoffel war deutlich billiger, er kostete nur vier statt sechs D-Mark!!, die für vom Bauern gerodete und fertig Eingesackte zu zahlen waren.

Es ging auf die Felder auf der Schwerter Heide, wo dieser Eineinhalb-Sechziger Kartoffelacker unserer Arbeit harrte. Eine schwere zweizinkige Hacke war das Werkzeug, mit der das kostbare Kartoffelgut aus der Erde geholt wurde und wehe es wurde dabei einmal eine Kartoffel angehackt. Abwechselnd ging es dabei zu, einmal hackte der eine dann der andere und der Nichthacker klaubte die Kartoffel in einen Sack.

An einem Tag schafften wir 2 Zentner dieser Erdäpfel in die Säcke, diesen Erappeln, wie man im westfälischen Dialekt zu ihnen sagt. Insgesamt holten wir sechs Zentner, gleich sechs mal 50 Kg Kartoffeln auf diesem eineinhalb Sechziger-Acker aus dem Boden.

Damit hatten wir unsere Nahrungsgrundlage für den damals noch kalten und langen Winter ausgebuddelt. Mit unserem gebastelten „Bollerwagen" konnten wir nur einen Zentner transportieren, mehr an Kartoffeln hätte bei unserem einzigen handgemachten und wichtigstem Transportmittel zum Zusammenbruch geführt.

Dieses Wägelchen hatten wir handwerklich durchaus gewieften Buben auf dem „Fahrgestell" eines alten Kinderwagen und durch Aufrüstung mittels einem aufgesetzten zusammengenagelten Holzkasten, zu einem Transportvehikel umgebaut. Mit der Hilfe der anderen Selbstausmacher gelang es jeweils den Zentnersack auf das Wägelchen zu heben, dann mussten wir mit der Tagesernte zweimal fahren und das Erntegut in unserem Keller in das Kartoffelschoß einlagern.

Das dreitägige Schuften und das sechsmalige Fahren der drei Kilometer mit dem Wägelchen hin und her, hatte uns geschafft. Aber schon wieder drohte Unheil mit neuer Arbeit. Die Winter-Eierkohlen sollten kommen und es waren mehr als die Kartoffeln. Zwölf Zentner waren es, die der Kohlenhändler mit seinem klapperigen Auto auf die Straße kippte. Bis zum Abend mussten sie von der Straße verschwunden sein. Die Nacht hätten sie mit Sicherheit, dort auf der Straße einsam und allein gelassen nicht überstanden, weil sich bestimmt „barmherzige" Helfer gefunden und sie ins „Warme" gebracht hätten. Die Stunden und die Arme wurden immer länger bis die Kohlen endlich eimerweise in den Keller getragen waren. Schwarz wie die Schornsteinfeger kam danach dann auch noch das Waschen, im kalten Keller mit eisigem Wasser.

Im vergangenen Herbst waren wir noch zum Kartoffelstoppeln auf dem Acker zur Nahrungs-Ergänzung unterwegs, weil wir uns im Vorjahr nur vier Zentner leisten konnten. In diesem Jahr hatte die Mutter für die „Einkellerungs-Kartoffel" das ganze Jahr über Geld gespart. Wenn man zum Stoppeln wollte, musste man zunächst wissen wann und wo ein Bauer seine Kartoffel rodet.
Wir wussten von unserem Schulkameraden, dass sein Vater, der Bauer Weising, auf der Heide seine Kartoffel roden würde. Eine Überraschung war jedes mal die Vielzahl von Menschen die auch davon wussten. An auf Stoppelerfolg Hoffende waren, von den Kleineren wie wir, bis zu den Ältesten, die manchmal ihren Gehstock mit der Stoppelhacke tauschten, alle Jahrgänge vertreten.

Es verging noch eine lange Wartezeit, in der der Bauer noch dreimal mit der Egge über den Acker gefahren war um möglichst alle noch sitzenden Kartoffel vor Beginn des Stoppeln zu erwischen. Dutzende von Mitstopplern, warteten fiebernd auf die Freigabe des Ackers. Dann ging die Hackerei nach den letzten hoffentlich übrig gebliebenen Kartoffeln mit vollem Ganzkörper-Einsatz los.

Es wurde auf Sicht gestoppelt und wenn einer schneller und besser sehen konnte, war für den anderen oft mittels eines Hüftremplers die Entfernung zur erstrebten Kartoffel zu groß geworden. Viele waren es nicht, ein kleiner Korb war voll geworden, aber er reichte immerhin für zwei Tage an denen die immer zu geringe kostbare „Winterreserve" nicht angetastet werden musste.

Vor dem Kartoffelstoppeln lag aber noch das Ährenlesen, im Spätsommer auf den abgemähten Kornfeldern. Ist es nur Einbildung oder Wirklichkeit, brauchte das Korn in den 40ziger 50ziger Jahren des vorigen Jahrhunderts mehr Zeit zum Reifen, weil es schon fast Herbst war wenn das Korn gemäht werden konnte? Meistens wollten wir unseren selbst gebastelten Drachen auf den stoppeligen, die Waden aufreißenden kurzen Strohhalm bestandenen Feldern steigen lassen. Aber wir mussten die letzten liegen gebliebenen Kornähren für die „Graupensuppe" oder Kälberzähnesuppe lesen und nachher, eine spelzige Angelegenheit, sie auch noch „dreschen".

Die Kartoffel, dieses Nachtschattengewächs *Solanum tuberosum vom „Altiplano"* der Anden und 1738 in Preußen „erdhaftend" geworden, war wirklich die Überlebensfrucht dieser Zeit. Es gab sie in allen nur erdenklichen Variationen, als „Schriwwen" wie Pommes frites roh geschnitten und gebacken, als Klöße, als Salzkartoffel, Pellkartoffeln, als Reibekuchen, Reiberdatschie, als Salat- und Bratkartoffel. Wir aktiven Kinder zwischen acht und zehn Jahren, benötigten durchaus über 1700 Kalorien am Tag. Den Großteil dieser Energiemenge an Kohlehydraten ca. 1250 Kalorien und Eiweiß, mussten aus mehr als einem 3/4 Kilo Kartoffeln am Tag erbracht, ergo pro Kind gegessen werden, weil für die anderen Nahrungsmittel mit ähnlicher oder gleicher Energiemenge das Geld fehlte.

4.13 Kam ein Vogel geflogen

Aber es gab auch überraschende, freudige Ereignisse. Auf dem Weg in die Stadt - von der Mutter geschickt um irgend etwas einzukaufen - am Stadtpark entlang, waren die Stadtgärtner mit der Beschotterung und Säuberung der Parkwege beschäftigt. Einer der Männer kam mit geschlossen Händen die, wie sich kurz danach herausstellte, eine junge Dohle umfassten, über den Parkweg gelaufen. Sie wäre auf dem Weg gelegen und vermutlich aus dem Nest gefallen sagte er und fragt in einem Zug willst du sie haben? Ohne zu zögern kam die Zustimmung und schon lag das kleine Federknäuel in schmaleren Händen.

Das Einkaufen war jetzt unwichtig geworden; zuerst musste das Vögelchen heim. Die Mutter sah in dem winzigen Piepmatz vermutlich nur einen Gegenstand, der ihr wohl möglich eine zusätzliche Arbeit aufbürden würde und wollte ihn nicht in der Wohnung dulden.

Es war aber Frühsommer und das Argument der Vogel würde doch ohnehin den ganzen Tag im Freien verbringen, schwächte ihren Widerstand. Mit vielen Wenn - und Aber-Hintertüren und mit der Ablehnung der Verantwortung für den Vogel, stimmte sie schließlich dann doch zu. Fliegen konnte er ja noch nicht, so genügte zunächst ein mit einem zerschlissenen Handtuch ausgepolsterter Pappkarton als seine Bleibe.
Was frisst so ein Vogel, mindestens Würmer das war bekannt und so musste der Garten des Spediteurs - diesmal aber für eine nicht unfreundliche Sache - wieder einmal herhalten. In Anbetracht der zu vollbringenden guten Tat, konnte der Nachbar ohne Heimlichkeiten vorher um die Erlaubnis gebeten werden, in seinem Garten nach Würmern zu graben.

Dazu erlaubte er ohne jede Umschweife auch noch die Benutzung seines Grabspaten und zeigte gleich seinen Standort. So hatte der Garten einmal den Vorteil der reichlichen Futterspende und zum anderen, durch seine unmittelbare Nähe zu unserem Haus, war die Würmersuche im Vorbeigehen möglich.

Der Vogel gedieh prächtig, mit einer Pinzette, die er für den Schnabel seiner Mutter halten würde, so klärte mich ein Vogelfreund auf und mit einer Pipette die ihm Wasser spendete, wurde er größer und größer. Sein Gefieder war bald voll entwickelt und er schlug draußen bei seinen ersten Flugübungen mit den Flügeln. Die ersten Flüge endeten mit Bauchlandungen im Hof, aber auf einmal saß er auf dem Dach der Weinlaubgarage und wollte oder traute sich nicht wieder runter vom Dach. Aber das Besteigen dieses Daches war ja eine der oft erprobten leichteren Übungen.

Von da war es nicht weit zu Rundflügen um den Hof, aber er landete immer vor dem Türchen eines alten Vogelbauer, der von der älteren freundlichen Frau aus der Neben-Villa inzwischen geschenkt war, auf einer angehängten kleinen selbst gebastelten Plattform. Sie schenkte den Käfig, weil sie die „Rundflüge" der Dohle aus ihrem Fenster beobachtet hatte und dem Vogelbesitzer nicht wünschte, dass der Vogel davonfliegen würde. Aber er flog ja, auch wenn er frei war, doch nicht davon.

An einem Tag der Woche, es war immer der Freitag, war der Wochenmarkt auf dem Marktplatz vor der St. Viktor Kirche. Was man sonst in den Geschäften nicht bekam, hier gab es das manchmal. An einem der Marktstände bot ein Hühnerhof oder Hühnerzüchter lebende Hühner in Käfigen und kleine rundlich gelb flauschige Küken zum Verkauf an.

So ein Küken, so der plötzliche Gedanke, könnte doch ein Spielkamerad für die Dohle sein und für 10 Pfennig war es gekauft. Die beiden freundeten sich schnell an; das Küken hielt die Dohle für seine Mutterglucke und schlüpfte unter die Federn und Flügel der Dohle, die von dieser auch richtig schön breit gemacht und aufgeplustert wurden.

Dem Vogel und dem Küken zu zuschauen machte richtiges Vergnügen und wenn man sie beide auf den Hof ließ, machte die Dohle mehr Luftsprünge als Flüge und das Küken hüpfte hinterher. Nun waren zwei zu füttern und zum Glück fraß das Küken auch Würmer.

Für die Fahrt zur Schule gab es jetzt ein Fahrrad. Es war ein Geschenk vom letzten Geburtstag, ein gebrauchtes preiswert erworbenes schwarzes 26 Zoll Gesundheitslenker-Fahrrad. Das alte „Gemeinschaftsfahrrad" von uns Jungs, aus mehreren verschiedenen Fahrradteilen wie Rahmen, Räder, Felgen und Pedalen zusammengebaut, war als 28 Zoll Rad für einen Pimpf zu hoch um in den Sattel zu kommen.

Es nervte zudem durch rhythmisches penetrantes Bocken immer dann, wenn in Ermangelung eines richtigen Reifens, der alte auf der vorderen Felge aufgezogene Wasserschlauch, eine Umrundung hinter sich hatte. Dann hüpfte das Rad über den Verbindungsstoß der Schlauchenden, die an dieser Stelle mit einem dicken rostigen Draht zusammengehalten waren.

Auch kam man, weil zu klein, bei diesem „Herrenrad" nicht über das obere Rahmenrohr und fuhr, den Körper schräg durch den dreieckigen Rahmen gezwängt, wie ein Bild von Quasimodo mit diesem Drahtesel herum. Das Zusammensuchen und der Zusammenbau von dutzenden Einzelteilen, um dieses Fahrrad fahrbar zu machen, war schon ein Abenteuer an sich.

Wie es dazu kam eine riskante Wette einzugehen, lag an der andauernden Frotzelei von Klaus unserem Nachbarn und Mitschüler. Er behauptete, wenn der Vogel ein Stück weit mit zur Schule käme und er dann freilassen würde, flöge er

niemals wieder zurück zu seinem Standort dem Vogelbauer auf unserem Hof. Die Dohle kam aber doch auch von ihren „Rundflügen" um Haus und Hof zurück, warum nicht auch von einem längeren Ausflug?
Jeder setzte drei seiner wertvollsten farbigen Glasmurmeln auf diese Wette. Die Dohle wurde vorsichtig in einen Wolllappen gepackt und in dem Schulaffen verstaut. So zogen wir, einer mit dem Fahrrad samt Affen und Vogel und Klaus lief nebenher, zur Schule ab. Für den ersten Versuch einigten wir uns auf den halben Weg zur Schule und ließen den Vogel an der Marienkirche frei.

Ohne weiteres Kreisen flog der Vogel als gutes Omen schon einmal in die richtige Richtung. Mittags nach der Schule galt der erste Blick dem Vogelbauer und tatsächlich der Vogel war zuhause angekommen. Seine Murmeln musste der Klaus herausrücken, aber nur zwei gab er her, weil der Vogel ja auch nur die halbe Strecke geflogen sei.
Der Geiz von Klaus war verständlich, waren die Murmeln für uns doch von hohem Wert. Wir spielten mit diesen kleinen Glasmurmeln, wir nannten sie „Knicker", eine Art wie das französische Boule mit den großen Kugeln. Eine Murmel wurde vor die Mauer der Weinlaubgarage geworfen und wer mit seinen folgenden Murmelwürfen dieser andersfarbigen Murmel am nächsten kam, hatte das „Boulespiel" gewonnen und 10 Pfennig dazu.
In den Affen musste die Dohle nun nicht mehr, auf der Schulter sitzend fuhr sie bis zur Schule mit und in die Luft geworfen flog sie Tag um Tag zurück. Das durfte sie aber nur bei gutem Wetter, Nässe sollte dem Vogel auf keinen Fall zugemutet werden.

An einem der letzten warmen Tage war der Vogel wie immer angekommen, aber das Küken, schon größer geworden war nicht mehr da. Sonst war es immer in dem erdnah aufgestellten Vogelbauer, wenn die Dohle von der Schule zurückkam. Das Vogelbauertürchen war auch immer geöffnet und das Küken wollte -selbständiger geworden - offensichtlich auch einmal die große Welt erkunden.

Wir fanden es lange nicht, fortgeflogen konnte es nicht sein, aber in einem Wassereimer einige Meter entfernt, in dem Trinkwasser für die Vögel war es ertrunken. Die Trauer um das kleine Hühnchen war tief und groß, für das nasse Knäuel Federn gab es im Hof vor der Mauer der Weinlaubgarage ein richtiges Grab, mit Blumen, Namensschild, Grabstein und Kreuz.

Auch die Dohle hatte sich zum Herbst hin verändert, sie drehte ihren Kopf zum Himmel wenn andere Vögel hoch oben vorbeizogen. War es ihr langweilig oder war es ihr natürlicher Drang zu ihren Artgenossen oder nach allem was fliegt? Nach ihrem letzten Ritt gemeinsam zur Schule - mit dem Fahrrad und der Dohle oben auf der Schulter - kam sie nicht mehr zurück.

Die Trauer über die Freiheitssuche der Dohle war schon nicht mehr so groß wie bei dem Ersäufnis des Küken. Sie würde, musste und sollte fortfliegen. Sie folge ihrem Lebensprogramm, so beschrieb der nachbarliche Vogelfreund ihren Flug in die Freiheit.

4.14 Das Für und Wider einer großen Freiheit

Auch uns war es bald nach einem langen Winter in dem ummauerten Gehöft an der Kampstraße zu eng geworden. Es war schon wieder Mitte März die Sonne wärmte schon und es roch nach Erde und frischem Gras. Unsere Zeit die verhassten langen braunen oder schwarzen Wollstrümpfe des Winters endlich los zu werden. Befestigt waren diese mit Laschen an einem Leibchen angeknöpft, das man unter der kurzen Hose trug. Auch die ohnehin schlechten Schuhe waren von nun an bis in den Herbst hinein überflüssig geworden und für das Barfußlaufen hatten die Fußsohlen noch genügend dicke schützende Hornhaut vom letzten Jahr. Wir wollten mehr Freiheit mehr Raum. Immer öfter ging es mit der Straßenbande in die Ruhrwiesen und in den Ohl, einem Wald am Hang auf der anderen Seite der Ruhr, einem Märchenwald - so kam er uns vor- voller Geheimnisse die entdeckt werden wollten. Alle damals bekannten Helden, aus den Karl May Geschichten, oder aus den billigen geliehenen und getauschten unerlaubt gelesenen Westernheften „Tom Prox" und „ Billy Jenkins" und natürlich Tarzan, waren unsere Vorbilder und wir ihre Nachahmer.

Wir verloren bei all unserem Treiben oft das Gefühl für Zeit und Raum und es war oft stockdunkel wenn wir zuhause ankamen. Die Mutter wusste sich nicht mehr anders zu helfen, weil wir nicht hörten und es setzte fürchterliche Hiebe. Manchmal gab es die Dresche mit einem großen Holzlöffel und dann wieder mit dem Teppichklopfer.

Es war falsch derart lange fort zu bleiben das war uns klar, aber die Härte der Strafe für das nicht unbedingt absichtliche Verspäten erschien uns unangemessen. Ihre Angst um uns und die Anspannung entlud sich plötzlich in einer archaischen, furienhaften Aggression, die meiner Mutter sonst eigentlich nicht zu zutrauen war.
Heute würde ein Psychologe dazu sagen: In ein erzieherisches Programm zur Disziplinierung passt ein derartiger Beherrschungsverlust jedenfalls nicht. Bald waren wir derart abgehärtet, oder taten wir nur so? Auf einem der vielen schon wieder dunkel gewordenen Heimwege skandierten wir laut - uns Mut machend - vor uns her : „Keile (Schläge) vergeht Arsch besteht".

Der Schwerter Wald , wir hatten viel von ihm erzählen gehört, war weiter entfernt als der Ruhrwald am Ohl, aber es fuhr die Schmalspur-Straßenbahn dorthin. Ohne Geld für die Fahrscheine vom Abreißblock, den es damals noch gab, mussten wir zu Schwarzfahrern werden um dort hin zu kommen.
Die Schaffnerin hatte Mühe, komisch es war immer die Selbe, besonders weil sie kräftig gebaut war, sich mit ihrem vor gehängten Münzgeldspender durch die Bahn zu zwängen und der machte sie noch unbeweglicher.
Sie musste jeweils die stehenden Fahrgäste nach links und rechts zur Seite drängen, um durch den Mittelgang der Bahn weiter zu kommen. Die Stehenden und wir eingeklemmt zwischen ihnen, hingen um Halt zu finden, mit ihren Händen in den Lederschlaufen die an Durchlauf-Stangen am Dach der Bahn befestigt waren. Wenn sich nun diese Schlaufen seitlich nach außen bewegten, das war von uns von „unten" zu sehen, wussten wir die Schaffnerin kommt.

Es war für kleine schmale Steppke ein Leichtes sich durch weiteres Kleinmachen und mit Drehbewegungen um die Erwachsenen herum, dem Einflussbereich der Schaffnerin zu entziehen. So weit wie bis zum Schwerter Wald waren wir aber allein noch nie und schon gar nicht „schwarz" mit der Bahn gefahren.

Oben am „Freischütz", einem Saalbau aus der Gründerzeit, stiegen wir aus und suchten im Schwerter Wald nach den „Stollenmündern" von denen der Lehrer erzählt hatte. Seit dem 16. Jhdt. So weiß man es heute, gab es diese Kleinzechen an der Ruhr, nach denen in der Mangelzeit nach dem Krieg 1945 wieder gesucht wurde.

Hunderte dieser Kleinzechen, als „Zeche Eimerweise" oder „Zwergenpütt" bezeichneten Kleinstollen, wurden wieder aktiviert. Die Kohleflöze (60cm bis manchmal 150 cm starke Kohleschichten) lagen und liegen an den südlichen Hängen des Ardeygebirges nördlich der Ruhr. Die Kohleflöze liegen dort fast sichtbar an der Oberfläche der Hänge und fallen, nach Norden verlaufend, immer weiter in bis zu 2000 Meter in die Tiefe.

Von diesen Hängen konnte man direkt, immer dem Flöz folgend, die Stollen in den Berg treiben, ohne einen Schacht senkrecht abteufen (graben) zu müssen. An den Stollenmündern wurde in Notzeiten so auch nach 1945, die Kohle direkt „eimerweise" oder handwagenweise verkauft oder gegen andere Waren getauscht.

Trotz intensiver und langer Suche bis in die Abendstunden und nachfolgend drohender Schläge, haben wir aber nicht einen einzigen Stollenmund gefunden. Die Schläge die wir dann doch ab bekamen, haben wir dem Lehrer zu verdanken, der uns durch seine Erzählung von diesen sagenhaften Stollenmündern zu dieser für uns großen weiten Exkursion animierte. Später und größer geworden, haben wir einige dieser „Münder" dann doch gefunden.

In den Ruhrwiesen, in der Nähe des großen Ruhrgutes „Reddemann", war ein kleines Wäldchen aus hohen dünnen Pappeln gewachsen. Diese Bäume boten die ideale Gelegenheit, wenn auch nicht die eines Dschungels, es Tarzans Künsten, seinem Wipfelspringen und Baumschwingen gleich zu tun. Klettern konnten wir wie die Affen, wir benötigten noch nicht einmal eiserne Steighilfen, wie jene mit denen die Postelektriker auf die Telegraphenmasten klettern.

Die nackten Füße wurden zur Abstützung gegen den Stamm gestemmt und mit jedem Armzug wurde an Höhe gewonnen. Oben überspielte zunächst der Stolz über die Kletterleistung und die Verhöhnung der weniger Erfolgreichen unten gebliebenen, die eigene Schwäche und das Ringen nach Luft. Schon vom eigenen Gewicht und der Krümmung des dünnen dennoch hohen Baumes, begann dieser selbständig mit schlingernden Pendelbewegungen. Drei oder vier die wir oben waren, hingen haltsuchend in den wenigen Ästen.

Es waren doch fünf sechs Meter über Grund und keiner wollte seine Angst zeigen geschweige denn sie äußern. Um den Nebenbaum zu erreichen, mussten die Pendelbewegungen, wie auf einer Schiffschaukel, verstärkt werden und der Nachbarbaum kam näher und näher. Jetzt kam es auf den richtigen Moment an den Schwingbaum zu verlassen und den anderen zu fassen. Einer hatte es geschafft und der Jubel war groß.
Was der kann sollte auch gelingen, noch einmal Schwung genommen und hinüber zum Nebenbaum, doch der Griff ging ins Leere und der Erdboden kam näher. Wenn es nur der Boden gewesen wäre, der war weich und sumpfig, und hätte den Fall gedämpft, aber irgendein Brennholzsucher oder ein Wild hatte einige Äste der unter den Bäumen gewachsenen Büsche abgebrochen.
Der Busch selbst fing den freien Fall zwar zum Teil ab, aber einer dieser abgebrochenen Äste war auch in diesem Busch und genau in der Einflugschneise und schlitzte den Oberschenkel auf. Es blutete stark, geistesgegenwärtig zog einer seinen Kniestrumpf aus und band den Oberschenkel damit ab. So schlimm wie es blutete war es dann doch nicht, warum die Mutter nicht daran dachte diese Wunde von einem Arzt nähen zu lassen, darauf fehlt bis heute eine Antwort.

Die Wunde eiterte noch wochenlang vor sich hin und wollte nicht verheilen, bis sich endlich ein dünnes Häutchen über der immer noch zentimeterbreiten Wunde schloss. Dieses „Corpus Delicti" bleibt als ein unveränderliches Erkennungszeichen - eine Zugenähte wäre kleiner und damit weniger Aufmerksamkeit schindend gewesen – für immer der Beweis für eine vermeintliche Ruhmestat.

Die deutsche Wehrmacht hatte, als sie hier nördlich der Ruhr eine dieser letzten sinnlos gewordenen Abwehrlinien aufbaute und die Ruhrbrücke sprengte, große Mengen an Munition in unseren Spielwiesen, den Ruhrwiesen zurücklassen müssen. Jeder hatte in dieser Zeit andere Sorgen als sich um das Einsammeln dieser gefährlichen, überall am Boden liegenden Kriegs-Hinterlassenschaften zu kümmern.
Aber wir kümmerten uns um die Unzahl an Patronen, Eierhandgranaten und herumliegendem Stangenpulver aus aufgeplatzten Granaten. An der alten Rohrbrücke unter einer uralten Kopfweide lagerten wir mit unserem „Sprengkommando" und der gesammelten Munition. Dort buddelten wir tiefe Löcher und steckten Stangenpulver zwischen die ins Loch gelegten Steine die anschließend mit Erde zudeckt wurden.
Zwei drei Stangen dieses Pulvers blieben ein kurzes Stück außerhalb der verdämmenden Erde. Mit Welthölzern, die wir klammheimlich aus der Küche mitgehen ließen, zündelten wir die Stangen und gaben Fersengeld. Mit einem gewaltigen Bumms flog unser gebaute „Steinbunker" in die Luft und die Steine zischten uns um die Ohren.

Besonderen Spaß machte das Kanaldeckelsprengen; die Deckel wurden abgehoben, eine Menge Stangenpulver auf das Schmutzfangblech darunter gelegt und die Löcher des wieder aufgelegten Deckels mit Erde verdämmt. Eine Stange, die oben heraus schauend angebracht war, wurde gezündet und dann nichts wie weg. Und wie die schweren Deckel flogen, nur man musste vorsichtig schauen wohin sie flogen, denn sie kamen ja wieder runter.

Aber das Feuerwerk, das gefährliche Spiel mit der Munition, nahm ein dramatisches unerwartetes Ende. Einer der Jungs hatte sich - nicht aus unserer Bande - in die große Höhlung der Kopfweide gesetzt und an irgend einer Munition mit einem Messer herum manipuliert. Das Ding ging hoch, riss ihm den halben Arm ab und zerschmetterte ihm eine Gesichtshälfte. Er hat überlebt, aber seit diesem Tag machten wir einen weiten Bogen um jegliche Art von Munition. Die alte Kopfweide steht immer noch an ihrem alten Ort und wenn eine Autofahrt - selten genug - an der Ruhrbrücke vorbei führt, sucht sie der Blick und die Gedanken kreisen um das was hätte auch sein können.

Weniger spektakulär war der Umgang mit einigen herumliegenden „Verpflegungsbomben". Mit diesen aus zwei Halbschalen bestehenden „Bomben" aus Stahlblech, die zur Verpflegung der Soldaten von Flugzeugen abgeworfen wurden, konnte man, vorausgesetzt man war leicht und hatte ein gutes Gleichgewichtsgefühl, einigermaßen sicher auf dem Wasser paddeln.

Obwohl wir dünn und leicht waren, stand das Wasser schon knapp unter dem oberen Rand. Das geringste Wackeln oder leichte Wellen konnten die Bombe zum Volllaufen und kentern bringen. Mehrmals wurden wir von den Großen neidvoll, weil die zu schwer für diese Art Bombe waren, mit Stangen geentert und zum Kentern gebracht.

Es war immer sehr mühsam, tauchend die schwere Bombe wieder vom Grund der Ruhr nach oben zu holen und das Wasser heraus zu schöpfen. Tauchen konnten wir schon bevor wir schwimmen konnten und lernten dabei schnell, unter Mithilfe der Strömung, den Auftrieb auszunutzen. Diese Mühen mit der schweren Bombe waren wir bald leid und Schwimmen und Tauchen in der Ruhr war nun angesagt.

Kopfsprünge waren aber nur an einer tiefen Stelle flussabwärts in Richtung Bootshaus möglich und hier war bald unser sommerliches Domizil in den Ruhrwiesen. Wir brachten es zur wahren Meisterschaft im Wasserspringen, mit Kopfsprung, Salto und Überschlag, aber auch zu so manchen Bauchklatschern und krachenden Rückenlandungen.

Wenn am Abend die Rötungen der Haut auf Bauch und Rücken brannten, wurde nicht „memmenhaft" gejammert. Aber auch bei dieser Springerei war das Glück auf unserer Seite. Ein Pfosten von einer ehemaligen Astgeflecht-Uferbefestigung war unweit unserer Springposition unsichtbar unter Wasser in die Ruhr gerammt. Ein anderer Springer traf bei einem Kopfsprung genau diesen Pfosten und konnte nur noch mit Genickbruch tot aus der Ruhr gezogen werden.

Ein weiterer Schulwechsel stand bevor. Es sollte aber der Letzte sein. In die Feldschule am Friedrich-Bährens Gymnasium ging der letzte Wechsel.. Eine schöne helle Schule mit großem baumbestandenen Schulhof und einem Sportplatz direkt nebenan. Fräulein Kuhlmann* wechselte mit und blieb noch einige Wochen unsere Lehrerin. Dann wurde Lehrer Demel* (*Name geändert) unserer Klasse zugeteilt.

Vom Typ ein flotter sportlicher junger Lehrer, den mehr als Welten von der gouvernantenhaft, hinterwäldlerischen Art des Fräulein Kuhlmann* trennten. Auch für den Sportunterricht war er nicht nur zu zuständig, er spielte - für uns etwas ganz neues - sogar mit!

Der große Sportplatz wurde auch oder überwiegend von der „Penne" nebenan benutzt. Auch wenn wir schon vorher auf dem Platz waren, mussten wir das Feld räumen, weil ein Studienrat, einer von der sprichwörtlich hochnäsigen arroganten Art glaubte, dass seine „Schööler" mehr Recht auf die Benutzung des Platzes hätten.

Mit gestelzten bandwurmartigen Sätzen und einem angeborenen Beharrungsvermögen pochte er auf dieses vermeintliche Recht. Lehrer Demel grinste ihn an, was ihn offensichtlich noch nachdrücklicher und aufgeregter werden ließ, weil bei einem herrischen Herumreißen des Kopfes sein Monokel, tatsächlich der hatte noch eins, in weitem Bogen davon flog. Unser Lehrer beachtete den Studienrat nicht weiter, er sagte nur kommt Jungs. Damit war das Fußballspielen noch nicht zu Ende, wir spielten auf unserem Schulhof zwischen den Bäumen weiter.

Einige Wochen, höchstens sechs ging das so dahin. Ein Hosenbein des Lehrers riss dabei entzwei, als aber auch noch eine große Fensterscheibe im Schulhaus durch einen scharf geschossenen Ball zu Bruch ging, setzte sich der Hausmeister mit seinen andauernden Einsprüchen letztendlich durch und das Fußballspielen wurde vom Rektor untersagt.

Wir hätten ihn gerne behalten diesen mal kumpelhaften mal ernsthaften von allen akzeptierten Lehrer, denn wenn es ihm ernst war, dann wurde tatsächlich etwas gelernt. Nach ihm

kam der Lehrer Schmollen*, der schnell in „Schmolli" seinen Spitznamen weg hatte. „Denn der Schmolli der raucht Colli" war der Reim den wir uns auf ihn machten. Die „Colli" war eine gängige Zigarettenmarke so wie später die „HB".
Einen wirklichen Reim konnten wir uns aus ihm aber tatsächlich lange nicht machen, seine Qualitäten erkannten wir noch nicht. Aber bald sollten wir es wissen, auch wenn er so ganz anders war als dieser Lehrer „Jungspund" Demel*.
(*Namen geändert)

4.15 Katholisch sein, kann auch leidvoll sein

Man kann nicht behaupten, die Mutter wäre sehr gläubig gewesen, aber zur Kommunion gehen sollten wir doch, das gehörte sich so. Neben den drei Kirchgängen in der Woche, Dienstags Freitags und am Sonntag, kam der Kommunion-Unterricht die Katechese auch noch dazu.

Aber noch war es der grausam kalte Winter des Jahres 1947; der berüchtigte Hungerwinter. Neben den Nahrungsmitteln, die es nur sporadisch gab, fehlte es an Heizmaterial, an Kleidung und Schuhen. Selbst die geringen Mengen an Nahrungsmitteln, die nach Wegfall der Nahrungsmittel produzierenden Ostgebiete nur noch ca. 35 % der Vorkriegsproduktion betrugen und die lebenswichtige Kohle konnten nicht mehr transportiert werden.

Der Schiffsverkehr brach zusammen, die Kanäle, und alle Flüsse waren zugefroren. Von den 13.000 Kilometer Schienenwegen im Rhein-Ruhrgebiet waren, nach den verheerenden Bombardements, immer noch nur 1000 Kilometer befahrbar.

Die Lebensmittelkarten für Rentner wurden Sterbekarten genannt. Das Aufgedruckte auf den Karten, deckte nur ein Drittel dessen was auch ein alter Mensch zum Überleben benötigte. Aus den schon zu wenigen 1500 Kalorien, die ein Erwachsener am Tag noch 1945 erhielt, wurden im Januar 1947 um 1000 und bald Mitte Februar hatte jeder nicht einmal 700 Kalorien zu Verfügung. In der Kälte ohne Heizmaterial konnte der Körper nicht mehr genug Wärmeenergie aus den wenigen Nahrungsmitteln erzeugen. Hunderttausende, besonders in den Großstädten sind tatsächlich aus Nahrungsmangel erfroren.

Die Menschen starben den schwarzen Tod den Hungertod oder sie erfroren am Weißen den Kältetod. Für die meisten Verstorbenen kam beides zusammen, welcher hier den Vorrang hatte, wer weiß es. Alte Menschen und kleine Kinder standen weitaus an der Spitze der Mortalität.

Seine Lebensmittelkarten zu verlieren wurde oft mit dem Tode bestraft, weil kaum jemand hoffen konnte, dass ihm der Finder, auch wenn der Name auf den Karten stand, diese zurückgab. Das Überleben war keine Frage mehr zwischen Ost und West oder Süd und Nord. Es war die tatsächliche Überlebensfrage zwischen Stadt und Land. Auf dem Land hatte fast jeder irgendwo ein Stück Land ein Gärtchen und man stand sich nicht so anonym gegenüber wie in den Städten. Dort gab es Nachbarn, die in den kleinen Landgemeinden wo sich jeder kannte, schon des Ansehens wegen Hilfe nicht verweigern konnten oder wollten.

Man war auf dem Land auch den Wäldern näher, kannte Waldbesitzer, oder hatte ein eigenes kleines Wäldchen. So lag der Anteil der an Erfrieren und Verhungern Gestorbenen, zu über 90% bei den Menschen in den größeren Städten. Wir schlugen uns gerade so durch, wenn es den Onkel Werner mit seinen Nahrungsmittelhilfen von der Hunsrücker Schwester nicht gegeben hätte, wer weiß ob nicht noch einer von uns vom dem Schwarzen - oder Weißen Tod geholt worden wäre!

Beim Metzger Müller gab es ab und an Fleisch vom Pferd, aber nur für uns und in homöopathischen Mengen, weil wir Nachbarn waren. Das Fleisch wurde in dem Öl aus den mühsam im Herbst im Wald am Ebberg aufgeklaubten und beim Lethaus in der unteren Kämpstraße ausgepressten Bucheckern gebraten.
Kann man sich heute noch vorstellen wie lange es brauchte um sieben Kilogramm Bucheckern zusammen zu picken, aus denen aber nur ein Liter Öl heraus gepresst wurde? Die Ölmühle Lethaus nahm sich davon noch die Hälfte als „Arbeitslohn" ab. Dieses „Superöl" wäre heute kaum noch bezahlbar.

Es gab nicht nur das alltägliche Problem der Ernährung. Die gelblichen Schweinsleder-Schuhe, das zweite Paar Schuhe nach dem Krieg, war bis zum Herbst, durch die Fußballspielerei und Kletterei in den Bäumen, in ihre Einzelteile zerlegt.
Die Sohlen hatten sich verselbständigt, die Schnürösen ausgerissen und die Absätze abgerissen. Eine Weile konnten die aufgenagelten, selbst geschnitzten Holzabsätze und später die ausgeschnittenen mit Riemen untergebundenen Reifengummis den Totalschaden noch verhindern, als jedoch auch die Brandsohle und das Oberleder alles Genagelte und Gebundene nicht mehr halten konnten, war jeder weitere Rettungsversuch sinnlos geworden.
Holzschuhe, das Wort Schuhe ist für diese Art der Fußbekleidung arg geschmeichelt, waren das einzige was es an „Schuhwerk" noch zu kaufen gab oder direkter wir noch bezahlen konnten. Ein Vergnügen ist etwas ganz anderes als

mit solchen "Holzklompen" (Holländischer Ausdruck) laufen zu müssen. Der obere Rand war holzhart und drückte in die Frist und an die Knöchel. Es blieb aber immer noch ein kleiner Spalt, durch den der Schnee von oben eindringen und sich am Fuß verflüssigen konnte.

Man schämte sich immer dann, wenn die Leute schon auf dem Weg, - aber mehr noch in der Kirche - durch das laute Klappern dieser Holzgaloschen auf den Steinplatten aufmerksam werdend, auf die Füße schauten. Wenn der Schnee zu hoch und die Temperatur zu niedrig war, entschied die Mutter: „Heute gehst du nicht in die Kirche". Aber die Angst vor der zu erwartenden Standpauke in der Schule verdrängte schnell die Erleichterung über diesen vorüber gegangenen Kelch.

Jene - wegen der sich wiederholenden Abwesenheit - mit zunehmendem Nachdruck gestellte Frage war immer peinlich und demütigend: „Warum warst du nicht in der Kirche?" Welche Antworten gab es darauf? Ein Hinweis auf die Unmöglichkeit derartiger Holzgaloschen war mehr als unangenehm, so kam es zu der weniger diskriminierenden Ausrede des Verschlafens.

Aber in der Häufung dieser Ausreden über die Langschläferei, brachte es dann die Mutter zwangsläufig in Misskredit. Mit einem blauen Brief wurde die Mutter zum Rapport beim Lehrer bestellt; warum der Lehrer, als weiterhin die Regelmäßigkeit eines Kirchgangs ausblieb nicht mehr fragte, kann man durchaus dem energischen Einspruch der Mutter zuschreiben. Wenn sie schon zuhause unter den gegebenen Verhältnissen, über solche unzumutbaren Forderungen nicht nur schimpfte sondern auch deutlichere Formulierungen gebrauchte, muss sie dem Lehrer sehr gründlich die Leviten gelesen haben.

Es war fast zu erwarten und es kam dann auch so. Unter derartigen Voraussetzungen konnte die Schulnote für Religion, kaum ein sehr gut werden, es wurde eine mit einem **„Mangel"** be-***haft***-ete Note.

Nach den Ostertagen war der weiße Sonntag, der Tag der Erstkommunion und der kam näher und näher. Beide sollten wir gemeinsam, mit fast acht und neun Jahren, durch den Kommunion-Unterricht in der Art eines Interaktions-Geschehen zum Vernunftgebrauch gelangt, in die Katholische Kirche eingegliedert werden.
Für einen einfachen blauen Anzug mit kurzen Hosen, aus billigen Stoffen von der Mutter des Mitschülers Klaus für wenig Geld genäht, reichte es noch für beide. Aber für neue Schuhe reichte es nicht mehr.
Die schwarzen hohen Schuhe des Bruders - wie der die Schuhe heil über die Sommerzeit und den Winter gebracht hat bleibt für immer sein Geheimnis - konnten mit viel schwarzer Schuhcreme gerade noch in einen unauffälligen Zustand gebracht werden, aber der Gelackmeierte hatte nur Holzklompen! Schuhe leihen aber woher und von wem.

Doch auf einmal kam die Erleuchtung: Gottfried der Freund der über dem Pferdemetzger Müller wohnte, hatte schöne rote Schuhe. Nicht dass er die beim Fußballspielen trug, das wäre ja aufgefallen, nein er trug sie nur beim Kirchgang. So hatte der gemeinsame sündige Kirchgang mit Gottfried, in die evangelische Kirche St. Viktor, tatsächlich auch eine unerwartet gute Seite.

Die Schlechtere war eine Standpauke des Pfarrers und unseres Lehrers ob dieser begangenen Sünde dieses Kirchgangs in eine „Evangelische Kirche" die der sündige Abtrünnige über sich ergehen lassen musste. Gottfried hatte, ohne jeglichen Hintergedanken gefragt, ob wir nicht gemeinsam - als gelebte „Ökumene"- in seine Kirche St. Viktor gehen sollen.

Von einer Ökumene wussten und kannten wir damals nichts und die da „Oben" schon gar nicht. Unbefangen und freudig erregt, noch nicht kundig der später vorgehaltenen Sünde, gab es keinen vernünftigen Grund den Vorschlag Gottfrieds abzulehnen.

Diese uralte Schwerter Kirche übte schon immer einen unerklärlichen Reiz aus und für diese Anwandlung gab es dann die Belohnung mit dem wunderschönen niederländischen Klappaltar und dem hochragenden gotischen Gewölbe der drei Kirchenschiffe.

Als der Lehrer in der Schule wieder seine stereotype Montagsfrage stellte, kam prompt eine immer noch unbefangene Antwort: Natürlich war ein Kirchenbesuch erfolgt, mit meinem Freund dem Gottfried in der St. Viktor Kirche. Hätte es nur eine Vorahnung gegeben welche Folgen diese Freimütigkeit nach sich zog - ein Geständnis war es erst nachher - eine glatte Lüge wäre unausweichlich geblieben.

Aus der Not gelogen haben wir öfter - das sei hier freimütig und ohne Reue zugestanden - warum nicht auch hier. Das Wissen darüber, dass diese alte Kirche vor der Reformation einmal katholisch war fehlte. Die abgeforderte Verteidigung wäre argumentativ leichter gewesen und für die andere Seite etwas blamabler ausgefallen, wenn man es denn so gewusst hätte.
So blieb keine Möglichkeit für eine von der Gegenseite zu akzeptierende Verteidigung, es gab nur ein einseitiges Überrollen mit ungeahnten Vorwürfen eine schwere Sünde

begangen zu haben die den Sünder der Verdammnis näher bringt und ihn mit großer Schuld behaftet. Ein ganz und gar nicht reuiger Sünder blieb trotzig nach diesem Versuch der Erniedrigung, der Androhung mit ewiger Verdammnis, ob dieses angeblichen Sündigmachens auf diesem unbegreiflichen Schlachtfeld der vermeintlichen Gegensätze zurück.

Das erste Gute an diesem Erlebnis war dieses sehr frühe Erkennen unhaltbarer Vorwürfe, der eigenen Schuldlosigkeit und der gedanklichen Freiheit. Die andere gute Seite dieser Katastrophe brachte die roten Schuhe Gottfrieds in Erinnerung. Am nächsten Tag wurde die Leihfrage nach den roten Schuhen an Gottfried gestellt.
Etwas zögerlich in seiner Reaktion fragte er zurück zu welchem Zweck sie denn benutzt werden sollten. Gottfried hielt und achtete auf seine roten Schuhe gut und seine möglichen Vermutungen wurden sogleich mit dem Hinweis entschärft, diese nur am Tag der Kommunion tragen zu wollen. Nun stimmte er, auch das Risiko einer Beschädigung seiner Schuhe abwägend, dieser kurzfristigen Verleihung zu.

Am Samstag vor der Kommunion standen wir in der Kirche zur Beichte an. Der Vikar K. war mit einem Tuch über den Kopf, in Erwartung aller Sünden der Delinquenten, hinter dem Lochgitter im Beichtstuhl zu erkennen. Beichtstuhl heißt dieses Häuschen wohl nur, ein blitzschneller Gedanke durch den Kopf, weil der Pfarrer auf einem Stuhl sitzt und der arme Sünder vor ihm kniet.

Von den angeblichen Sünden, von den Doktorspielen mit den Nachbarmädchen, von der Auge-um-Auge Rache an der bösen Ballschneiderin, von den unterlassenen Kirchgängen und denen in die „falsche" Kirche und von all den vielen lässlichen Sünden die sonst noch zu beichten wir gelernt hatten, bekam der Vikar nichts zu hören. Aber irgend etwas zur Sinnerfüllung seines Stuhlsitzens muss ihm wohl doch zugeflüstert worden sein, wichtig war es wohl nicht weil es ins Vergessen geriet.

Gesündigt wurde der Erkenntnis folgend doch erst im Beichtstuhl, weil alles das was wir neugierig und unbefangen gemacht und veranstaltet hatten, plötzlich nach dem Kommunion-Unterricht zur Sünde geworden war. Sei es drum, die lässlichen Sünden würden uns ja eh im Fegefeuer ausgebrannt und von begangenen Todsünden - können Kinder Todsünden begehen? - fehlte jedes Vorstellen und jedes Tun.

Der zunächst als schwere Sünde hoch gepuschte Kirchgang mit Gottfried in die falsche Kirche, wurde dann doch gnädig auf eine unabsichtlich begangene weniger schwere Sünde abgestuft. Die Erwachsenen hatten, so war die Schlussfolgerung, mehr Erfahrung im Sündigen und daher eine höher entwickelte Fantasie und ausgeprägte Vorstellungskraft über das was Sünde ist oder sein soll.

Diese gesunde Einstellung, auch die überraschend frühe Erkenntnis über die manchmal doppelte Moral der katholischen Kirche, schützte den Beichtlügner vor möglichen Qualen einer Selbstgeißelung durch ein schlechtes Gewissen.

Diese in ihrer Auslegungsweise doppelbödige Moral, hatte nicht unbedingt etwas mit Ehrlichkeit und Wahrhaftigkeit zu tun. Schon damals wussten wir, von der wundersamen Verwandlung des Biber zum Fisch. In der Fastenzeit, dem rheinischen Karneval (von mittellateinisch *carne levare* = Fleisch wegnehmen > weglassen) wurde im Nachmittelalter für die Mönche der damals noch häufige Biber zum Fisch. Der Jesuitenpater Charlevoix taufte 1754 das Säugetier Biber auf den Namen Fisch und ein Fisch ist nicht Fleisch. Den durfte man in der Fastenzeit essen und so deutete er die „Schwanzkelle" des Biber zur Fischflosse um. Dem „Biberfisch" gesellten sich noch der Otter und Dachs hinzu, weil auch sie schwimmen konnten, wurden sie ebenfalls zum Fisch. Zum Hinunterspülen dieser „fleischlosen" Fastenkost gab es für die Mönche, das kalorien- und alkoholreiche „Flüssige Brot" das Starkbier.

Ohne Skrupel konnte der nächste Tag der wunderbaren Veränderung beginnen. Mit dem Essen von Brot und Trinken von Wein, sollte Jesus zu uns kommen. Aber für diese so eindringlich vor gepredigte und uns als wunderbar eingeredete Veränderung, durfte der Magen nicht mit profanem Brot gefüllt sein und wir mussten auf unser ohnehin noch immer karges Frühstück verzichten. Uns erschien diese hungernde, magensäubernde Vorbereitung mehr als unverständlich, sollten wir nicht vorher eine lange Zeit genug gehungert haben?

In der Kirche war die Luft mit Schwaden von streng riechendem Weihrauch geschwängert und der kleine schmale Herbert kippte plötzlich ohnmächtig vor Schwäche in den Mittelgang der Kirche hinein. Man schaffte ihn hinaus und das Ritual ging in der Kirche ohne wesentliche Unterbrechung weiter. Für den Gänsemarsch zum Hauptaltar standen wir neben den Bänken in langer Reihe zur Aufnahme dieser wundersamen Brotübergabe im Mittelgang an.

Die Übergabe dieses Brotes, von der Hand direkt in den Mund, in Form eines kleinen runden Plätzchens durch den dicken Pfarrer, wurde eine herbe Enttäuschung. Dieses flache dünne Plättchen, diese Hostie schmeckte nicht nach dem erwarteten Erhabenen, sondern eher nach muffiger Feuchtigkeit. Das war kein Brot und den Wein trank der Pfarrer allein.

Die Kirche war in diesen Zeiten ungeheizt, die Kälte des Winters steckte immer noch in den starken Mauern und so machte die feuchte Kälte, die aus der Rundung der Apsis den Altar wie ein Hohlspiegel anstrahlte, auch keinen Umweg um die Hostien im Tabernakel.

Die sonst an Schuhen, noch im Besitz derartigem Schuhwerks, gewohnten Trageeigenschaften erinnerten wieder an Gottfrieds rote Schuhe an den Füßen. Bei den üblichen Stellungswechseln im Ablauf der Liturgie vom Stehen zum Knien in der Kirche, rutschten die Zehen immer sofort nach vorn an die innere Schuhkappe. Die Schuhkappen an den Schuhen von Gottfried glichen aber eher der Abflachung eines Tafelberges, als der Kappe eines Schuhs.

Unbeschadet, frisch geputzt und dankbar bekam Gottfried am Montag darauf seine Schuhe aber nicht ohne zu fragen zurück: Warum sind deine Schuhe vorne eigentlich so breit? Er druckste eine Weile herum bis verschämt die Antwort kam: „Ich habe sechs Zehen an beiden Füßen und die brauchen mehr Platz als deine fünf"

Frisch durch die Initiationsriten der Kommunion zum Vernunftgebrauch nun fähig geworden, schien es vernünftig zu sein der katholischen Jungschar beizutreten, auch weil dort abenteuerliche Zeltlager mit Lagerfeuer, Schnitzeljagden und Räuber- und Schanditzspiele stattfinden sollen.

Im folgenden Sommer ging es in den Ferien in ein Zeltlager auf die Burg Klusenstein oberhalb des Hönnetal bei Balve/Iserlohn im Sauerland. Nach der missglückten Hamsterfahrt mit dem Onkel sollte - so war es zu hoffen - diese erste danach erfolgte Zugfahrt über Fröndenberg und

Menden zum Haltepunkt Klusenstein, mehr Freude als Pech bringen. Am Anfang entsprach alles noch weit mehr den Vorstellungen von Ungebundenheit und Abenteuern als erwartet. Wenn wir auch unsere im Halbkreis aufgestellten Zelte. weitab vom tiefen Burgbrunnen und der Burg aufstellen mussten, weil der Burgherr uns nicht so ganz in seiner Nähe dulden wollte, waren die Tage im Lager und die Abende am Lagerfeuer für uns der Inbegriff von Freiheit.
In den Nächten, wenn der Wind die Fichtenwipfel über unserem Zelt zum Rauschen brachte, oder der Regen leise auf die Zeltbahnen tropfte, dann fühlte man sich warm, trocken und geborgen im Schlafsack, auch wenn der nur aus zwei zusammengenähten Wolldecken bestand.

Der Küchendienst war die unangenehmste Tätigkeit, aber jeder wurde dazu eingeteilt. Das Unangenehme fing schon mit dem frühmorgendlichen Wasserholen am weit entfernten Brunnen an und hörte mit der Sandschaberei von Kochgeschirr und Töpfen am Bachlauf auf. Eingestanden werden muss auch das wachsende Heimweh welches sich, von Tag zu Tag mehr Besitz ergreifend einschlich. Ablenkung brachten dann die langen Wanderungen zum Felsenmeer bei Deilinghofen und die waghalsigen Sprünge von Fels zu Fels.

Nach einigen Tagen war auch die wenige Wäsche, die Hemden und Socken die man dabei hatte, vom Schmutz steif geworden und eine große Wäsche unumgänglich. Unten am Waldausgang Richtung Brockhausen floss der „Waschbach"- das Brunnenwasser verschwenden durften wir nicht - der gerade noch für die Wäsche geeignet war. Steine waren vorhanden und auf diesen wurde alles geschrubbt, gewalkt und geschlagen. Ganz oben am Zeltgiebel hingen dann auf der Herings-Spannleine, die im Kaufhaus Eisenmenger erworbenen sauberen leuchtend rot gelben Socken.

Nichtsahnend vor dem Zelteingang dösend liegend und auf das Trocknen dieser Buntigkeit wartend, weil die grauen, von den zwei Paar Socken überhaupt nicht gefielen, kam einer der Jungscharführer mit einem vorverurteilenden Blick auf das Zelt zu. Ohne jede Umschweife und ohne eine andere Möglichkeit in Erwägung zu ziehen, zeigte er auf die bunten Socken und raunste von oben runter: „Warum hast du dem Dieter die Socken gestohlen"? Meine bunten Socken soll ich mir gestohlen haben?

Unverständnis machte sich breit und schon kam der etwas dickliche Dieter laut zeternd dazu und behauptete an meiner Zelt-Heringsleine hingen seine Socken. Die Schweigesekunden - weil diese Ungeheuerlichkeit zunächst die Sprache verschlug - wurden als Schuldeingeständnis ausgelegt und ohne dann weiter auf den schreckverzögerten Protest einzugehen, nahm dieser fromme Jungscharführer - er war immer der Vorbeter - meine Socken von der Leine und gab sie dem Dicken mit den Worten: „Da hast du deine Socken wieder".
Mit einem Schock, das Weinen - die Tränen waren wie eingefroren - zur erleichternden Selbstbedauerung funktionierte nicht mehr; es blieb nur die Flucht ins Zelt. Das Zuknöpfen der Zelteingangsleiste gelang mit zitternden Händen nur knapp. An ein Erheben und Hinausgehen später zum Abendessen war nicht zu denken, der Schlafsack blieb mit seinem jammervollen Inhalt wie angepflockt am Boden.

Die Nacht war unendlich lang, schlafen war unmöglich weil die Vorstellung darüber, was die da draußen über den angeblichen Diebstahl für Einschätzungen haben, alles Denken umkreiste. Der nächste Morgen kam und mit ihm die Angst die sich wie Blei aufs Gemüt legte, wie würden die einen vermeintlichen Dieb behandeln?

Und die Behandlung entsprach genau der wie ängstlich erwartet, verachtend, geschnitten und ohne jede Chance auf Rechtfertigung. Wie das auszuhalten war? Es wurde verdrängt. Wie hätte sich alles ändern können doch es änderte sich nichts.

Der Dicke hatte zwar seine eigenen bunten Socken - es waren tatsächlich die Gleichen - in seinem Rucksack verkramt und wieder gefunden, aber es gab weder die Andeutung eines Bedauerns noch die einer Entschuldigung als am Abend beim Essen die Socken wieder ihren Besitzer wechselten: „Da hast du deine Socken zurück, Dieter hat seine wiedergefunden".

Der Sockenverschlamper ging danach jeder unmittelbaren Begegnung aus dem Weg und vermied den direkten Augenkontakt. Seitdem hat diese Art von „Vorbeischauen" - Putin der russische Ministerpräsident und ehem. KGB-Offizier hat auch diesen unsteten diffusen Blick - einen besonderen Namen: Der Katholische Blick.

In der folgenden Nacht sollten Schweißausbrüche und hohes Fieber, so als müsste das Erlebte aus geschwitzt werden, dem Geschehen ein Ende machen. Am nächsten Morgen ging es mit dem Auto des „Burgherrn" hinaus aus dem Lager in das Krankenhaus nach Menden. Von wo die Mutter, man hatte sie vom Schwerter Pfarrhaus informiert, nach drei Tagen bei der Heimfahrt mit dabei war.
Heute kann man darüber nachdenken, ob diese Krankheit eine innerlich gewünschte, sich als einzigen Fluchtweg eröffnende war, um diese nun unliebsame Stätte so schnell wie möglich zu verlassen.

Nicht in der direkten Zeitfolge etwa vier Jahre später, aber in den Kontext der voran gegangenen Schilderungen gehörend, war ein Vorgang der seine besondere Nachhaltigkeit hatte. „Hage", ein Mitschüler (sein richtiger Name bleibt unerwähnt), soll unter seinem Tisch an sich herum gefummelt haben und unser Lehrer glaubte etwas gesehen zu haben. Was der Lehrer gesehen oder nur vermutete, wurde im Einzelnen nicht bekannt.

Am nächsten Tag mussten alle Schulklassen, wenigstens machte man mit den Klassen 1 bis 4 eine Ausnahme, auf dem Schulhof in Reih und Glied antreten. Der arme vermeintliche Sünder wurde aufgefordert aus seiner Reihe nach vorne herauszutreten. Nun wurde er wegen seines vermuteten uns unbekannten Tuns, vor den versammelten Klassen als ein „Fauler Apfel" bezeichnet der die Gemeinschaft verderben würde.

Hage hat uns und niemanden verdorben und was er mit oder an sich gemacht haben soll, hat von uns niemand beobachtet. Es kam die Verachtung über diese Behandlung und das Bedauern für den angeblichen „Übeltäter" ob dieser unmenschlichen Vorgehensweise gemeinsam mit der Erinnerung an die „geklauten" Socken hoch.

Der Rektor fasste noch einmal nach und salbaderte gut eine Viertelstunde über die Sünde der Unkeuschheit ohne auch nur mit einem Wort konkret zu werden was er persönlich für unkeusch hielt, oder bei dem Hage gehalten hatte. Es war etwas faul an dieser Geschichte, aber es war nicht der Apfel.

Wie bloggte im Internet eine ehemalige Schülerin, die in dieser Zeit diese Schule besuchte: „Diese Schule zerstörte zu meiner Zeit Seelen".

In der Stadt gab es ein genau so wenig konkretes unbestimmtes Flüstern über einen Rektor der nicht verheiratet war und mit seiner Schwester schon immer zusammen wohnte. Konkreter sind dann schon die Berichte über Haushälterinnen die bei ihrem Pfarrer im Pfarrhaus wohnen und über die Kinder aus solchen Wohnverhältnissen.

Warum schafft man nicht ab was sich nicht einhalten lässt, was man nicht einhalten kann oder einhalten will. Zustände die sich selbst schon längst durch ein Vorheucheln und weniger durch ein Vorleben ad absurdum geführt haben.

Ob der Theologe und Philosoph Friedrich Kirchner die Heuchelei zu recht als geboren aus einem despotischen Regiment und der Strenge der Anforderungen (Religionsedikte Dogmen) der Kirche betrachtet, mag dahin gestellt sein. Ein Nachdenken darüber ist erlaubt.
Er schreibt: *Die Heuchelei wird durch ein despotisches Regiment der Kirche geweckt, wobei durch Religionsedikte die Menschheit nicht „gut und fromm" sondern heuchlerisch gemacht wird.*

Kirchner durchschaute die Menschen und möglicherweise sich selbst schon damals sehr genau. Kann man es so interpretieren?: Wenn der Anspruch höher ist - wie zum Beispiel der Anspruch an das Zölibat - als die Fähigkeit, die Kraft oder der Wille zur Erfüllung eines auferlegten Anspruchs, entsteht Heuchelei. Was Heuchler dann sonst noch tun oder wohin sie ausweichen, haben viele leidvoll erfahren und ertragen müssen. Die Buben der „Regensburger Domspatzen" können ein „Lied" davon singen, sie seien hier aber nur exemplarisch genannt.

Diese „unmoralische Geschichte" über den Hage, ereignete sich 4 Jahre später nach diesem unerfreulichen Erlebnis mit den bunten „geklauten" Socken. Dazwischen lagen Jahre einer durchaus lebenswerten und Erlebnis reichen Kindheit.

4.16 Sommerliche Kindertage in den Ruhrwiesen

Anmutig Tal so grün die Flur
Ein silbern Band hindurch die Ruhr
Nur ein Fluss das will sie sein
dem wer es weiß dem fällt noch ein,
eine rechte Tochter des Vater Rhein.

Unwissend wird ihr suggeriert
verschmutzt, verdreckt im Ruhrgebiet.
Ihren Namen gegeben
einem geschändeten Land
geblieben ihr ein Unterpfand.
Wer sehen will der kann es seh'n,
dem Fluss und Tal ist nichts gescheh'n.

Verunglimpft fließt die Ruhr dahin,
es kommt ihr gar nicht in den Sinn.
Versteht nicht wer sie schmutzig nennt,
das sagt nur der wer sie nicht kennt.
Ein Fluss vom Quell so frisch und klar,
sie blieb so wie sie immer war.

Umrahmt von Weiden Wiesensaum
des Sommers unser Kindertraum.
In ihrem breiten grünen Fließ
unser langes nasses Spielparadies.
Durchschaubar tief bis auf den Grund
zu ihren Kieseln bunt und rund.

Erleben war's mit allen Sinnen,
in ihr lernten wir tauchen
und dann erst das Schwimmen.
Und kehr ich manchmal
zu ihr ins grüne Tal zurück,
zieh'n all die Bilder wieder auf
gemalt hat sie der Kindheit Glück.

Ballade: „Über das Leben an einem verunglimpften Fluss"   von V. Trumondt*

Es war wieder Frühsommer geworden, der grausame Hungerwinter lag hinter uns. In der Schule gab es Schulspeisung und manchmal auch besondere Raritäten aus den CARE-Paketen der US-Amerikaner. Große Mengen an Weizen waren aus den USA angekommen und der Hunger war nicht mehr das alles verdrängende Problem. Die Ruhrwiesen schon zum ersten mal gemäht, aber das Schilf stand immer noch reichlich an beiden Seiten des oberhalb der Brücke träge fließenden Flusses.

Wir erinnerten uns an Mose aus dem 2. Buch der Biblischen Geschichte. Wenn Moses in einem Schilfkorb auf dem Nil herumschwimmen konnte, warum dann nicht wir auf der Ruhr. Die ersten Schwimmversuche, nur mit der Bündelung von Schilf misslangen, weil das Schwerere, nämlich wir immer nach unten wollte und das Bündel Schilf sich nach oben drehte.

Wir banden mehrere Bündel zusammen und es entstand eine Art von länglichem Boot. Lange hielten wir uns damit auch nicht auf dem Wasser. Nach dem Motto nur die Masse macht's, legten wir die Bündel jetzt doppelt und verschnürten sie mit langen festen Halmen und diese Art von Boot trug uns länger. Einmal über die hier breite Ruhr kamen wir jetzt immer, aber auch wieder zurück kamen nur wenige und wer noch länger mit seinem Boot oben blieb war unser Schifferkönig.

Bald wurden wir von unseren Schilfbooten durch Bewegungen im Ruhrtal abgelenkt. Der Mühlenstrang - schon vor ewigen Zeiten trieb sein Wasser die Steine der Mühle eben in der „Mühlstraße" in Schwerte an - sollte vertieft und an einigen Stellen verlegt werden.

Oberhalb vom Ruhrgut Reddemann setzten schwere Lastwagen Feldbahnloren mit einer Lokomotive und einen Bagger ab und anschließend wurden Schienen entlang des Wasserlaufs auf Schwellen verlegt.
Fünf Feldbahnloren standen bald aufgereiht hinter einer kleinen Diesellokomotive und mit diesem Minizug sollte das aus dem neuen Mühlbachbett ausgebaggerte Erdreich zu dem still zu legenden Bachteil gefahren und dort abgeschüttet werden. Einmal diesen Zug zu fahren, das wäre eine tolle Sache, aber Werktags und auch am Samstag wurde dort bis zum Dunkelwerden gearbeitet. Sollten wir es an einem Sonntag versuchen?

Ein Zug stürzt ins Wasser

Das Ding interessierte uns ungemein.
Den Zug einmal zu fahren, das wäre doch fein.
Gesagt getan die Idee war geboren.
Es war an einem Sonntagmorgen
Die Lok stand allein mit ihren fünf Loren.
Zum Teufel es müsst uns doch gelingen,
die Lok in Gang in Fahrt zu bringen.

Vor uns die ganze Knöpfeschar,
wir wussten nur nicht wer es war,
der den Motor bringt zum dreh'n.
Wir fummelten mal hier mal da
und wussten nicht wie es geschah.

Denn unerwartet wie im Nu
da fuhr das Ding und schnell dazu.

Das Schienenende samt Prellbock kam schon in Sicht
nur wie man die Lok stoppt das wussten wir nicht.
Was uns vorher gelang sollt' uns nicht mehr gelingen
es blieb nur noch Zeit um abzuspringen.
Der Prellbock landete mit platschendem Krach
samt zwei Loren und der Lok im schäumenden Bach

Panikartig haben wir den Tatort verlassen
was dort gescheh'n wir konnten's nicht fassen.
Wir mussten so tun als wär' nichts gewesen,
Am nächsten Tag war's in der Zeitung zu lesen.
Dort hätten gehaust als warn's die Vandalen

Mutwillig sie den Zug in den Mühlbach gefahren.
Dieser Frevel wär' nur mit Gefängnis zu ahnden
Die Polizei würd' nach den Schuldigen fahnden
Wochenlang hing uns das Herz ganz tief in der Hose
Als verschworene Gemeinschaft hielten wir dicht
Man kam nicht auf uns, man überführte uns nicht.

Auszug: aus der Ballade „Über das Leben an einem verunglimpften Fluss" V. Trumondt*

Als Wochen nach diesem „Wasserfall" dahin gingen ohne dass etwas geschah, wagten wir uns wieder in das so lange gemiedene Terrain an Mühlbach und Ruhr. Die Arbeit war auch ohne uns weitergegangen und der still zu legende Arm des Mühlstrang war vom Hauptarm abgetrennt. An den weniger tiefen Stellen war er trocken gefallen und die Fische hatten sich in die tieferen noch mit Wasser gefüllten Bereiche zurückgezogen.
Im klaren Wasser konnten wir sie deutlich erkennen und mit selbstgebastelten Angelruten wollten wir ihrer habhaft werden. Drahthaken wurden gebogen und Würmer darauf aufgespießt, aber es war wohl die Hanfschnur die alle Fische

davon abhielt unseren Würmern auch nur in die Nähe zu kommen. Für die Fische unsichtbaren Angelsilk gab es nicht oder nicht für uns und es musste eine andere Art des Fischfang zum Einsatz kommen.

Von Fischernetzen wussten wir, aber wissen heißt nicht haben. Eine Assoziation vom Seilnetz oder Fischernetz zum Drahtnetz war uns nicht geläufig und auch von den neuronalen Netzen im Gehirn wussten wir noch nichts. Die gedankliche Verbindung vom Fischernetz zum Drahtnetz konnten wir jedoch mühelos herstellen. Es gab diesen engmaschigen Kükendraht, genau der mit dem der Käfig des Küken damals auf dem Markt verdrahtet war, wäre dieser Draht der den wir bräuchten? Da man Draht nicht essen konnte, war er noch nicht zur absoluten Mangelware geworden.

Im Haushaltswarengeschäft auf der Hüsingstraße gab es ihn. Nur es war wie mit allem, wenn es schon etwas gab auch immer eine Frage des Geldes. Mit viel diplomatischem Geschick konnten fast alle fünf Jungs ihre Eltern, mit der bildhaften Schilderung einer reichlichen Fangbeute an frischen Fischen, zur Herausgabe des knappen Geldes bewegen. Es reichte für drei Meter Draht von der Rolle mit einer Maschenweite von ca. 15x15 mm und 1 Meter Höhe.

Die kleinen Fische, die uns durch diese engen Maschen gehen sollten, interessierten uns nicht, wir wollten die größeren Hechte, Rotaugen, Barsche und Schleien. Zu dritt stiegen wir mit dem Draht in den Mühlbach und steckten die großen Zehen unten am Bachgrund, in die jeweils passend geweiteten Maschen und schoben den Draht bis an beide Ufer und dann über den Grund schleifend vor uns her. Die Fische konnten am Übergang zu den ausgetrockneten Stellen nicht mehr entweichen, wir konnten sie greifen und im hohen

Bogen an Land werfen. Aber das mit dem Greifen war so eine Sache, besonders die Schleien waren so glitschig, dass uns jede zweite aus den Händen flutschte. Die Hechte waren wild und schlugen um sich, aber ihre Haut war griffiger und so landeten die meisten von ihnen auf der Wiese an Land. Es war eine unerwartete Menge die wir gegriffen hatten, aber zunächst versorgten wir uns selbst mit am Feuer gebackenen Steckerlfischen. Die restliche Beute wurde redlich geteilt und die Eltern und unsere Mutter bedauerten den Geldeinsatz für den Drahtkauf nicht.

Es erging an uns sogar die Aufforderung den Fischzug am nächsten Tag zu wiederholen, der haben wir natürlich in Erwartung weiterer Steckerlfische - aber diesmal mit Salz an das wir am Vortag nicht gedacht hatten - prompt Folge geleistet. Aber mit diesem zweiten Fischzug war der Spaß zu Ende; auch diesmal hat irgendwer von der unerlaubten Fischerei Wind bekommen und es dem Feldschutz oder dem Angelverein gesteckt. Unter Androhung von Strafe wurden wir am dritten „Fischzugtag" von unserer Angelstelle verjagt.

Aber so leicht gibt man nicht auf. Mit den knusprig gebackenen Fischen hatten wir sozusagen Blut geleckt. Wir wussten von dem Gatter vor dem Wassereinlauf an der alten Mühle in der Mühlstraße. Den Maschendraht von der „Treibjagd" im Mühlenstrang hatten wir noch. Es müsste doch möglich sein diesen Draht vor dem Gitter zu befestigen. An den Wochenenden floss das Wasser auf einer Umlaufrinne am Wasserrad vorbei und die Fische konnten ungehindert in den Unterlauf kommen.

Die Befestigung unseres Fischfang-Drahtes musste natürlich in der Dunkelheit geschehen. Nicht aus der Angst heraus die Fische scheu zu machen, sondern um den neugierigen Anwohnerblicken zu entgehen, krochen wir in der Dunkelheit über den Befestigungsrahmen des Gatters, hängten unseren Draht ein und rödelten ihn mit kurzen Drahtstücken an den Fangstangen des Gatters fest. Die eigentliche Schwierigkeit war nicht dieses nächtliche Unterfangen an sich, sondern das Davonstehlen aus der Wohnung und das spätere wieder Hineinschleichen, war das größere Problem. Am nächsten Sonntagmorgen schlenderten wir so ganz unauffällig an das Gatter, aber Fische hingen nicht vor unserem befestigten Draht.

Irgend etwas schien falsch gelaufen zu sein, wir kamen lange nicht hinter den Grund. Dann die Erleuchtung: Von unserem vorgeschobenen Draht im Mühlstrang konnten die Fische nur ins Trockene schwimmen, das ging der Logik folgend nicht. Vor dem Draht am Gatter war aber eine Unmenge Wasser, der Mühlbach in seiner vollen Länge und die Fische schwammen einfach dahin zurück von wo sie gekommen waren.

Was uns dann in den Wiesen um den Wasserlauf des Mühlenstrang noch blieb, waren die Wildenteneier nach denen wir stundenlang und manchmal mit Erfolg suchten. Einige davon haben wir auf heißen Schieferstein-Platten, die wir über einem Feuer erhitzten für uns gebacken. Ein seltener besonderer Genuss, weil es zu dieser Zeit so gut wie keine Eier gab, es sei denn man war selbst Landwirt, oder hatte Hühner wenn man einen Stall besaß.

Zu diesem Genuss kamen noch die Erdbeeren aus dem Bauerngarten bei Geisecke am Hochufer der Ruhr oberhalb des Mühlenstrang. Eine stachelige Schlehdornhecke sollte den Garten und vor uns Dieben zwar schützen, aber mit einem emsigen Eifer der Erwartung auf die köstlichen Erdbeeren, haben wir mühsam mit den Taschenmessern das ein Junge immer dabei hat, ein für uns passendes Loch in die Hecke geschnitten.

4.17 Die Währungsreform 1948 und ein neuer Umzug

An Lebensmitteln und Brennmaterialien herrschte im Frühjahr des Jahres 1948 dann doch wieder ein erheblicher Mangel. Durch den Geldüberhang, weil niemand die fast als wertlos geltende Reichsmark sparen wollte und Sach- und Immobilienwerte waren mit ihr nicht mehr zu kaufen, kam es zu einer regelrechten Währungszerrüttung. Die Reichsmark hatte als Währung ausgedient und es begann eine Flucht in die Tauschwerte wie „Amizigaretten" und Kaffee.

Hochwertiger Schmuck, auch Holz, Baumaterialien, Wurst und gute Fleischwaren wurden zur „Standardwährung" oder zur sogenannten Tauschwährung. Es muss durch Insiderwissen durchgesickert sein, dass eine Geldentwertung bevor stand oder durch die Wertlosigkeit der Reichsmark sie als wahrscheinlich vorauszusehen war.

Vor dem Termin der Geldentwertung oder „Währungsreform" - den aber angeblich noch niemand kannte - verschwanden fast alle wenigen noch zu bekommenden Nahrungsmittel und die Dinge des täglichen Bedarfs aus den Schaufenstern der Geschäfte. Und am 21. Juni des Jahres 1948 waren fast alle Geschäfte wieder voll.

Es war doch einfach unmöglich, das erkannten wir als Kinder schon, diese Waren vom 20. Juni, dem Tag der Bekanntgabe der Geldentwertung bis zum 21. Juni, dem Tag der Ausgabe der neuen DM-Scheine, produziert zu haben. Fast überall waren die Waren zum Nachteil der Verbraucher auf den Tag X hin gehortet worden.
Diese Hortung und das harte Geld das man für diese Waren dann erlöste, war die Grundlage zur Entstehung vieler

mittelständischen Betriebe. Verlierer waren die Sparer und Arbeitslosen, die für 100 alte Reichsmark nur 6,50 neue D-Mark bekamen. Gewinner waren die Sach- Immobilien- und Aktienbesitzer, die später durch den sogenannten Lastenausgleich noch einmal belohnt wurden.

Diese „Währungsreform" war insofern die ungerechteste und größte Enteignungsaktion in der Deutschen Geschichte, weil man alle Sparvermögen entwertete. Aber die Kriegsgewinner des vergangenen Krieges, die Großindustrie, noch einmal gewinnen ließ, weil deren Firmenvermögen unangetastet blieben. So starteten die Quandts, Flicks, Stinnes, Thyssens, Krupps, und Haniels mit ihrem gesamten Firmenvermögen ab 1948 in das „Neue Wirtschaftswunder". Wenn die Unternehmer noch alte Schulden hatten wurden diese noch zusätzlich „entwertet".

Der sogenannte „Lastenausgleich", der für den kleinen Otto-Normalverbraucher Entlastung bringen sollte, wurde aber dann mehr ein Entlastungsprogramm für die Großindustrie. Nur 50% ihres erheblichen Firmenvermögens belastete der Fiskus, über 30 Jahre verteilt, mit einer „symbolhaften" Abgabe von 1,67% per Anno, ohne dass dadurch die Vermögenssubstanz angegriffen wurde. Infolge der zwar mäßigen aber ständigen Inflation von 1948 bis 1980, konnten diese dann wert- und anteilsmäßig immer geringer werdenden Abgaben, bald aus der Portokasse bezahlt werden.

Am 21. Juni 1948 wurde das Währungsreform „Kopfgeld" mit 40 D-Mark pro Person am Postamt und in der Sparkasse in Schwerte ausgezahlt. Wenn in den Schaufenstern der Konditoreien, an denen wir uns die Nasen platt drückten, bis zu diesem Tag nur die Pappschachteln der Pralinen zu sehen waren, von denen wir gar nicht wussten was sich in ihnen befand oder befunden hat, jetzt gab es sie wirklich.

Die Auslagen der Bäckereien quollen über von Rosinenbrötchen, Baumkuchen, Stollen und Broten in allen Variationen. In den Metzgereien hingen plötzlich halbe Schweine, von denen man nicht ahnte das es überhaupt noch welche gab. Auch in den Haushalts- und Porzellangeschäften gab es wieder alles. Die Farben- und Tapetengeschäfte boten für Wand und Decke, die man vorher mit den aus Kartoffeln selbst geschnittenen Motivstempeln und mit aus Kartoffelstärke, Leim und Mineralpulver selbst hergestellter Farbe bedruckt hatte, alles was das Herz begehrte.
Begehren ist nicht immer haben weil das Geld dafür fehlte. Es gab wieder Obst und bald auch Bananen denen Erzählungen über ein Wunder an Geschmack, Saft und Süße voraus eilten.

Den Bananen erging es so ähnlich wie den Hostien. Sie entsprachen keinesfalls unseren Vorstellungen, in die wir uns nach den voraus gegangenen Ruhmpreisungen hineingesteigert haben. Die angeblich so geschmackvollen, saftigen und süßen Bananen waren nicht so geschmackvoll, überhaupt nicht saftig nur etwas süßlich und erinnerten eher an mit Zucker gekochte Kartoffel. Später kamen zum Obstangebot Apfelsinen hinzu und die fanden unsere uneingeschränkte Zustimmung.
Die ersten Apfelsinen eines jungen Lebens, es waren drei Stück, gab es nach gut 15 Minuten nicht mehr. Sie waren für uns mit nur 145 neue D-Mark Kriegerwitwe-Rente nicht nur verhältnismäßig teuer, sie waren sehr teuer und es gab sie dann nur noch zu Weihnachten.
Schnell war das „Kopfgeld", auch für diese vielen neuen Verlockungen und für das Nötigste das man vorher nicht bekam ausgegeben, aber vier Wochen später gab es noch einmal 20 D-Mark pro Kopf und wir waren gerettet.

Die Zustände auf der Etage der Wohnung in der Kampstraße, besonders durch die Belegung mit zwei Familien bedingt, wurden immer unerträglicher, was auch zum Teil daran lag, dass die Mutter nicht unbedingt die toleranteste war. Es gab Streit um den Keller, Streit wer wann wie lang in der Kellerwaschküche waschen darf, es gab Streit über die Länge der Trockenzeit der Wäsche auf dem Dachboden und es gab Streit über übermäßige Verschmutzung des Treppenhauses und wer es dann reinigen sollte.

Wir wollten raus aus diesem Chaos und es bot sich die Gelegenheit in einem Zweifamilienhaus in der Luisenstraße im Osten Richtung Geisecke. Zwar waren auch hier nur zwei Zimmer zu vermieten, aber die Benutzung von Keller und Waschküche war unkomplizierter. Zu unserer Freude lagen der Mühlstrang, die Ruhr und die Sickerbecken für das Ruhrtaltrinkwasser von hier aus noch näher.

Das Wasser in diesen Sickerbecken gefror im Winter, weil es fast stehend war, schneller zu als fließendes Gewässer. Schon von der Kampstraße waren wir, sehr zum Ärger der Mutter, zum Schlittschuhlaufen zu diesen Becken gelaufen. Die benutzten Schlittschuhe wurden mit Schraubklemmen mittels einem Vierkantschlüssel an die Schuhsohlen geklemmt. Ihr Halt an den Schuhen überdauerte nur so lange, wie die Schuhsohle ihren an den Schuhen behielten.

Bei unserer Eishokeybolzerei war das nicht sehr lange, wir bekamen es mit dem besagten Teppichklopfer und der Schuster gegen Geld, welches immer an allen Ecken fehlte, mit unseren Schuhen zu tun. Die Mutter versteckte den genannten Vierkantschlüssel, in der Hoffnung das Schlittschuhlaufen damit unterbinden zu können. Sie bedachte aber nicht, dass andere auch derartige Schlüssel besaßen. Aber das war, wie erwähnt, noch zur Winterzeit in der Kampstraße.

Nach dem Umzug war es jetzt Sommer in den Ruhrwiesen, am Mühlenstrang und an den Hängen des Hochufers der Ruhr. Jochen der Schulkamerad wohnte unweit beim Opel Nolte in der Schützenstraße und war vernarrt in Schmetterlinge.
Mit seinem Käscher war er stundenlang in den damals noch üppiger und schöner blühenden Wiesen unterwegs und fing Schmetterlinge. Heute wissen die Wenigsten wie sie aussehen, noch kennen sie ihre Namen.

Wer kennt sie und weiß wie sie aussehen?: Den Segelfalter den Apollofalter den großen Schillerfalter und kleinen Eisvogel, den Trauermantel das Widderchen oder das Landkärtchen? Oder die dicken runden Schwärmer: wie den Weinschwärmer, Liguster- Wolfsmilch- und Totenkopfschwärmer. Diese heute extrem seltene größte europäische Schwärmerart, mit dem namensgebenden Totenkopf auf dem Thorax und bis zu 140 mm Flügelspannweite, war noch relativ häufig und wurde seine Beute.

Der Jochen ging zum Fangen sogar Nachts auf die Pirsch und machte mit einer Taschenlampe hinter einem Betttuch Jagd auf die seltenen Nachtschwärmer. Ein Glas und Äther hatte er immer dabei, so nannte er sein Betäubungsmittel , aber es war wohl Äthanol. Wenn er einen Schmetterling, Schwärmer, oder Falter gefangen hatte, klappte er ihm vorsichtig die Flügel zusammen und setzte ihn auf Watte, die er mit einigen Tropfen „Äther" beträufelt hatte, in das Glas Nach wenigen Minuten rührte das Insekt sich nicht mehr, er nahm es heraus und klappte ihm die Flügel wieder auseinander.

Das hängt mit der Totenstarre zusammen die bald eintritt. Dann brechen die Flügel ab, wenn sie zu spät aufgeklappt werden; so erklärte er diese Prozedur. In einem flachen Kasten, den er auch bei seinen Schmetterlingsjagden immer dabei hatte, spießte er das Insekt mit einer Nadel durch die obere Brusthälfte auf eine dünne Holzplatte in diesem Kasten. Schnell war das Präparieren und Unterscheiden dieser wunderschönen farbigen Sommerflügler erlernt.

Die Sammlung wuchs mehr und mehr und bald konnten wir untereinander tauschen um jeweils die eigene Sammlung zu ergänzen und zu vervollkommnen. An den Wänden unserer Wohnung hingen, weil woanders kein Platz war, sehr zum Leidwesen der Mutter die für derartiges Tun nicht unbedingt Verständnis zeigte, jetzt eine Reihe dieser flachen selbst gebastelten glasgedeckten Kästen mit ihren bunten Schätzen.

Das geringe Verständnis der Mutter für die Schmetterlinge lag nicht bei diesen an sich, es war das Glas für die Kästen, es kostete immer das an allen Ecken und Enden knappe Geld. In der Schule sprach es sich herum und wir Schmetterlings Experten durften vor mehreren Klassen als Biologieunterricht, unsere Schätze zeigen und die Eigenschaften der bunten Flügler, ihre Verpuppung und Nahrungsgrundlagen erklären.

Grundsätzlich war das eine der guten Eigenschaften unseres Lehrers, er förderte die Interessen, Fähigkeiten und Neigungen fast aller Mitschüler und machte einige, bei herausragendem Wisse und Fähigkeiten, zu seinen „Hilfslehrern", so wie wir als Schmetterlingskundige im Biologieunterricht.

Hans Jürgen konnte wesentlich besser zeichnen und malen als unser Lehrer, er wurde später Zeichner bei einer bekannten Zeitung und so wurde er „Zeichenlehrer". Schmidtchen unser Mathegenie rechnete nicht unbedingt besser, aber schneller als der Lehrer und ersetzte ihn bei dem Schreiben und Lösen von Aufgaben an der Tafel.

Bald drängte das Interesse für die Geographie und die Welt, die Schmetterlinge etwas in den Hintergrund, und dieses durch Neugier erworbene erdkundliche Wissen war derart angestiegen, dass es im Unterricht bald einen neuen „Hilfslehrer" für Geographie gab. Alles was in Büchern, Zeitungen, Zeitschriften über fremde Länder, berühmte Bauten, große Brücken, antike Stätten in die Hände fiel und zu lesen war, wurde regelrecht aufgesogen.
Jedes Jahr kam in dieser Zeit ein Folgeband des Sachbuches „Das neue Universum" mit Bildern und Berichten aus aller Welt heraus und die Mutter konnte, trotz des wenigen vorhandenen Geldes überzeugt werden, dieses Buch über Jahre zu kaufen. Dafür bin ich ihr heute noch dankbar. Sie hat mir, ohne es eigentlich zu wissen oder zu ahnen, die Tür in die weite Welt geöffnet. Das Ratespiel „Stadt, Land Fluss" wurde zur beliebtesten Freizeitbeschäftigung, wenn das Wetter einmal nicht so wollte wie wir es uns wünschten.

In der Luisenstraße hatte sich bald eine Fußball begeisterte Klicke gebildet. Eine Straßenmannschaft, die gegen fast alle Mannschaften der Nachbarstraßen spielte, hatte sich bald zusammengefunden. Heute kaum vorstellbar, gespielt wurde auf der „Bundesstraße 236" auf der heute alle Sekunden ein Auto kommt und wenn damals alle 10-15 Minuten ein Auto kam, wurde das Spiel einfach kurz unterbrochen.

Kinder der Luisenstraße in der Nähe des Bahnhofs Schwerte/Ost

Nur das Fußballspielen in der Straßenmannschaft war uns nicht mehr genug. Ein Verein musste es sein und bald hatte die Schülermannschaft einen neuen Spieler und der VfL Schwerte ein neues Mitglied. Bekannte Fußballer, die später in der Oberliga spielten waren mit dabei, der Cäsar Becker, Willy Köchling, Hännes Jäcker, Wolfgang Paul und der Torwart Kleff.

Bei einer dieser Bolzereien an einem heißen Sommertag, war auch der lange Dieter Dilling, genannt „John Dillinger" mit dabei. Er wohnte direkt oberhalb der Bahnunterführung wo diese „Bundesspielstraße 236" die Seiten wechselt und wir mit dem Dieter verschwitzt und durstig den Ball traten.
Komm wir gehen zu uns, meine Eltern sind nicht da und trinken von dem süßen Saft den mein Vater vor drei Tagen in so komische Glasballons gefüllt hat; so seine Rede. Nichts lieber als das, schon waren wir oben im Garten hinter dem Bahnwärter Häuschen in dem Dieter mit seinen Eltern wohnte. Ins Haus mussten wir nicht.

Im Garten war eine niedrige Tür. Hinter ihr, nach einem schrägen Abgang, lag ein ehemaligen Bunker der tief in die Erde gegraben war.. Unten war es kühl und dunkel, aber es gab Kerzen und im flackernden Licht blinkten vier gläserne Glasballons, die oben auf mit verdrehten Glasröhrchen, die in einem dicken Korken steckten, verschlossen waren.

Es blubberte etwas komisch Riechendes durch diese Röhrchen. Dieter zog einen der Korken von einem Ballon ab - es war der mit dem gelb-grünlichen Saft- schob einen dünnen roten Gummischlauch durch die Öffnung und saugte am anderen Ende. Fast gleichzeitig drückte er auf dieses Schlauchende, hielt den Schlauch über ein Glas und ließ es voll laufen.

Reihum waren die Gläser bald gefüllt und einer rief Prost. Süß schmeckte das Zeug und niemand wollte ein weiteres Glas ausschlagen. Der Schlauch ging dreimal herum und nicht allen ging es danach noch gut. Die Feuerzangenbowle mit ihrer „Alkoholischen Gärung" und mit ihren „Winzigen Schlööckchen" kannten wir noch nicht. Draußen schlug die Hitze zu und wir alle lagen eine ganze Weile am Bahndamm neben Dieters Haus im Gras.

Einmal muss man mit Allem beginnen , auch mit der ersten Trunkenheit des Lebens. Dann wurde am nächsten Tag brummschädelnüchtern nachgefragt: Es war der Saft von Stachelbeeren der - zwar immer noch süß schmeckend - nach drei Tagen Gärung schon einen Alkoholgehalt von 5-6% erreicht hatte.

4.18 Was einmal als Wirtschaftswunder bezeichnet werden sollte

Die Industrie und die Wirtschaft erholen sich langsam aus der Agonie des zerstörerischen Krieges. Die von den Siegermächten angeordnete, als Nachteil empfundene Demontage der Maschinen und Anlagen aus den noch bestehenden Industriewerken Deutschlands, sollten sich zu einem unvorhersehbaren Vorteil auswachsen.

Maschinen und Anlagen im Wert von 10,5 Milliarden DM wurden überwiegend von den Briten demontiert und ins Ausland verfrachtet. Die deutschen Arbeiter selbst mussten diese Maschinen, die eigentlich ihre Beschäftigung sichern sollten, selbst abbauen.

Es ist verständlich, wenn sie in ihrer Wut wichtige Teile entfernten, auch manche zerstörten und diese Maschinen an ihrem neuen Standort in England darum kaum funktionierten. Andererseits mussten in Deutschland, als Ersatz für diese abtransportierte Kriegsbeute, neue Maschinen und Anlagen konstruiert und gebaut werden.

Diese Anlagen und Maschinen waren moderner, schneller und wirtschaftlicher als die alten von den Engländern geplünderten. Aus dem Nachteil der Demontage von Maschinen, Anlagen, Eisenbahngleisen erwuchs ein Wettbewerbsvorteil, der bis heute – nicht nur von der Industrie Englands – nicht wieder eingeholt werden konnte.

Die sich entwickelnde Industrie benötigte Energie, Kohle, Rohstoffe, Eisen und Metalle. Schrott- und Altmetallhändler fand man bald in jedem Dorf und an fast jeder Ecke. Auch in der Nähe unserer Wohnung der Luisenstraße an der Ecke zur Grünstraße, gab es bald einen dieser „Lumpen - und Schrotthändler, der alles aufkaufte was ihm an Eisen- und

Metallschrott auf den Hof gebracht wurde. Schnell erkannten wir die große Chance an aus unserer Sicht richtig großes Geld zu kommen. Alles was uns an Metallen wie Kupfer, Blei, Messing, Zink, Aluminium und Eisenschrott unter die Finger kam wurde gesammelt Es gab noch Ruinen und in ihnen Stromleitungen aus Aluminium seltener aus Kupfer.

Bald brannten auf dem kleinen Müllplatz beim „Nürtel" dem Treibhaus-Gärtner, große Haufen zusammen gedröselter ummantelter Stromleitungen, die wir aus den Ruinen in weitem Umkreis herausgerissen hatten, mit beißendem Gestank. Der Gärtner „Nürtel" Jandeck mochte diesen Gestank überhaupt nicht und wollte uns von dem Bauschuttplatz hinter seinen Gewächshäusern vertreiben.

Nach den vielen schon überstandenen Auseinandersetzungen, war auch dieser Nürtel unserer kindlichen Cleverness und größeren Schnelligkeit nicht gewachsen. Zu Anfang rannten wir, wenn seine rundliche Erscheinung in Sicht kam davon. Er versuchte dann unseren brennenden Kabelhaufen davon zutragen und verbrannte sich dabei fürchterlich.
Vor lauter Wut schlug er auf den heißen Haufen ein und verteilte ihn im Gelände. Weil es uns Mühe machte die Kabel wieder zusammen zu suchen, veranstalteten wir unsere „Brennerei" dann am späten Nachmittag, wenn Nürtel das Gelände verlassen hatte und das Problem war gelöst.

Das „edle" Alu-Metall war von einer dünnen, mit Teer und Bitumen gefüllten, isolierenden Blechhülle umgeben die aus- und abgebrannt werden musste, wofür es dann auch deutlich mehr Geld gab. Die Kupferkabel waren mit geteerten Bandagen oder Gummi umhüllt und dieser Gummi qualmte und stank beim Abbrennen noch stärker als das Bitumen um die Aluminiumleitungen. Am Ende blieb das Metall fast allein und rein zurück und der Rest der verkohlten

Umhüllungen wurde durch klopfen und schlagen entfernt. Für ein Kilogramm an nun reinen Kupferdrähten, die wir zu dicken Knäueln zusammen drehten, bekamen wir bis zu 12 DM. Für ein Kilo Aluminium immerhin noch 5 bis 6 DM. Glück hatten wir wenn an den Ruinen noch die Dachrinnen und Fallrohre aus Zinkblech hingen und von uns abgerissen werden konnten. Auch Zinkblech wurde mit bis zu 4 DM pro Kg noch gut bezahlt.

Die Arbeit und die Suche bis zum Empfang des Geldes war langwierig und mühsam. Einfacher, aber vom Gewicht her auch schwerer, war die Suche nach Eisenschrott. Für diesen Schrott bekamen wir pro Kg sieben bis 8 Pfennig aber die Masse macht's. Eisenschrott lag überall herum und öfter hatten wir an einem Tag bis zu 300 Kg Eisen zusammen gesucht. Alles was herum lag, nicht niet- und nagelfest war, landete auf unserem selbst gebastelten Gefährt. Es gab noch Ruinen und aus denen rissen und schnitten wir die Heizungsrohre heraus und mancher alte Heizkörper, dem unsere Körperkräfte gewachsen waren, landete auf unserem Wägelchen.

Wir wunderten uns selbst, als sich der spezielle Blick für alles was Eisen sein konnte entwickelt hatte und was davon überall stand, hing und herumlag. Am hohen Bahndamm hinter dem Ostbahnhof lohnte sich dieser spezielle Blick und er machte sich im wahren Wortsinn bezahlt. Der Damm war mit Schlacke aus irgendeiner Gießerei oder einem Hüttenwerk aufgeschüttet worden.
In dieser Schlacke erkannten wir die typischen vielgestaltigen Reste abgetropfter Eisenschmelze. Den Bahndamm haben wir regelrecht umgepflügt, dabei um mindestens 20 cm abgeschoben und eine große Menge dieser Eisenfragmente ausgebuddelt. Sie erinnerten im Aussehen an die Bleigebilde beim Bleigießen an Silvester.

Damals gab es noch die sogenannten Schienenläufer, die zur Kontrolle der Schienenbefestigungen auf den Schwellen den Gleisen entlang liefen und an den Schienenklammern herum klopften. Zu ahnen war dass unsere Bahndammwühlerei den Vorstellungen der Bahn über sinnvolle Gleisbauarbeiten nicht unbedingt entsprach.
Natürlich hörten wir das Klopfen, schon lange bevor der Schienenläufer in Sichtweite kam und verzogen uns frühzeitig in das große Bachwasser-Durchlassrohr, unter dem Bahndamm. Ähnliches „Resteisen" fanden wir auch auf der Schlackenhalde der Tempergießerei Hundhausen, die zu dieser Zeit von Norden her hinter dem Werk noch „frei" zugänglich war.

Zu gestehen ist aber auch, die Scham über diese Missetaten ist bis heute nicht vollständig überwunden, das so manches „lose" Teil einer Egge, eines Pfluges, oder Heuwenders, wenn die Bauern sie auf Äckern oder Wiesen unbeaufsichtigt zurückließen, auf dem Hof des Schrotthändlers landete. Aber vielleicht war es auch eine späte „Stellvertreter Rache", ausgleichend für die Abfuhr bei den „Stinkbauern" auf der Hamsterfahrt im Münsterland.
An eine „ungeheure" Summe, die einmal für einen Tag der Schrottsuche ausgezahlt wurde, ist eine achtungsvolle Erinnerung geblieben. Es waren Siebenundfünfzig DM. Nach vielen mühevollen Sammelwochen war es möglich für das angesparte „Schrottgeld", ein neues rotweiß lackiertes Fahrrad für 394 DM und das war damals sehr sehr viel Geld zu kaufen.

Den alten Schrotthändler haben wir und auch andere, trotz der vielen zusammen gesuchten Schrottladungen, nicht reich gemacht. Er war dem Suff ergeben und Alkohol war damals, bezogen auf die geringen Einkommen, eine teure Ablenkung aus den Erschwernissen des Alltags. Sein Suff war unser Gewinn, weil beim Abwiegen, wenn wir seine Trunkenheit bemerkten, einer unserer Füße auf der Waage blieb und unsere Ausbeute merklich schwerer machte. Unser Schrotthändler jedenfalls versuchte, in den Zeiten des seltenen nüchternen Zustands seinerseits, unsere Schrottmengen durch „frisierte" Gewichte leichter und seinen Gewinn größer zu machen.

Aber das gelang ihm nicht lange. Bald hatten wir uns eine zwar nicht sehr genaue, aber durchaus beweiskräftige Federzugwaage beschafft. Im Ergebnis haben wir den „Gewichtsausgleich" für seine Missetaten am Ende dann doch gewonnen.

Aber das von uns erreichbare Terrain war bald, im Sinn der Wiederkäuer abgegrast und die Funde wurden immer seltener und weniger. Bald lohnte der Zeitaufwand das Ergebnis nicht mehr und die Suche wurde aufgegeben.

Es gab jetzt das neue Fahrrad und das forderte geradezu weite Touren entlang der Ruhr heraus. Der Bruder war doch merkbar neidisch auf das selbst erarbeitete schöne bunte Fahrrad, auch wenn er seines ohne Zutun und ohne Arbeit im Juli zum Geburtstag geschenkt bekommen hatte. An der gemeinsamen Schrottsammelei der Straßenbande hat er sich so gut wie nicht beteiligt. Sein Fahrrad war nur schwarz und hatte keine Chromfelgen, dafür war es 80 DM preiswerter und dazu geschenkt!

Der Bruder entwickelte sich bald mehr und mehr zu einem missgünstigen, herrschsüchtigen Tyrannen, der jede Gelegenheit nutzte dem kleineren und zwangsläufig schwächeren Bruder eins auszuwischen. Seine körperliche Überlegenheit nutzte er fast schon brutal so lange aus, bis sein kleinerer Bruder ihm auch körperlich gewachsen war und seinerseits, wenn nötig auch einmal kräftig austeilte. Eine wichtige Erkenntnis der eigenen Stärke, nachdem der letzte körperliche Streit mit einem merkbaren Vorteil endete.

Das Begreifen sich endlich wehren zu können, war ein erheblicher Schritt zu einem weiter wachsenden Selbstvertrauen. Nach dieser ersten Niederlage hat der Bruder jeglichen körperlichen Vergleich gemieden. Das zwischen Geschwistern meistens übliche herzliche Verhältnis war eigentlich nie vorhanden und es verschlechterte sich zunehmend weiter. Jeder ging bald seiner Wege, hatte andere Freunde und andere Interessen.

Der Onkel Werner bekam ein „neues" Auto, den „französischen Volkswagen", einen Renault Typ 4 CV- das „Cremeschnittchen"- weil der alte DKW F8 seinen Geist aufgegeben hatte und er für seinen „Job" ein Auto brauchte.

Schon nach wenigen Wochen, vor der geplanten großen Fahrt an den Rhein, war diese knuffige Karre arg ramponiert.

Der Onkel war den flüssigen Genüssen nicht abhold und in der Waldschänke „Sauerwein", vor dem Anstieg zum Schwerter Wald, hat er auf seinen Fahrten nach Dortmund und nach Schwerte, fast immer „zwischengetankt". Nach dem „Auffüllen" standen ihm und seinem Renault erwartungsgemäß die beiden gemauerten Torpfosten vor der Waldschänke im Wege und an denen entlang schrammten dann die nach außen angesetzten Kotflügel und holten sich ihre Kratzer und Beulen.
Karosserie-Werkstätten, oder auch Renault Händler Werkstätten wie heute, gab es damals noch nicht. Repariert und ausgebeult wurde mit Schlaghölzern und einem schweren Hammer vor dem Haus auf der Straße. Von Promillewerten war man auch noch gänzlich unbeleckt und Alkoholkontrollen gab es nicht, weil das besagte „Pusteröhrchen" noch nicht erfunden war.

Das arg zerschundene „Cremeschnittchen" der Renault 4 CV

Mit diesem Gefährt sollte die erste große Autofahrt unseres jungen Lebens beginnen. Eine Tour an den Rhein sollte dieses Jahrzehnt-Ereignis werden. In den hinteren Türen des Renault waren die „Scheiben" aus Blech. Darum verhinderte dieses "Blech" zu unserem Leidwesen weitgehend unsere Sicht auf Köln, auf den Dom, auf die schönen Städtchen, Burgen und Weinberge an der gesamten Mittelrheinstrecke.

Nur mit Verrenkungen, dem Fahrer Onkel Werner oder der Mutter auf die „Pelle" rückend, konnten wir nur bruchstückhaft die Landschaft entlang des Flusses erfassen. Von einem auf den hinteren Bänken sitzen konnte keine Rede sein. Das gesamte Gepäck für 14 Tage Rheinerlebnis, hing oder lag unter unseren und zwischen den Beinen. Ein halber Zentner Kartoffeln gehörte mit zur Beladung, weil man geizig war oder auch 1949 noch immer Zweifel hatte ob man dort wo man hinfuhr satt wurde und etwas zu essen bekam. Der Onkel Werner kannte in dem kleinen Ort Weiler am Soonwald über dem Rheintal von seinen „Gödenrothfahrten", eine kleine Dorfpension mit Selbstkocherküche.
Die Kartoffeln waren somit unsere Rückversicherung gegen ein Hungerleiden und er hoffte, dass die Pension samt Küche noch existierte. Hoch thronend auf diesem mitfahrenden Reiseproviant, war der Dachhimmel in dem auch für uns zu kleinen Auto nicht weit. Oft machte dieser unverkleidete harte „Blechhimmel" auf sein Dasein bei jedem Schlagloch und von denen gab es damals mehr als schon heute wieder, schmerzhaft aufmerksam.

Die 24 Pferdestärken, des bis zur Halskrause überladenen „Cremeschnittchen", reichten gerade noch um die Steigung von Bingerbrück hoch in den Ort Weiler zu bewältigen. An diesem „cremigen" Beinamen war der sandfarbene Lack schuld. Weil die Franzosen einen großen Teil dieser „Quarte chevaux" (4CV) mit der übrig gebliebener Tarnfarbe aus dem Krieg, die sie für den Anstrich ihrer Wüstenpanzer benutzten um diese im Wüstensand unkenntlich zu machen, mit dieser Farbe lackierten.

Von oben, nach dem Ausstieg vor der unscheinbaren Pension in Weiler, bot sich ein für uns geradezu überwältigender Anblick über die Höhen oberhalb des Rheintals. In der Pension wollten wir uns gar nicht erst umsehen, aber der Rhein den wir, nach einigen hundert Metern der Straße abwärts, vor uns unten liegen sahen, war es wert zuerst besichtigt zu werden.
Das auf der anderen Seite liegende Rüdesheim mit dem Niederwald-Denkmal, unter uns die Nahe, die kurz vor ihrer Mündung in den Rhein von den Städtchen Bingerbrück und Bingen noch eingerahmt wird und der „Mäuseturm" mitten im Strom, ergaben ein Landschaftsbild intensiver erhabener Schönheit.

Der nächste Morgen konnte nicht schnell genug kommen und der Rhein, dieser große noch unbekannte Strom wollte entdeckt werden. Den Eindruck, die Mutter und der Onkel Werner hätten nicht unbedingt etwas dagegen, wenn wir auf die Wanderschaft gingen, nahmen wir mit. Diesen Eindruck hatten wir, wenn Onkel Werner auf „Besuch" war, auch zu hause öfter, weil wir jeder fünfzig Pfennig bekamen und damit unbedingt ins Kino gehen sollten.
Im Laufschritt waren wir an der ersten Serpentine mit dem Aussichtsrondell, um den Blick auf den Strom mit seinen Schiffen aufzunehmen. Bald lag Bingerbrück hinter uns und der Weg führte über die Nahebrücke nach Bingen. Das Wasser und die Schiffe zogen uns wie magisch zu den Anlegestellen am Rheinufer. Hier lagen die für uns schon damals beeindruckend großen Schiffe der „Weißen Flotte".

Schlepper mit drei bis vier anhängenden Kähnen zogen vorbei und wühlten den Rhein aufwärts gegen das Wasser. Weil wir nicht nah genug an dieses Schauspiel heran kommen konnten, schlugen uns die über das Wasser fortlaufenden Bugwellen bald an den Beinen bis zur kurzen Hose hoch. Es mögen Stunden gewesen sein bis es uns dieser Bilder endlich genug war. Eine neue Idee war geboren: Mainz ist doch ganz in der Nähe, so sah es zumindest auf der Landkarte in der Schule aus, war unsere etwas naive Vermutung.

Wir machten uns also auf zum Marsch nach Mainz. Gau-Algesheim hatten wir nach fast zwei Stunden strammen Marsches erreicht, wenn sich auch schon die ersten Ermüdungserscheinungen ankündigten, aber wir wollten nach Mainz. Vor Ingelheim, nach einer weiteren knappen Stunde machte sich die Erkenntnis breit, dass Mainz doch weiter entfernt sein musste als es unseren Vorstellungen entsprach.
Wir wollten es wissen und gingen auf einen Obsthof an der Straße und fragten nach der Entfernung, die wir bis Mainz noch zurücklegen müssten. Die Antwort verschlug uns die Sprache und jede Lust auf eine Weiterwanderung nach Mainz. Mehr als 12 Kilometer war die Auskunft und wir, schon leicht angeschlagen, mussten doch wieder mehr als 14 Kilometer zurück nach Weiler und dann auch noch die steile Serpentinenstraße hinauf in den Ort.

Am späten Nachmittag kamen wir müde und zerschlagen um die letzte Kurve der Serpentinen und freuten uns über den Anblick des Kirchturms der Dorfkirche St. Martin. Mutter hatte Mittags gekocht und für uns etwas übriggelassen. Unseren Hunger konnten wir mangels Taschengeld, unterwegs nicht stillen und den Durst löschten wir an den

Brunnen in Bingen und Gau-Algesheim. Wie die jungen Wölfe fielen wir über die aufgewärmten mit Speck veredelten Bratkartoffel her. Vom Wandern hatten wir zunächst genug und am nächsten Tag ging es mit dem Auto noch einmal in den Hochhunsrück zum Idarkopf. Die gesamte Rheingau-Gegend wurde dann abgegrast und alles mitgenommen was auch schon damals Rang und Namen hatte.
Von der Drosselgasse in Rüdesheim, vom Niederwald-Denkmal nach Geisenheim und Eltville. Von Gau Algesheim und dem Mäuseturm zur Pfalz bei Kaub und weiter bis zum Loreleyfelsen bei St. Goarshausen. Schnell waren die Tage am Rhein vorbei und es ging gar nicht so fröhlich nach hause.

4.19 Noch nicht jugendlich aber auch nicht mehr Kind

Gegenüber unserer Wohnung in der Luisenstraße wohnte ein größerer Junge, eigentlich schon ein junger Mann von etwa 17 Jahren. Eines Tages spannte er einen Draht - er hatte vorher um Erlaubnis gefragt - von seinem Fenster im ersten Stock zu unserem Haus.
Voller Neugier wurde er nach dem Sinn dieses Drahtes gefragt. Das ist eine Antenne kam die selbstverständliche Antwort ohne Rücksicht auf mein Unwissen über Antennen zu nehmen. Aber die Antwort genügte nicht, der Zweck dieser Antenne musste genauer hinterfragt werden.

Die nun folgende tiefschürfende Erklärung auf einen einfachen Nenner gebracht: er würde damit Nachrichten und Musik hören, verstärkte die Neugier unerträglich. Kurz und gut er nahm mich mit auf sein Zimmer und erklärte die „Apparatur" eines Detektors.
Auf einem kleinen Holzplättchen hatte er einen silbernen Kristall montiert, über den er mit einem Drehknopf eine

Federspirale solange bewegte bis ein Radiosender eingefangen war. Der Draht der Empfangsantenne müsse so lang sein, weil die in der Luft herumschwirrenden Radiowellen so schwach wären und nur von einer ausreichend langen Antenne eingefangen und verstärkt werden könnten. Jetzt war „fast" klar wie Radioempfang funktioniert. Man könnte auch über einen einfachen Metalldraht über weite Entfernungen mit einander sprechen, auch das musste er noch demonstrieren.

Er nahm eine saubere Schuhcremedose, in die er in Deckel und Boden Löcher gebohrt hatte. Den Deckel knotete er an ein Ende und den Boden an das andere Ende seines Antennen Drahtes. Nun ging es mit der anderen am Draht befestigten Dosenhälfte wieder zurück an das Fenster unseres Hauses und er sprach in seine Dosenhälfte auf der anderen Seite.
Tatsächlich die Dosenhälfte schnarrte und es war zu verstehen was er sagte. Die Schallwellen seiner Stimme würden über den Draht zu der zweiten Dosenhälfte laufen und den sogenannten Resonanten, so nannte er den Dosenboden, wie die Membran eines Lautsprechers in Schwingungen versetzen und die Sprache wiedergeben.

Ein kluges Kerlchen dieser Nachbar. Vorher hatten wir diesen Jungen nie gesehen, was verwunderte. Bald erfuhren wir von seinem über achtmonatigen Aufenthalt in einer Lungenheilstätte um seine Tuberkulose auszuheilen.
Es wäre leider nicht ganz gelungen und so müsste er zweimal die Woche zu einer Spezialbehandlung um sich – wie er es nannte - ein „Pneu" setzen zu lassen. Seine Lungen würden ihm durch die Rippen mit Luft oder Gas zusammengedrückt. Nach diesem Setzen des „Pneu" war er immer sehr kurzatmig und an ein Spielen mit uns war für ihn nicht zu denken.

In den Sommerferien war er unerwartet nicht mehr zu sehen und es musste aller Mut zusammengenommen werden seine Eltern, die immer einen etwas unnahbaren Eindruck machten, nach seinem Verbleib zu fragen. Er musste wieder zurück in die Lungenheilanstalt in der er zum Herbst hin verstarb.

Am oberen Ende der Luisenstraße wohnte der Jürgen. Eines Tages fragte er, ob Interesse daran bestünde einmal mit zu einem „Heimabend" der Naturfreunde Schwerte zu gehen. Dort würde gesungen und musiziert, es gäbe Leseabende und an den Wochenenden ständen Wanderungen zu den eigenen Hütten im Sauerland auf dem Programm. Natürlich interessierte so etwas und am folgenden Mittwoch war der erste Heimabend. Zu Anfang fanden diese Abende im Wuckenhof am Marktplatz in statt, aber einige Wochen später dann jahrelang in der Eintrachtschule.

Ein „älterer" Mann, jung hat man seine eigene Sicht auf das Alter, der Fritz war der Spiritus Rektor dieser Naturfreunde Gruppe und sprühte nur so von Ideen uns Kunst, Kultur, Musik und Natur näher zu bringen. Eines dieser später als „Schlüsselerlebnis" empfundenen Ereignisse, war eine seiner Lesungen über die Archäologie, Kunst und Kultur der Antike.

Als Grundlage für einen seiner Vorträge über die Archäologie benutzte er das populär-wissenschaftliche Buch, mehr ein aus Fakten zusammengefügter Roman der Archäologie: „Götter, Gräber und Gelehrte" (C.W. Ceram)

Er musste es bemerkt haben, es hing einer an seinen Lippen und nach dem Ende seines Vortrags reichte er das Buch rüber und sagte kurz und knapp „Bring es in 14 Tagen zum Heimabend zurück". Bis in die Nacht, um Zwölf am gleichen Tag, war das Buch schon halb gelesen und am nächsten Abend war auch der letzte Satz ins semantische Gedächtnis versenkt.

Eine für damalige Verhältnisse außergewöhnliche Fahrt in die Alpen stand bevor. Um Geld zu sparen schöpfte Fritz alle Möglichkeiten des damaligen noch wenig ausgebauten „Reisemarktes" aus. Den Termin mussten wir auf die Abfahrt eines kostengünstigen sogenannten Jugendreise-Sonderzuges, für den ersten Abschnitt der Reise nach München verlegen.

Ab Dortmund ging es in einem umgebauten Güterwaggon über 18 Stunden nach München. An jedem Bahnhof mussten wir, bis auf „andere Güterzüge", alles vorbeilassen was bei der damaligen Bundesbahn sonst noch Räder hatte. Das monotone Klopfen der Schienenstöße machte müde. Unsere Schlafdecken knüpften wir an die Pfosten der Holzbänke zu Hängematten und konnten trotz Geschaukel und Geschüttel einschlafen. Am Morgen waren wir in München. Alles war neu und musste betrachtet werden. Von der Feldherrnhalle bis zur Frauenkirche und natürlich das Hofbräuhaus durfte nicht fehlen. Die eine Maß Bier, des angeblich nach Meinung der „Ruhrpöttler" weniger starken bayerischen Bieres, zeigte nachher bei der Hitze draußen eine umwerfende Wirkung.

Vom Holzkirchener Bahnhof in München, ging es weiter nach Hausham/Thalham und zum Naturfreunde-Haus auf dem Taubenberg bei Warngau. Nach herrlichen Tagen am

Taubenberg und dem Baden im naturbelassenen Seehamer-See, fuhren wir mit dem Zug über Zell am See bis Bruck an der Salzach. Hier am Beginn der Glockner-Hochalpenstraße stiegen wir aus.

Über diese imposante auf 2500 Meter Höhe führende Hochalpenstraße ging unser Weg zu Fuß nach Heiligenblut und weiter in die Lienzer Dolomiten. Dieses damals gewaltig auf uns einwirkende Alpenpräludium mit seinen Gletschern um den Großglockner und der Stolz diese Berge „bezwungen" zu haben, war ein weiteres prägendes Erlebnis. Es förderte fast zwanghaft den Wunsch, einige dieser Eis- und Felsriesen tatsächlich einmal zu bezwingen. Es wurden in Jahrzehnten, nach genaueren Nachzählen, dann 31 Gipfel nicht nur der höchsten Alpenberge.

Ein 5600 m hoher Vulkan in den Südamerikanischen Anden kam noch dazu. Die Kleineren im Vorbeigehen mitgenommenen auf den vielen oft wochenlangen Bergtouren nicht gezählt. Touren um und auf den Monte Rosa. um und „fast" auf den Mont Blanc, um und auf den Großvenediger, Großen Geiger, um Eiger, Mönch und Jungfrau, am Gran Paradiso, Dachstein, Watzmann, Langkofel und Plattkofel u.v.m. sollten diese langen Bergtouren führen.
Wieder zurück aus den Bergen, war in der Schule der obligatorische Aufsatz „Mein Ferienerlebnis" fällig. Und der damalige „Montblanc Füller" wurde mit durchschnittlich einem Rechtschreibfehler auf jeder Seite heiß geschrieben. 22 Seiten war er lang, dieser Aufsatz in dem die Erlebnisse der Berge ihren Niederschlag fanden und vorgelesen werden sollte er auch noch. Die Aufsätze wurden eingesammelt und am nächsten Tag gab es eine Überraschung. Für die Aufsatznote und Deutschnote gab es ein Sehr gut, aber für die Rechtschreibung ein Mangelhaft.

Welch eine Ungerechtigkeit, die Schreiberlinge die mit ihren Erlebnissen beim Beerenpflücken im Garten und auf ihren Spaziergängen im Schwerter Wald, gerade mal eine Seite zusammenbrachten, bekamen für zwei Fehler auf einer Seite noch ein Gut für ihre Rechtschreibung. Für die 22 Fehler auf 22 Seiten gab es dagegen ein Mangelhaft. Aber eines hat dieser Aufsatz bewirkt, wir bekamen mit dem Lothar, der Schulfreund aus der Beckestraße, bei den Naturfreunden ein neues Mitglied.

Es war wieder Winter geworden. ist es nur sich steigernde Vorstellung, der Schnee lag Anfang der fünfziger Jahre des vorigen Jahrhunderts höher und auch länger als es heute der Fall zu sein scheint. Aus den ersten Skiern, die noch in der Kampstraße geschenkt waren, wurde gleich auf der ersten größeren Skireise, mit dem Sonderzug nach Winterberg im Sauerland „Spitzensalat". Irgendein Spinner hatte sich mitten in der Schussabfahrt ein Sonnenbadeloch gebuddelt, um sich windgeschützt den wärmenden Strahlen der Sonne hin zu geben. Genau in dieses Loch ging es mit vollem Schwung hinein und ohne Spitzen an den Skiern stark gebeutelt wieder hinaus aus diesem Loch. Warum musste mit dem Nachhauseschleppen der nun spitzenlosen Skier, auch noch der Spott der Mitskifahrer auf der Rückfahrt im Zug hingenommen werden? Das war wohl mehr eine „Freudsche Fehlleistung", denn die Dinger waren nicht mehr zu reparieren.

Es blieb nur noch das Schlittenfahren an den Hochufern oberhalb der Ruhrwiesen und auf einem schmalen, steilen aber beleuchteten Weg hinauf zum Bahnhof Schwerte-Ost. Mit 6 bis 8 Schlitten, ein jeder auf den hinteren Schlitten hielt sich an den Schlittenholmen des Vorderschlitten fest, fuhren wir mit affenartiger Geschwindigkeit und mit Beleuchtung, bis weit in den späten Abend diesen steilen Bahnhofsweg hinunter.

Auf dem vordersten Schlitten hatte sich einer der Größeren Schlittschuhe untergebunden, um die lange Schlittenschlange in der Spur zu halten. Auf den Schlitten waren fast alle Mädchen und Jungs der gesamten Straße versammelt und es bahnten sich, im romantischem Schein der alten Laternenlampen, bei den Älteren schon etwas mehr als nur freundschaftliche Beziehungen an.

Mit 14 Jahren waren wir - im Hinblick auf die heutige früh gereifte „schneller lebendige" männliche Jugend - die Jüngeren bezüglich der holden Weiblichkeit, damals noch mehr als unterbelichtet. Was uns wesentlicher erschien, als mit einer von uns unberührten Freundin zu protzen, war die Suche nach einer Lehrstelle. Im Frühjahr 1954 war das sogenannte Wirtschaftswunder noch auf dem Wege eins zu werden und es war ziemlich - wenn nicht sehr schwer - eine Lehrstelle zu bekommen. Und wenn man unbedingt Technischer Zeichner werden wollte extrem schwer. Zur Firma Stahl- und Brückenbau Jucho nach Dortmund, dort wo einst der Vater als Versandleiter beschäftigt war, fuhr die Mutter noch mit.

Aber hier wurde unser gemeinschaftliches Ansinnen als Technischer Zeichner Lehrling angenommen zu werden, wie erwähnt, mangels weiterer Schulbildung zur Mittleren Reife abgelehnt. Man verwies uns auf die Maschinenfabrik Deutschland und auf die Fa. Union-Brückenbau, beide ebenfalls in Dortmund.

Zu diesen Firmen in Dortmund waren wir noch nicht gefahren, als einige Tage später, in der Nähe vom Schwerter-Bahnhof ein Mercedes-Benz LKW vorbei fuhr. Auf den Klappen seiner Pritsche stand folgende Aufschrift: „Fa. Gebrüder Möller Stahlbau und Fensterbau Schwerte/Ruhr Dammstraße 7". Auf diesem großen Daimler- Benz LKW standen schwere Stahlrahmen und neben der Aufschrift einer seitlichen Ladeklappe, war ein Gitterfenster aufgemalt und darunter stand geschrieben: „Mäuse sichere Kellerfenster". Waren es die besagten Mäuse oder die Stahlrahmen, die mich aufmerksam werden ließen? Bei diesem Stahlbauer und Hersteller dieser Fenster könnte doch auch ein Versuch gewagt werden.?

Die Mutter wollte jedoch unbedingt bei den zwei Firmen in Dortmund vorsprechen. Am nächsten Tag fuhren wir nach Dortmund. Diese Firmen zogen auch nur Mittelschüler für die anspruchsvoll erscheinende Ausbildung vor. Bei der Firma Waggonbau Brünninghaus in Westhofen wurde der vierte Versuch ebenfalls erfolglos unternommen
Es folgten weitere Versuche bei dem Profileisen-Walzwerk in Schwerte, bei der Kettenfabrik Thiele und zuletzt bei der Tempergießerei Hundhausen, dann gab die Mutter entnervt auf. Alle infrage kommenden, unseres Wissens alle in Schwerte und Umgebung ansässigen Betriebe, hatten wir abgelaufen, so glaubte die Mutter .

Der LKW mit den Stahlrahmen und den aufgemalten Mäusegittern in Schwerte, war aber nicht vergessen. Am nächsten Tag ging es mutterseelenallein in die Dammstraße hinter dem Bahnhof zur Vorstellung. Diese Firma Möller wollte tatsächlich ihr Konstruktionsbüro vergrößern und einen Technischen- Zeichner-Lehrling zusätzlich einstellen. Nicht für die „Mäuse sicheren Kellerfenster" sondern vorrangig für einen Großauftrag über die Herstellung von Stahl-Fassadenelementen – fast fünfhundert sollten es werden - als Fassadenelemente an den riesigen Werkhallen der auf- und auszubauenden VW-Werke in Wolfsburg.

Das Wirtschaftswunder hatte also doch schon begonnen. Das vorgelegte Abschlusszeugnis war nicht schlecht und beeindruckte mit einer Reihe von sehr guten Noten, darunter auch die für das Zeichnen. Als dann auch noch die Probezeichnungen eines Flugzeuges und Autos, trotz starker Aufregung einigermaßen gelangen, war die Lehrstelle so gut wie sicher. Nur die Mutter musste am nächsten Tag, zur Ausfüllung und Unterschrift des Lehrvertrages noch einmal mit.

In der Berufsschule in Schwerte lebte man noch etwas provinzieller und so befand man: Die Klasse für die Lehrberufe Schlosser, Dreher und Fräser, wäre auch für einen Technischen Zeichner Lehrling die richtige und irrte sich dabei über sechs Wochen lang. Erst dann sprach es sich bis nach Schwerte herum, die Technischen Zeichner Lehrlinge haben ihren Unterricht in der Brüggmann-Schule in Dortmund.

4.20 Am Ende eines Kreises beginnt sein neuer Anfang.

Der Kreis schloss sich, hier in Dortmund, in der Stadt wo alles seinen Anfang nahm und vieles früher endete als es der Anfang versprach. Die alte Schmalspur-Straßenbahn mit dem Umwerf-Stromabnehmer von Schwerte zur Wittbräuke und weiter nach Dortmund-Hörde fuhr nicht mehr. Jetzt fuhr ein moderner Drehgelenkbus und ab Hörde war es immer noch die alte „moderne" Straßenbahn nach Dortmund, wo noch einmal zur Brüggmann-Schule umgestiegen werden musste. Nicht überraschend, in dieser Klasse der „Technischen Zeichner" fanden sich alle Lehrlinge wieder, die bei der Fa. Jucho, der Maschinenfabrik Deutschland und der Fa. Union Brückenbau mit „Mittlerer Reife" angenommen worden waren.

Immer schon war es ein großer Wunsch, einmal nach Dortmund-Wambel an den Ursprung aller Geschichten zu fahren. Von der Schule war es jetzt einfach mit der Straßenbahn dort hin zu kommen.
Die Bahn fuhr genau wie damals dort am Burgtor vorbei wo die halbierte von Phosphorflammen überzüngelte Straßenbahn lag. Genauso wie damals ging es weiter über die Hamburger Straße bis zum Wambeler Hellweg. An der Kreuzung mit dem Nußbaumweg war auch die Haltestelle wie früher und der anschließende Rampenweg hinauf zum Apfelbaumweg fand sich unverändert.

Den Birnbaumweg querend lag es da, das Karree des Kastanienplatzes. Der Blick suchte diagonal das Eckhaus mit der Hausnummer 36 und fand es nicht Sie hatten es nicht mehr aufgebaut. In der gegenüberliegenden Häuserzeile war nur diese deutliche Lücke, in der noch 1943 bis zur halben Höhe die Wände unseres Hauses stehen geblieben waren.

Deutlich sind sie vor Augen, die von der Luftmine verschonten, auf den „Restgesimsen" stehen gebliebenen Schränke und die an ihnen hängenden „Ehebetten" mit ihren nassen Matratzen. Auch wenn man sie wieder gefüllt hätte, diese Lücke des Hauses Nr.36, sie gehört zu jenen Lücken die man nicht mehr füllen kann, sie werden bleiben wie auch die Zeit geblieben ist.

Das Ende eines Kreises trifft auf seinen Anfang. Ein neuer Anfang an den nach dem Ende kaum einer glaubte. Es war aber nicht der Anfang „dem ein Zauber inne wohnt", wie ihn Hermann Hesse in seinem Gedicht „Stufen" verzaubert hat. Dieser Anfang beschützte auch nicht, wie Hesse es dichtete. Dieser Anfang bewahrte auch nicht vor einem Wurf ins kalte Wasser. Er half auch nicht zum Leben wie Hermann Hesse es in seinem Gedicht weiter beschreibt, dieser Anfang zwang zum Leben.

Die in Ihrer Ausbildung in Mathematik und Algebra schon mit einem Vorsprung von über sechs Wochen fortgeschrittenen Mitschüler und zudem noch auf einem weit höheren Niveau als jenes der „Schlosser Lehrlinge" in Schwerte, ließen eine zunächst anfängliche Euphorie auf einen Tiefpunkt absinken. Die Formeln und Gleichungen die Lehrer Dr. B. an die Tafel schrieb, waren zu Anfang nur mehr Böhmische Dörfer.
Nun bekam aber das Grundwissen über die Algebra, von dem wir nicht wussten was wir damit anfangen sollten und unser Lehrer in der Feldschule es uns trotzdem eintrichterte, bald seinen „begreifbaren" Sinn.

Aus den Zeichnungs-Entwürfen für die neue Schule, die neben der Feldschule gebaut werden sollte und die sich unser Lehrer im Zeichenunterricht wünschte, wurde genau so wenig Wirklichkeit wie aus dem Wunsch Architekt zu werden. Aber so etwas Ähnliches wurde es später dann doch. Lange danach führten die beruflichen Wege einige male am VW-Stammwerk in Wolfsburg vorbei. Die riesigen Hallen und die in einem regelmäßigen Raster eingebauten, damals mit dem Tuschfederhalter auf Pergament ähnlichem

Papier gezeichneten Fassadenelemente, ließen die Erinnerung zurück laufen. Sie liefen zurück zu einem kleinen unbedarften Technischen-Zeichner-Lehrling, der sich in den ersten Wochen seiner Lehre vor jedem Klingeln des Telefons ängstigte und nicht den Mut aufbrachte den Hörer abzunehmen.

Der viele Stunden die gezeichneten Pergament-Mutterpausen, zur Entwicklung unter grellem UV Licht, in eine Trommel legte und den beißenden Geruch des Ammoniakdampfes aushielt, der aus dieser Lichtpausen-Trommel entwich. Der auch immer dann eine wohltuende Freiheit empfand wenn der Chef des Konstruktionsbüros - ein richtiger kleiner Giftzwerg - einmal nicht anwesend war.

Die Bilder laufen - so wie in einem Kaleidoskop springend - weiter zurück zu den diffusen, oft nebeligen und frühen Bildern, den Bilder der fast vierjährigen „Deutschlandfahrt", dieser wechselvollen Geschichte. Aber die Bilder an der Ruhr, der Fleitmannstraße, der Kamp- und Luisenstraße in Schwerte sind deutlicher. Die wunderbaren Tage in den Ruhrwiesen, am Mühlbach, und mit den Naturfreunden. Aber auch die schweren, schrecklichen Tage. Tage der Angst, des Mangels, des Hungers und des Sterbens.

War diese Stadt Schwerte, durch all die Zufälle und Ereignisse bedingt, eine Heimat geworden? An dieser Heimat fehlt aber all das was in der frühen Kindheit mehr prägen soll als alles danach. Wenn eine erzwungene Fremde lehren soll was wir an der Heimat besessen haben, dann fehlten aber fast vier bewusste Jahre Bombenflucht, für eine Prägung durch diese Heimat. Topos nannte Aischylos im alten Griechenland diesen Platz in einem andauernden Territorium, einem sicheren Ort zur Gewinnung von Vertrauen, Sicherheit und Identität. Wenn Heimat aber nicht dieser oder kein Ort war, ist Heimat dann Geräusch, Geruch,

Geschmack oder der Klang eines Dialekt? Oder ist es nur Zeit und Raum überall dort wo diese Empfindungen spürbar werden?

III. Epilog

Zu all dem vor beschriebenen Geschehen kann man, ohne jeglichen okkultistischen Hintergrund, die Frage stellen: War es Bestimmung oder Zufall? Wenn Ereignisse Zeit und Raum bestimmen sollen, sind sie auch dann bestimmend für eine feste zeitliche Richtung ihrer Entwicklung, die von ihren Ursachen ausgehen? Zweifelsfrei gehört zu einem Zeitpfeil ein Raum ein Zeitraum in dem die Ereignisse ablaufen. Abgeleitet daraus wären diese Ursachen Auslöser für die sich aus Raum und Zeit ergebenden Folgen. Einfacher formuliert : Was immer sich auch ereignet, hat in der Folge eine logische Beziehung zu Zeit und Raum und zu den Ereignissen zwischen zwei Zeitpunkten.

Die aristotelische „causa efficiens" deutet logisch daraus folgend die Ursache als Vorläufer aller Geschehnisse. Wie zum Beispiel das Wasser als eine vieler Ursachen: Es treibt ein Mühlrad an, das Mühlrad bewegt ein Mahlwerk in das der Müller Korn gegeben hat. Heraus kommt das Mehl mit dem der Bäcker Brot backt....... Es gibt so viele Beispiele.

Es hätte alles auch anders kommen können, aber wie es gekommen ist, in der jeweiligen Folge auf das jeweils Vorausgegangene, konnte es nicht anders kommen. Der erste Dominostein des Anstoßes in der Kausalkette, war mit dem Aufstieg Hitlers gefallen. Es wäre anders gekommen wenn es Hitler und den II. Weltkrieg nicht gegeben hätte. Die Soldaten wären nicht gefallen, die Juden würden überlebt haben und die Frauenkirche in Dresden wäre nicht zum zweiten mal erbaut worden. Es war weder Bestimmung noch Zufall, es lag alles in der Wahrscheinlichkeit der fortlaufenden Folgen aus einer Ursache.

Die Vielzahl der Ereignisse und die fast unglaubliche Dichte der Erlebnisse die von diesen Ereignissen ausgingen, mögen dem Außenstehenden, dem Nichterlebenden, dem Jüngeren als unwahrscheinlich vorkommen. Aber zu keiner Zeit des 20. Jahrhunderts folgten die Ereignisse in einer derartig gedrängten Enge auf diesem Zeitpfeil der Jahre 1933 bis 1948. Niemand konnte sich diesen, im wahrsten Sinne des Wortes schlagartig folgenden Ereignissen entziehen und so folgten die geschilderten Erlebnisse in ihrer hohen Zahl genau diesem vorgegebenen Tempo.

Wir leben heute in einem langsameren ruhigen Fahrwasser und sollten uns wünschen niemals mehr in eine solche fortreißende zerstörerische Strömung dieser Jahre zu gelangen.

Impressum:

© 2016 Herstellung und Verlag BoD-Books on Demand Norderstedt

ISBN und Barcode: 9783741295850

E-mail: volker-trumondt@t-online.de   oder vdungs@t-online.de

Copyright © Weiterer Rechteinhaber: Autor Volker Trumondt, Volker Dungs Iphofen
Kein Teil des Werkes darf ohne eine schriftliche Genehmigung in irgendeiner Form reproduziert werden.
Cover und Bilder: Volker Dungs

Der Titel dieses Buches ist bei „Lektoren.ch" unter Hinweis auf § 5 Abs. 3 Markengesetz eingetragen und geschützt

Texte und Bilder sind nicht gemeinfrei